수천 년
지혜의 선물

편저자 **박정규**

38년생(戊寅生), 전남 함평 학다리 출신으로 한국외국어대학교를 거쳐 경희대학교, 대만 국립 고웅사범대학 대학원 중문학과를 졸업했다.

광운중학교, 전자공업고등학교, 배재고등학교에서 영어를, 목포대학교, 경희대학교 외국어대학에서는 중국어를 가르쳤다.

대학교재로『중국어와 영어를 동시통역』,『고급중국어』,『중국어 작문』이 있고, 저서로는 『영어구문론(하이퍼)』,『영어 뿌리 시리즈』,『영어숙어 2,200』,『매부리코 영어단어와 어법』,『중국어 회화』,『세상을 바꾸는 위인 그리고 명언』등이 있다.

수천 년 지혜의 선물

© 박정규, 2013

1판 1쇄 인쇄__2013년 06월 20일
1판 1쇄 발행__2013년 06월 30일

편저자__박정규
발행인__이종엽

발행처__글모아출판
　　　　등 록__제324-2005-42호

공급처__(주)글로벌콘텐츠출판그룹
　　　　대 표__홍정표
　　　　디자인__김미미
　　　　편 집__배소정
　　　　기획·마케팅__노경민 이용기 최민지
　　　　경영지원__안선영
　　　　주 소__서울특별시 강동구 천중로 196 정일빌딩 401호
　　　　전 화__02-488-3280
　　　　팩 스__02-488-3281
　　　　홈페이지__www.gcbook.co.kr

값 18,000원
ISBN 978-89-94626-10-9 03900

수천 년
지혜의 선물

박정규 편저

글모아출판

책머리에

독자에게 가장 필요로 하는 책은 많이 생각하게 하고 오랫동안 기억에 남는 내용을 담은 것입니다. 이런 책들은 단순한 과거의 가치 전달에 있는 것이 아니고, 미래에 대한 새로운 삶의 가치를 창조해줄 수 있습니다.

한마디의 명언이 사람들에게 큰 감동을 주어 다시 새롭게 인생을 사는 사람도 있을 것입니다. 또한 선각자들의 삶을 재조명할 수 있는 기회를 가지고 더욱더 보람찬 미래를 설계할 수 있습니다.

제1권에 이어서 제2권을 쓰게 된 것도 이런 취지에서 비롯된 것입니다. 더욱 자세하게 설명을 덧붙여 조선조부터 한국 정치사와 문학사를 요약했으며 세계사와 문화사도 간략하게 시대별로 정리했습니다. 이를 통해 어떤 시대에서 어떤 배경으로 여러 명언들이 나올 수 있었는지도 알 수 있을 것입니다.

1권에서는 위인들의 명언들을 소개했으나 2권은 수천 년 시간을 거슬러 올라가 각 시대별 역사·철학·교육·문화의 흐름을 살펴보고자 합니다. 여기에서 우리는 당시 시대상을 알 수 있을 뿐만 아니라, 선인들의 글 속에서 시간을 초월하는 지혜를 얻을 수 있습니다. 공자의 유교 정신이 맹자, 순자 등의 학풍에 영향을 주고, 여러 세기를 거쳐 깨달음을 남기듯이 고전을 통해 선인들의 지혜를 읽을 수 있을 것입니다. 또한 그 선물을 받아 현실에 비추어 보고, 우리 삶을 다스릴 수 있을 것입니다. 마치 헝클어진 보물의 염주를 하나하나 가지런히 끼워 넣는 심정으로 이 글을 독자들에게 바칩니다.

다음으로 주제별 명언이나 명문을 찾아볼 수 있도록 했고, 사랑·학습·교육·효도·우정·덕행 등을 영어로도 쉽게 접할 수 있도록 했습니다.

　이 책은 자라나는 청소년으로부터 노인에 이르기까지 같이 읽고, 공감할 수 있는 주옥같은 명언들을 수록해 항상 독자의 마음에 두고 여러 번 읽어 보아도 질리지 않는 책일 것입니다.

　끝으로 바쁘신 가운데도 이 책을 출판하는 데 정성을 다해주신 (주)글로벌콘텐츠출판그룹 양정섭 이사님과 자세하게 교정을 봐주신 출판사 직원들에게도 깊은 감사를 드립니다.

壬辰年 5월 水枝에서 朴南波

차 례

제3장 인류의 미래학자

제4장 가려 뽑은 우리 속담

제5장 중국고전

제6장 불교(佛敎)

제7장 탈무드

제8장 주제별 명언

제9장 역대 미국 대통령 취임사와 연설문

제1장

한국과 중국의 문화·역사 흐름

조선시대 국문학사 요약

조선시대 15세기 세종(世宗)이 훈민정음을 창제한 것은 한국문학사에 커다란 분수령이 되고 있다. 물론 조선시대에 와서도 고려시대처럼 공적 문건(文件)은 한문을 사용했다. 세종대왕 이후에도 사대부들은 한문 중심의 문화를 유지하면서 시조, 가사, 국문소설 등의 여러 형태의 국문학 양식을 발전시켜 왔다. 조선 문학의 시조(時調)가 좀더 새로운 지도 이념으로 자리 잡은 것은 성리학을 기반으로 융성했기 때문이다.

또한 가사(歌辭)는 시조와 더불어 조선시대 시가 문학의 쌍벽으로 일컫는다. 조선 초기의 가사는 자연의 안빈낙도하는 군자의 미덕을 읊은 것이나 군신 간의 충의, 남녀 간의 애정에 비유한 것이 많다.

조선시대에 등장한 국문소설은 한글로 쓴 대표적 산문 양식으로 17세기에 진입하면서 국문소설의 창작이 영역이 넓어지고 활발해졌다. 그 중 『홍길동전』은 허균(許筠)이 쓴 소설로 한글소설의 효시를 이룬다.

임진왜란과 병자호란을 겪으면서 영웅적인 인물의 활동을 통해 애국심과 윤리적 규범을 제시한 가정소설이 등장했다. 조선 후기에는 판소리의 사설을 통해 현실적인 인간의 생생한 모습을 그리고 구수한 해학과 신랄한 풍자를 묘사했다.

조선사회는 중국 주자학의 이념을 강조하는 실리적이고 효용적 관점이 조성되면서, 문장 내용면에서도 도학적(道學的) 경향이 널리 깔려 있었다. 다음으로 한문학 분야에서 김시습의 『금오신화』는 한문

소설의 효시를 이룬다.

한문 서사 가운데 우화적인 『몽유록』은 현실적인 삶의 문제를 꿈이라는 환상적인 비전을 통해 '전(傳)'이라는 개인의 생애를 약술하는 단편 서사이다.

조선 후기를 대표하는 박지원(朴趾源)의 한문 소설도 전통사회의 모순된 삶의 구조를 풍자해서 은근히 비판하고 있다. 이 시기는 전환기적 사회 양상을 배경으로 '한문단편'이라고 지칭된다. 그러면서 후기에 이르러서는 현실주의적 상상력에 근거하여 서민들의 생활과 정서를 폭넓게 형상화하고 있는 작품들이 등장했다. 그러나 개화계몽시대에 국어국문운동이 사회적으로 확대되면서 한문이 중국의 글이라는 점에서 새로운 지식과 정보를 효율적으로 전달되지 못하고, 양반 사대부 층이 독점해온 계급문화를 가져왔다고 해서 소멸되었다.

조선시대 정치사 요약

1. 조선개국

조선시대 개국 이전 고려 공민왕의 개혁정치를 계기로 권문세족들이 친원(親元)파를 억압하는 와중에 관료층인 신진사대부가 대두하면서 두 파로 나누어진다. 최영 장군과 정몽주 등은 온건개혁파가 되고 신진사대부인 정도전과 조민수를 중심으로 이성계와 제휴하는 신진파가 서로 대립되었다. 정도전은 조선을 설계한 역성 혁명가이다. 한편 1388년 명나라가 고려에게 철령위를 명나라 땅으로 편성하겠다고 통보하자 조선은 명을 향해 진군하다가 이성계는 4대불가론을 들고 위화도에서 당시 수도인 개경으로 회군하였다.

4대불가론
  ① 작은 나라가 큰 나라를 거스르는 일은 옳지 않다.
  ② 여름철에 군대를 동원하는 것은 부적당하다.
  ③ 요동을 공격하는 틈을 타서 왜구가 침범할 염려가 있다.
  ④ 무덥고 비가 많이 오는 시기라 활의 아교가 녹아 무기로 쓸 수 없고 병사
    들이 전염병에 걸릴 염려가 있다.

그리고 최영 장군 일파를 몰아내고 개혁파인 이성계, 정도전, 조민수가 기존의 국가를 무너뜨려 새로운 국가인 조선을 세웠다. 그러나 그 후 1·2차 왕자의난이 일어나 이성계의 아들인 이방원이 2차 왕자

난에 성공하여 태종이 되었고, 태조 이성계는 상왕으로 물러나 태종 방원이 실권을 장악했다.

한편 고려시대보다 조선시대에 발전된 모습은 양반 쌍놈 제도가 점차 없어져 가는 것이다. 그리고 사회가 유교를 위주로 하는 정치사 상의 풍토 아래, 민간 신앙이나 불교는 탄압을 받게 되었다.

2. 세종대왕의 등극

태종에게는 3명의 아들이 있는데 첫째는 양녕대군, 둘째는 효령대 군, 셋째는 충녕대군이다. 처음에는 맏이인 양녕대군이 이미 책봉되 었으나 태종은 셋째인 충녕대군에게 마음을 두고 있었다. 결국은 첫 째인 양녕대군은 폐위되고, 둘째인 효령대군은 스님이 되었으며, 셋 째인 충녕대군이 세자에 등극하여 세종대왕이 되었다. 태종은 상왕 이 되어 뒤에서 보좌해주는 역할을 했다.

세종대왕의 시기에는 조선의 문화, 정치, 경제, 과학, 기술 등의 모 든 분야에 제1의 태평시대가 열렸다. 특히 한글 창제와 장영실(蔣英實) 의 물시계 등의 업적은 매우 크다.

3. 단종 폐위사건

어린 단종을 몰아내고 숙부인 세조가 왕권을 잡고, 왕권이 신권(臣 權)을 장악했으나 세조 이후로는 신권이 왕권을 앞질렀다. 세종대왕 이후 문종을 거쳐 단종에 즉위하자 수양대군의 왕족과 단종을 받드 는 대신파로 나누어 대립했는데 1453년 계유정난(癸酉靖難)이 발생하 여 수양대군이 왕권과 신권을 모두 장악했다.

4. 사림파 등장

사림파의 등장 배경은 성종의 의도적인 사림파 흡수와 관련 있다. 신권이 왕권을 자극하여 도전함에 이를 막기 위해 훈구파(勳舊波)와 신권파 간의 세력 다툼이 일어난 것이 바로 사대사화(四大士禍)이다. 결국 승자는 사림파였다. 이후 사림들이 이념에 따라 나누어지면서 붕당정치가 시작된 것이다.

5. 성종 사(死) 후 연산군의 폭정

시달린 반정세력에 의해서 연산군은 물러나고 중종이 등극했다. 이 때 중종은 주도권을 잡지 못하자 이들에 대한 견제로 조광조를 이용하였다. 연산군 때 거짓으로 공을 세운 것을 조광조가 전부 지워 버리자 훈구파들은 조광조와 정면 대립했다. 조광조는 원칙과 실천의 정치가이지만 훈구파들의 거센 반발에 결국은 중종도 과격한 개혁정치에 염증을 느끼게 되어 조광조를 귀향 보냈다. 이로써 기묘사화(己卯士禍)가 일어나는데 조광조를 비롯한 사림파가 대거 숙청되었다.

훈구파들은 비굴하게도 조씨가 왕을 할 것이라는 내용의 글을 나뭇잎에서 벌레가 먹도록 유도하는 글을 써 놓았다.

명종 즉위 1545년 왕위 계승을 놓고 외척끼리 투쟁하는 와중에 많은 사람들이 희생당한 을사사화(乙巳士禍)가 있었다. 퇴계(退溪) 이황(李滉)도 이때 모함을 받아 잠시 사직했다.

조선의 개혁 실패와 몰락이라고 할 수 있는 훈구파 대신과 척신인 왕비의 친척 신하 일파가 정권을 잡으면서 썩어갔다.

6. 붕당정치의 시작

사실상 붕당정치가 처음 등장한 것은 선조 때이다. 훈구파와 사림파 간의 세력 다툼이 사림파의 승리로 마무리되자 그들은 편 가르기를 하여 서로의 이상을 폈다. 그 과정에서 다툼이 계속되어 그 결과 국론은 분열되고 말았다.

7. 임진왜란과 병자호란

병자호란 이후에 우리나라는 청국의 간섭을 받으면서 소극적인 자세로 돌아섰다. 1590년 일본의 동태를 파악하기 위하여 통신사로 서인 (西人) 소속인 황윤길과 부사로는 동인(東人)인 김성일을 보냈다. 황윤길은 전쟁이 일어날 것이라고 하고 김성일은 전혀 전쟁이 일어나지 않을 것이라는 정반대 입장을 말했는데, 조선은 전쟁을 대비하지 않는 쪽으로 결론을 내렸다. 결국 1592년 일본은 조선을 침략했다.

선조 이후 내려오던 붕당정치는 영·정조 시절에 이르러 피해가 매우 커져서 어떤 정당이 집권을 잡으면 다른 당은 몰살하기에 이르렀다. 그래서 영조와 정조는 탕평책을 펼치는데 영조는 온건파들을 모아서 '탕평당'이라 하고, 그들을 중용했다. 하지만 왕 자체가 '노론'의 세력을 등에 업고 왕위에 올랐기에 큰 효과는 거두지 못했다. 반면 정조는 너무 힘이 큰 노론을 견제하기 위한 수단으로 소론을 키웠으나 힘이 워낙 약해서 견제하지 못하고 죽자 세도가에게 권력을 빼앗기고 말았다.

영조, 정조, 순조, 헌종까지 살면서 정약용(丁若鏞)이라는 학자가 나타났다. 그 당시 조선의 유교는 '백성들은 어떤 경우에도 정치권위에 복종해야 한다'는 규범을 만들어 내는 쪽으로 기울어져 있었다. 조선의 유교가 사람을 속박하는 장치로 변질되어가는 과정에서 정약용은 백성들을 잔인하게 괴롭히는 부패한 목민과 하급관리들의 행패에 분노를 느꼈다. 이에 따라 백성들이 잘 살 수 있는 길로 가야 한다는 목적에서 『목민심서(牧民心書)』를 썼다.

8. 세도정치의 시작

정조 즉위 초에 권력을 잡았던 홍국영(洪國榮)이 정조의 신임을 믿고 권력을 부리기 시작한다. 그 당시 주축이었던 노론으로부터 정조를 보호해줄 인물이 홍국영이었다. 그리고 정조가 어느 정도 자신감이 있게 되자 제일 먼저 내쳤던 인물이 홍국영이었다. 그 후 정조가 죽은 후에 나이 어린 순조가 즉위했다. 순조의 외할아버지였던 안동 김씨가 조정을 채워 버렸다. 이렇게 시작된 세도정치가 헌종에서 철종까지 3대에 걸쳐 60여 년간 이어지게 된다.

9. 대원군의 등장

철종이 후계자도 없이 죽자 대원군 이하응은 대비 풍양 조씨의 손을 잡고 자신의 아들을 왕위에 올려놓는다. 왕의 나이가 어리기에 이하응 자신이 권력을 잡고 60여 년을 이어온 세도정치는 종지부를 찍는다. 왕의 아버지가 실권을 잡고 권력을 행사했던 것이다. 그 단점 중 또 하나는 대원군은 쇄국정치를 펴서 외국의 문물을 철저히 막아 버렸다는 점이 있다.

10. 명성황후 등장

명성황후는 외척을 기용한 것으로 왕의 친위대, 즉 홍성군의 힘이 들어가지 않은 성격이 강하다. 어느 면에서는 대원군과 비슷한 면이 있기는 하지만, 왕으로부터 위임을 받아 정권을 휘둘렀다는 점에서 볼 때는 왕의 편에 더 가깝다.

대원군과 명성황후는 쓰러져가는 조선을 일으키기 위한 인물이기도 하다.

11. 개혁파의 갑신정변

임오군란 이후부터 조선의 내정에 대한 청나라의 간섭이 심해졌다. 급진 개혁파 김옥균, 박영효, 홍영식, 서재필 등은 조국근대화를 만들기 위해서는 비상수단을 써서 일본과 모의하여 새로운 정부를 세우려 하였다. 1884년 10월에 설치된 우정국 개설 축하연을 계기로 급진 개혁파는 정변을 일으켜 반대세력을 몰아내고 새 내각을 조직했다. 그들은 문벌 타파, 시민, 평등, 재정의 일원화, 지조법 개정, 정찰제 실시, 행정기구 개편 등 14개조로 된 개혁안을 선포했다.

그러나 청나라의 간섭으로 3일 만에 실패하여 3일천하가 되고 말았고, 그 중심인물들은 일본으로 망명했다.

갑신정변으로 우리나라는 청나라 세력만을 강화시키고, 조선과 일본 간 정변의 뒤처리를 위한 한성조약이 체결되는 결과를 가져왔다. 또한 청나라와 일본 간에는 천진조약이 체결되어 조선은 또다시 청나라와 일본의 세력 다툼이 되었다.

한일합방과 그 이후의 문학 흐름

한일 합방 이후 개화계몽시대의 국어국문운동은 일제의 식민지 지배로 인해 탄압을 받고 기능을 상실했다. 그런 가운데서도 국문을 읽고 쓸 수 있는 독자층은 증가했다.

3.1운동 직후에는 민간 신문과 대중잡지의 간행이 가능하면서 국문체가 문학을 통해 정착하게 되었다. 이광수 이후 '문학'이란 용어가 일반화되고 문학의 새로운 인식이 자리 잡았다. 이런 관점은 일본을 통해 서구적인 문학관이 따른 것이라고 하지만 문학의 예술적 독자성에 대한 인식이 확립되었다고 보는 관점에서 의미를 둔다.

조선시대는 유교, 특히 성리학의 이념이 주축을 이루었지만 현대문학은 서구의 문물과 본격적인 접촉을 통해서 기독교 사상과 다양한 서구의 문예사조를 수용하게 되었다. 현대문학은 경험주의적 합리성에 근거하여 근대적 계몽의식에 기초를 두게 된다.

광복 이후의 문학 흐름

광복 이후의 한국문학은 극심한 정치·사회적인 격변과 함께 발전하였다. 해방 후 6.25, 4.19, 5.16 그리고 본격적인 산업화 등은 문학발전에 영향을 미쳤다.

1. 8.15직후(1945~1949)

이 시기에는 새로운 역사적 전환점을 맞이하였다. 곧 국토가 분단되고 좌우익의 이념이 대립되면서 1948년 남한 단독정부가 수립되었다. 또한 내부적 모순은 날로 심화되었다. 광복 후 일제에게 빼앗겼던 우리말은 사상과 감정을 자유롭게 표현할 수 있게 되었으며, 강점에서 왜곡된 민족문화의 진흥을 위한 노력이 요구되었다. 그러나 문학에서도 좌우익의 특성이 갈리며 문학관도 달라졌다.

2. 1960년도

1960년도는 4.19로 인해 자유당 정권이 붕괴되고 5.16 군사정부가 등장하는 등 정치나 사회적 혼란이 계속되었고, 1960년 후반기에는 경제개발이 가속화되었다. 한일회담에서 일본에게 받아온 원조 및 차관, 중동에서 벌어들인 달라, 월남 전쟁에 참전한 외화의 유입으로 경부고속도로, 포항제철 건설 등을 통해 수출도 증대되고 다른 나라보다 경제개발이 훨씬 비약적으로 이루어질 수 있었다.

한국을 비롯한 싱가포르, 홍콩, 대만을 아시아 4대 용이라 칭하는데 4대국에 공통적으로 작용한 역사적 환경 요인이 있었기 때문에 경제가 급성장할 수 있었다.

4.19 이후는 민족주의 분위기가 고조되면서 분단현실에 대한 관심도 높았다. 이런 분위기에서 문학이 본격화되었다고 볼 수 있다. 한편 지식인들의 사회 고발 의식이 고조되면서 공직자들의 부정부패에 대한 비판을 담고 있는 내용이 작품화되었다.

3. 사실주의 문학의 경향

사실주의 문학은 민족 분단의 비극성, 전쟁의 비참한 상처 등을 사실적으로 증언하고 조명하고자 했다. 우리 역사에 대한 반성과 비판 등의 사실을 규명하는 사실주의 문학이 전개되었다.

한국전쟁 이후의 한국문학 흐름

1. 1950~1970년대 문학의 흐름

1950년에 일어난 한국전쟁은 잃어버린 분단문학의 시대다. 이 전쟁 자체의 참혹성과 이데올로기의 충동이 문학에 드러났으며 큰 상처를 받으며 민족의식의 내면에 자리 잡은 의식이 정치적 편향을 초래하여 한국문학은 절음발이가 되고 민족의 동질성마저 크게 훼손되고 말았다.

한국소설은 1950년대의 중반을 지나면서부터 전쟁의 충격과 사회적 혼란에서 점차 벗어났다. 그리고 서로의 관점과 방법의 균형을 되찾아가는 시기에 상황적 조건과 거기에 대응하고자 하는 정신 사이의 갈등 속에서 때로는 거부의 표현으로 때로는 비판의 눈길을 가지기도 하고, 탄식도 하는 문학적 형태를 조성하기도 했다.

8.15광복 이후 해방기의 혼돈과 한국전쟁이 남긴 3.8선으로 두 조각으로 양분된 민족사의 비극을 체험하면서 맞이한 1960년대는 이념적·실천적 차원에서 성숙한 민족의 주체적 역량을 축적시켜온 시기라고 할 수 있다.

4.19혁명과 5.16군사정변을 겪으면서 정치·사회·문화에 대한 시민의 각성 및 비판 의식이 높아졌다. 시, 소설 등의 작품에서는 이전에는 발견하기 어려웠던 개인주의적 내성과 새로운 감성의 세계를 보다 섬세한 언어 기교로 그려냈다.

김동리는 순수 문학으로서의 민족문학을 주장하면서 인간의 원초

적 죄의식의 번뇌, 그리고 이에 대한 종교적인 구원이라는 주제로 작가의 독특한 운명관을 표현했다. 김동리의 「무녀도」에서는 주인공을 통해 토속적 무속신앙에 대한 집착을 드러내고 있다.

황순원의 「소나기」는 1953년 5월 〈신문학〉 4호에 발표한 단편소설로 사춘기 소년과 소녀의 순수한 사랑 이야기를 서정적으로 표현한 작품이다. 소녀와 만남, 조약돌과 호두알로 은유되는 감정의 교류, 소나기를 만나는 장면, 소녀의 병세의 악화, 그리고 소녀의 죽음은 소년에게 고통을 남기면서 유년기에 성년에 이르는 성숙의 어려움을 깨닫게 했다.

단편소설에서 장편소설 시대로의 전기가 마련되고, 월간지, 문학전문지의 종편이나 장편을 쓰면서 그 중에서 안수길의 『북간도』, 최인훈의 『광장』, 박경리의 『토지』 등이 나왔다. 또한 유신체제 시인 김지하의 「오적」이 있다.

2. 1980~2000년도 이후 문학의 흐름

기성 문인들이 퇴조되고, 젊은 시인들이 문단에 등장하면서 최인호의 『별들의 고향』, 조정래의 『태백산맥』, 조해일의 『겨울여자』, 황석영의 노사관계를 다룬 「객지」, 고은의 「만인보」, 「백두산」 등의 장시(長詩)가 나왔다. 2000년도에 들어와 여류작가가 활발히 활동했는데, 신경숙의 『엄마를 부탁해』, 공지영의 『즐거운 나의 집』, 『도가니』 등이 등장했다.

중국의 전한(前漢)과 후한(後漢)시대의 역사 간략

　전한은 고조 유방(劉邦)이 항우(項羽)와 전쟁에서 진(秦)의 시황제(始皇帝)에 이어 두 번째로 통일한 왕조다.

　건국 고조 유방은 처음 정장(亭長)의 신분으로 의병을 일으켜 패공(沛公)의 지위에 올라 초(楚)의 의제(義帝)를 섬겼다. 그 세력이 점차 커지자 항우와 싸우면서 처음은 여러 차례 패배를 거듭하다가 장량(張良), 한신(韓信), 소하(蕭何) 등의 장군의 도움으로 BC 202년 전세를 역전시켜 최종 해하의 전투에서 항우를 격파하고 한제국을 건설하여 수도를 장안으로 삼았다.

　그러나 한의 무제 이후 여러 황제를 거쳐 내려오면서 황후의 외척들이 힘을 얻게 되자 권력 쟁탈전이 벌어지게 된다. 그 중 왕망(王莽)이 평제(平帝)를 독살시키고 섭정을 하면서 전한은 왕망에게 멸망하고 황제에 올라 국호를 신(新)이라 하였다. 하지만 건국한 지 15년 만에 유방의 후손인 유수(劉秀: 후한 광무제)에 의해 멸망하면서 후한(後漢)이라고 부르게 된 것이다.

　전반 200년 동안을 전한이라 하는데, 서한(西漢)이라고도 부르는 것은 수도가 서쪽에 있는 장안(長安)이기 때문이다. 후한을 동한(東漢)이라고 부르는 것도 수도가 동쪽 있는 낙양(洛陽)이기 때문이다. 전한시대의 인물인 회남자(淮南子)와 사마천(司馬遷)은 사기(史記) 및 십팔사략(十八史略)의 역사서도 소개했다.

송대(宋代)시대의 문학 흐름

송대 문화는 관료인 사대부 계급에 의한 문화 부호가 점차적으로 상공업을 중심으로 한 서민 계급 문화로 발전되었다. 시문이나 운문보다는 산문이 발달할 수 있는 분위기가 조성되었고, 과거시험에도 산문체 답안을 요구했다.

송대는 문치주의 시대였으므로 자연히 학문과 문예가 발달하여 당송팔대가(唐宋八大家)라고 말하는 송대의 6명의 학자인 구양수(歐陽脩), 왕안석(王安石), 증공(曾鞏), 소순(蘇洵), 소식(蘇軾), 소철(蘇轍)을 배출했다. 송대에 두드러지게 나타나는 것은 성리학(송학: 宋學)이라고 불리는 새 유학 성립이다.

성리학은 인간의 본성이나 우주의 원리를 찾아 이를 바탕으로 정신의 수양과 윤리의 실천에 정진하려는 학문이다. 이런 학풍은 훈고학(訓詁學)에 대한 도전으로 일어났는데 이는 불교의 영향도 한 몫을 했다. 이 학풍은 북송(北宋) 때부터 일어나기 시작하여 남송(南宋)의 주희(朱熹)에 의해 대성했다. 주희는 공자가 지은 춘추(春秋)에 의거하여 대의명분을 논하였고, 사마광(司馬光)은 자치통감을 저술하여 그 신념을 밝혔다.

성리학의 발달은 주자학(朱子學), 정주학(程朱學), 송학(宋學), 이학(理學) 등으로 부르는바, 북송의 주돈이, 정호, 정이를 거쳐 남송의 주희에 의해 완성되었다. 이것은 '이기론'에 입각하여 우주인간의 본원을 해결하려는 것이다.

송대는 시문보다는 산문이 발달했다. 당대(唐代)가 시(詩)의 시대라

하면 송대는 사(詞)의 시대라 하겠다. 희곡(戲曲), 잡곡(雜曲) 역시 통속적이고 풍자적 대중문예로서 널리 발달했다.

지금 거리에 넘어진 그 자리가 당신의 전환점이다.

전환점이란 단지 살짝 변화만 주는 그런 차원이 아니다. 지금까지 달려온 것과는 전혀 다른 쪽으로 완전히 방향을 틀어야 할 지점이다. 그 속에는 우리의 숨은 능력을 이끌어 낼 수 있는 엄청난 힘이 들어 있다.

— 하워드 스티븐슨

원(元)·명(明)·청대(淸代)
중화인민공화국시대의 문학 흐름

중국의 전통 민족은 한족(漢族)이다. 그러나 한족만이 중국역사를 만들어 낸 것은 아니고 다른 민족들이 같이 일구어냈다. 원나라를 세운 것은 칭기즈칸의 손자인 쿠빌라이로 원나라는 몽고의 역사이기도 하지만 중국의 역사인 것이다. 원나라는 중국대륙을 정복하기 전에 중앙아시아 남부, 중앙아시아 북부, 중동, 러시아까지도 그들의 영토로 병합한다. 유라시아대륙의 태반을 차지한 인류역사상 최대의 영토를 가진 초강대국이었다. 원나라는 처음에 국호를 몽골로 하다가 중국 대륙전체를 정복하기 전인 1271년에 국호를 원(元)이라 하였다. 그리고 원나라는 또 다른 정복왕조인 금(金)나라를 멸망시키고 북중국을 차지한 후 남송(南宋)을 멸망시켜 중국대륙 전체를 차지한 것이다. 또한 우리의 고려도 위협했다.

원나라의 문화는 발전되지 못했으며, 말년에는 홍건적의 난이 일어났다. 결과적으로 명(明)나라를 세운 주원장(朱元璋)에 의해 1368년에 멸망했다. 명나라는 원나라와는 다르게 조선과도 수교를 맺고 활발한 대외교류로 번성했다. 명나라의 문화 특징은 별로 두드러지지 않았으나 양명학(陽明學)이 발달했다. 모든 정사가 환관에게 달려 있었고 무능한 황제들이 잇따라 즉위하자 이자성(李自成)의 난으로 멸망했다.

청(淸)나라는 만주족인 누르하치가 건설한 나라로 1616년 '후금'이라는 이름으로 건국했지만, 3대 황제인 순치제가 '청'으로 국명을 바꾸었다. 명나라를 멸망시키고 이자성의 반란군도 진압하여 태평성대를 누렸다. 특히 강희제(康熙帝)와 건륭제(乾隆帝) 때는 엄청난 발전을 이루었지만 7대 황제인 가경제부터 서서히 무너지기 시작하였다. 8대 황제인 도광제 집권기에 아편전쟁이 일어난 후에 영·불 연합군에 의해서 궁궐이 불타고 국력이 약화되었다. 다량의 은(銀)이 아편전쟁 때 몰수되어 극심한 국난을 겪었다.

청대에는 고증학(考證學)이 발달했다. 청나라는 소수민족인 만주족이기 때문에 다수의 한인을 다스리기 위해서 회유책과 강경책을 이용했다. 회유책으로는 한족(漢族)의 전통을 중시하고, 강경책은 한인의 자존심을 꺾기 위해 만주족의 풍습인 변발을 강요했다.

1912년 손문 등 혁명파에 의해 청나라가 멸망하고 아시아 최초의 민주공화국이 탄생했다.

제2장

세계사와 문화발전사 요약

서양사는 일반적으로 고대(古代). 중세(中世). 근대(近代). 현대(現代)의 4개의 시
대로 구분한다. 여기서 중세와 근대 사이를 세분화하여 근세라고 부른다. 고대 이
전은 흔히 원시라고 한다.

고대의 철학사상

    고대철학은 기원전 600년경부터 그리스에서 시작된다. 이 시기부터 기원 후 4~5세기, 즉 고대사가 끝날 때까지의 철학을 고대철학이라 한다.

    그리스 최초의 철학자 탈레스로부터, 아낙시만드로스, 아낙시메네스, 파르메데스, 소크라테스, 아리스토텔레스까지 많은 철학자들이 각기 학파를 조성하고 그들의 주장을 펴냈다.

    고대는 문명의 탄생에서 게르만 민족의 이동과 서로마의 멸망까지이다. 역사적으로 국가가 숭배하는 신들을 믿지 않는 시민은 무신론자인데 정치적인 이유로 고발당한 아테네의 소크라테스도 무신론자 혐의로 구속되어 사형을 당했다.

    역사적으로 처음에 등장하는 철학자들은 무신론자보다는 신화 대신에 자연현상을 통해 세계를 설명하려고 시도했다. 번개와 지진을 설명하는 것도 자연현상이라고 했다. 아리스토파네스나 에우리피데스나 등은 신은 없다고 했다.

    중국 유학자인 순자(荀子)도 신에 의존하지 않고 오히려 하늘을 이용하라는 용천제천(用天制天)의 사상을 가지고 있었다.

세계 4대 지역의 문명 발상지

4대 문명이란 서쪽부터 이집트 문명, 메소포타미아 문명, 인더스 문명, 황하문명을 말하는데 이집트 문명과 메소포타미아 문명을 합하여 '오리엔트 문명'이라 한다.

• 넓은 지역을 통일하는 대제국이 등장했다. (알렉산드로스)

BC 1500년경에 이르면 넓은 지역이 통일된다. 인도와 유럽계 여러 민족의 침입으로 전해지는 마차와 철기가 오리엔트에 통일의 움직임을 일으켜 최종적으로는 아카메네스조가 통일의 대업을 달성했다.

동 지중에서 그리스라는 폴리스 도시국가를 많이 건설해 독자적인 세계를 형성했다.

BC 4세기가 되면서 발칸반도 북부의 마케도니아가 등장했는데 마케도니아의 알렉산드로스 대왕이 동방원정군을 이끌고 무려 7,500km 정도의 대장정을 해 오리엔트 서북인도까지를 이르는 대제국을 이루었다. 그 이후 300년간을 '헬레니즘(Hellenism)'시대라고 한다. 즉 그리스 문화와 오리엔트 문화가 서로 영향을 주고받아 질적 변화를 일으키면서 함께 태어난 문화이다. 이 정복의 범위는 지금의 아프가니스탄과 파키스탄까지 이르렀다.

춘추전국시대(BC 770~221)와 제자백가의 탄생

기원전 770년 주(周)왕조 천도 후부터 진시황제가 첫 번째로 중국 전체를 통일한 기원전 221년까지의 550년간을 춘추전국시대라고 한다. 그 중 진(秦)은 불과 15년 만에 사라져 버렸다.

춘추전국시대는 선진시대(先秦時代)라고도 불리는데, 이것은 기원전 221년 진나라에 의해서 중국 통일 이전의 시기를 의미한다.

춘추시대 말기 많은 인재들이 자신의 학문을 서로 다투어 나온 사상은 여기서부터 시작되었다. 이 시대는 중국사상의 개화 결실을 가져온 시대로, 당시 사상가들을 제자(諸子)라고 하며, 그 학파들을 백가(百家)라 부르는데 11개의 유파가 있었다.

(1) 유가(儒家): 공자, 맹자, 순자

(2) 도가(道家): 노자와 장자, 열자

(3) 묵가(墨家): 묵자, 별묵

(4) 법가(法家): 관자, 상앙, 한비자, 이사, 신불해

(5) 농가(農家): 허행

(6) 음양가(陰陽家): 추연, 추석

(7) 명가(名家): 등석, 공손룡, 혜시

(8) 종횡가(縱橫家) 귀곡자, 왕후, 소진, 소대, 장의

(9) 병가(兵家): 손무, 손빈, 황석공, 이정

(10) 잡가(雜家): 여불위, 위안

(11) 소설가(小說家): 육자, 청사자

중국사상은 주류 사상의 변천에 따라 다음과 같은 6단계의 시기로
나눌 수 있다.

(1) 백가쟁명 시기(百家爭鳴時期): BC 550~BC110년경
(2) 문헌 경학 시기(文獻 經學時期): BC110~220년
(3) 노장학·현학주류 시기(老莊學·玄學主流時期): 220~404년
(4) 불교주류 시기(佛敎主流時期): 405~819년
(5) 신유학·성리학 시기(新儒學·性理學時期): 820~1644년
(6) 실학·고증학 시기(實學·考證學時期): 1645~1911년

그 뒤에 많은 말과 우수한 마구, 강력하고 짧은 활로 군사대국이
된 유목민 60만 명이 세계를 뒤흔들었다.

헬레니즘(Hellenism)의 의미와 특징

1. 헬레니즘이란?

그리스 뒤를 잇는 세계사상으로 한 시대를 규정짓는 개념이다. 이 시대의 특징에 관해서 여러 설이 있지만 그리스문화와 오리엔트문화 (오리엔트는 해가 뜨는 동쪽을 말하고, 서양은 옥세덴트라 한다. 메소포타미아, 시리아 팔래스타인, 아르메니아, 소아시아 및 아라비아, 이집트를 포함한 지역)가 서로 영향을 주고받아 질적인 변화를 일으키면서 새로 만나 탄생한 동서 문화의 융합으로 보는 것이 보편적이다.

그럼 이들은 어떻게 서로 융합되었을까? 그 시작은 알렉산드로스 대왕이 BC 330에 아시아 페르시아를 멸망시키고, 로마가 이집트를 병합하기까지의 약 300백 년간의 시기이다. 알렉산드로스의 동방원정은 서아시아와 중앙아시아를 석권했다. 10년간 원정을 통해 세워진 알렉산더대왕이 원정 중에 열병으로 죽자 내분이 일어나 결국은 8개국으로 분열되었다. 그 중에서 그리스와 로마가 가장 오랫동안 공존하면서 헬레니즘 탄생과 성장을 주도한 세력은 파르티아(BC 247~226)이다. 파르티아는 카스피해 동남부 지역에서 남쪽으로 내려온 이란계 유목인 아르사게스 일족이 세레우코스 왕족의 지방 총독을 몰아내고 세운 나라다. 헬레니즘은 파르티아라는 신흥제국의 토양 속에서 찬란한 결실을 맺었다. 페르시아가 계승한 파르티아가 그리스와 공존하면서 그 탄생을 주도해 발전했다.

원래 첫 동서 복합문명을 가리키는 헬레니즘 말의 뜻은 '그리스와 같은 문화'란 뜻이다.

2. 헬레니즘 문화의 특징

헬레니즘의 유산은 실크로드를 통해서 곳곳에 남아 있는 중앙아시아 중국, 한국 등 극동까지 영향을 미쳤다. 또한 기독교사상과 더불어 실크로드 모태에서 나온 문화사적 열매로는 불교의 전파가 있다.

한편 폴리스 중심인 그리스문화는 개인주의와 세계시민적 성격이 강했었지만 폴리스 중심의 기존질서가 무너지게 된 것은 대제국건설은 더 이상 개인 행복 추구에는 중요하지 않다는 것을 의식했기 때문이었다. 이러한 풍조가 잘 반영된 것이 바로 철학이었다. 그 중에서 에피쿠로스학파와 제논의 스토아학파는 인간은 이성을 가지고 있어 존엄하다고 보았다. 이런 사상은 로마에 전파되어 로마법과 그리스도교에 큰 영향을 주었다.

미술계는 개인풍조가 반영되어 인간의 육체와 감정을 사실적으로 드러내는 관능적인 작품들이 등장했다. 이 시대 최고의 걸작으로는 밀로의 〈비너스〉와 인간의 고통을 잘 표현한 〈라오콘〉이 있다. 자연 과학의 발달은 인문과학에 대한 반동으로 실용적인 과학을 추구했다. 아르키메데스가 목욕탕에서 부력의 원리를 발견한 것이다.

수학에서는 유크리트 기하학의 체계를 수립했고, 천문학에서는 지구와 달의 거리를 측정한 히파로크스, 지구의 자전과 공전을 주장한 아리스타르코스, 의학에서는 히포크라테스의 뒤를 이어 헤로필로스가 나타나 두뇌를 구체적으로 묘사했다. 그리고 맥박을 통해 병의 진단을 하는 등 각 계층에 많은 발전을 이룩했다.

로마의 흥망성쇠

1. 로마의 민주주의 과정

로마는 라틴인이 기원전 8세기 중엽에 이탈리아반도의 티베르 강 변에 세운 도시국가로 유럽의 역사 중에서 매우 주요한 부분을 차지하고 있다. 로마인들은 고대 지중해 세계를 통하여 유럽고대 문화를 완성하고, 이후 유럽 및 이슬람 세계에 전파하여 새로운 시대를 여는 역할을 했다.

초기 형태는 왕정이었고 기원전 6세기에는 독립하여 귀족 공화정 체제를 이루었다. 당시의 공화정 체제에서는 행정의 최고 책임자인 2명의 집정관과 입법기관이나 국정 운영 중심 기관이 원로 귀족들이 독식해 버리고 일반 평민들은 완전히 배제되어 버렸다.

그러다가 기원전 5세기 이후 농민으로 구성된 중장 보병이 기병부대를 대신해 국방의 중심 역할을 담당하게 되자 강력한 신분 투쟁을 했다.

로마는 대외적으로 확대해야 하는 과정에서 평민들의 도움이 절대 필요했다. 이런 귀족들의 부당한 행정 및 입법 조치로부터 평민들의 권익을 보호할 수 있는 호민관제도가 설치되었으며, 그 호민관을 의장으로 하는 평민의회가 창설되었다.

이어서 평민들은 귀족들의 관습법 악용을 방지하기 위해서 성문법 제정을 요구했다. BC 450년에는 로마 최초로 성문법인 12표법[1]을 제정했으나 여전히 그 법의 집행과 입법의 권한이 귀족들이 제대로 지

켜지지는 못했다. 그 뒤에 평민들이 계속 투쟁하여 BC 376년 집정관 1명은 반드시 평민에서 나오도록 규정하여 드디어 귀족과 평민의 법적 차별은 없어졌다.

그리스 아테네에서는 민회가 완전히 주권을 가진 민주주의를 이루었다. 하지만 로마는 여전히 원로원 중심의 귀족정치 실권도 결국은 귀족의 양보를 통해서와 내적인 안정을 찾았다. 이는 작은 도시국가 로마가 세계 제국으로 성장하는 원동력이 되었다.

2. 로마의 이탈리아 반도 통일

로마는 공화정 체제를 수립하는 과정에서 점차적으로 주변 도시를 정복하기 시작하면서 BC 3세기 초에 이탈리아 반도를 통일했다. 포에니 전쟁[2]에서 승리하여 지중해 패권을 장악하고 더 나아가서는 동부 지중해의 헬레니즘 세계를 정벌했다.

로마가 발전하게 된 원동력은 농민들로 조직된 중상 보병군 때문이었다. 그러나 농민들로 구성된 탓으로 농민들은 장기간에 걸쳐 전쟁에 임하게 되고 농가는 황폐해지기 시작했다.

3. 제1차 삼두정치 성립

기원전 2세기 후반에 호민관인 크라쿠스 형제가 무산 시민에게 토지를 분배하여 자영농 재건을 촉진한 것이었으나 티베리우스와 가이우스 형제의 개혁은 토지를 소유한 원로원 귀족들의 반대로 실패한 이후 내란의 시기로 접어들었다. 이렇게 평민 농민들과 여기에 맞서

---

1) 귀족들의 관습법이 불평등해서 만들어진 12표의 성문법인데 귀족과 평민의 통혼 금지와 귀족의 사법권 독점을 제한하는 평민의 권리를 신장되는 계기가 되었음.

2) 로마와 아프리카 북부 카르타고가 지중해 서부의 해상무역을 둘러싸고 3차에 걸친 전쟁에서 승리하여 로마는 세계를 도약하는 분기점이 되었다.

군인 정치가들이 등장하여 결국은 로마 공화정의 몰락을 재촉했다.

기원전 60년에는 카이사르, 크라수스, 폼페이우스에 공화제의 전통을 무시하는 삼두정치가 성립되었다. 그러나 동방 원정 중에 있던 크라수스가 전사하자, 카이사르 세력 강화에 불안을 느낀 폼페이우스가 원로원과 결탁하여 카이사르에 도전했으나 오히려 카이사르는 폼페이우스를 몰아냈다. 그는 속주민에게 시민권을 주었고 토지를 주어 정착하도록 했다. 공화정의 전통을 지키려는 브루투스 등의 원로원 일파에게 암살되었다.

4. 제2차 삼두정치 성립

카이사르가 죽은 후에 그의 조카딸의 아들인 18세의 청년 옥타비누스는 원로원 일파를 숙청하기 위해 카이사르 부하인 안토니우스와 레피두스와 함께 제2차 삼두정치를 수립했다.

원로원에 대한 대대적인 숙청을 하여 목적을 달성한 다음은 이들끼리 각축을 다투다가 레피두스가 먼저 실각하고 옥타비누스와 안토니우스의 대립은 악티움해전에서 옥타비누스의 승리로 끝났다.

이로써 약 1세기에 걸친 로마의 내란은 끝나고 옥타비누스가 로마의 패권을 장악했다.

악티움해전

BC 31년 이집트의 왕인 클레오파트라와 연합한 안토니우스의 연합함대를 격파한 옥타비누스가 승리한 해전이다. 클레오파트라는 서양을 대표하는 미인인데 기원전 52년 17세에 9살인 동생과 결혼하였으며 또한 카이사르를 유혹하여 아이를 낳았으나 카이사르가 암살되자 그녀는 이집트로 돌아와 새로운 지도자인 안토니우스를 유혹하여 동지중해를 제패하려고 했다. 하지만 옥타비누스에 패하여 결국은 39세의 나이로 죽었다.

BC 100년경 로마의 인구 120만 명 중 노예는 40만 명이었다. 군인 황제시대(235~284)가 되었는데 이 시대는 26명이 군인 출신 황제가 잇따라 즉위했다. 세금으로 점점 서민생활은 어려워지고 쇠퇴했다.

　그 중 혼란을 재통일하는 것은 3세기 말의 군인 황제인 디오클레티아누스 황제였다. 군대를 2배로 증가하고 2인의 정제(正帝)와 2인의 부제(副帝)에 의해서 통치하고, 국고수입을 확보했다.

지도자는 그 나라의 흥망을 좌우한다.

가끔 우리는 민주주의 정치를 하자고 하지만 민주주의를 여러 여건상 행하기가 쉬운 것은 아니라고 생각한다면 우선 대통령할 자격이 없다.

미국 대통령 중에서 가장 통치를 잘했던 대통령이라고 하면 여러 대통령을 자기 나름대로 추천해 말할 수 있다. 그 중에서도 미국에서는 4번이나 연임한 프랭클린 루스벨트를 뽑는 사람이 많다고 한다. 그것은 리더십이라고 말할 수 있다. 첫째는 뉴딜 정책3)을 강력히 추진해서 경제를 재건했다는 것이고, 둘째는 제2차 세계대전을 승리로 이끌어 세계에서 가장 강력한 강국으로 부상시켰다는 것이다. 셋째로 그 시절에도 경제 양극화를 위해서 재분배(再分配)정책을 강화했다는 점이다.

19~20세기는 수직적 리더십이었지만 지금은 수평적 리더십이다. 21세기에 와서는 권위주의가 없어지고 그 벽이 헐리고, 수평적 민주주의가 된 것이다. 수평적 민주주의는 국민과 서로 소통하는 지도자를 바란다.

흔히 말하는 지도자는 카리스마를 가져야 한다고 하는 사람들은 군정시대의 유물을 그리워하고 있는 것이다. 지금은 국민들은 마음에 소통이 잘 이루어질 수 있는 지도자를 찾고 있다. 타협이 없고 소통이 없는 독재를 바라는 국민들은 없을 것이다. 대다수가 옳은 리더십이라고 따라가는 follow-worthy(지도자의 길을 따라가 볼 만한 가치가 있다고 판단이 든 사람을 인정했다면)는 안심하고 나랏일을 맡길 수 있다. 지도자는 짧은 시간에 국민을 속일 수는 있어도 오랫동안 속일 수는 없는 것이다. 중국 이 송(宋)나라 시대의 수순(蘇洵)이 "一國以一人興 以一人亡" 즉 한 사람이 국가를 흥하게 할 수도 있고, 망하게 할 수도 있다고 했다. 또한 십팔사략(十八史略)에 나오는 "家貧思良妻 國難思良相"(가정이 가난하면, 현명한 처 생각이 나고, 나라가 가난하면 훌륭한 재상이 생각난다)는 말이 있듯이 가정에서는 여자가, 나랏일은 벼슬아치에 달려 있다는 것이다.

정치는 경험이 있어야 잘할 수 있는 것처럼 경험도 좋은 경험이라야지 나쁜 경험만 쌓여 있는 사람들보다는 차라리 정치경험이 없는 사람이 더 훌륭하게 잘할 수 있을 것이다. 지금 국민들은 진실성과 리더십이 있는 지도자를 간절히 바라고 있다. 과거에는 지도자라면 도덕적 기준의 잣대만 가지고 측정했지만 지금은 그와 동시에 리더십의 능력뿐만 아니라 여러 가지 판단이 뛰어나야 한다. 또한 국민의 선택이 가장 옳았고 퇴임까지 잘했다고 국민들이 인정할 수 있는 지도자를 국민들은 바라고 있다.

---

3) New Deal, 실업자에게 일자리를 만들어 주고, 경제구조와 관행을 개혁하고, 대공황으로 침체된 경제를 되살리기 위해서 1933~1936년에 추진하기 시작하여 성공했다. 경제와 화폐 공급, 물가, 농업 생산량에 대한 연합정부의 통제와 간섭이 증가했다. 또한 노동조합 활동에서 노동자의 권리와 이익을 위한 단결을 보장해주고 복합적인 사회 정책이 시행되었다.

로마제국의 기독교화

　혼란을 재통일한 것은 3세기 말 군인황제 중의 하나인 디오클레티아누스 황제였다. 군대를 2배로 증원하고, 나라도 2인 체제로 다스리게 했다. 또한 세제를 개혁하여 국고 수입을 확보하고 중앙집권제도적인 관료 제도를 수행했다. 황제의 위엄을 높이기 위해 옛부터 전해 내려온 로마의 여러 신들을 황제의 수호신으로 하여 황제권을 신성화했다.

　그러나 4세기 말이 되자 테오도시우스 황제는 혼자서 광대한 제국령을 통치하기가 힘이 들어 359년 그가 죽기 전에 로마제국을 동쪽의 그리스인 로마(로마제국 혹은 비잔틴제국)와 서쪽의 라틴적인 로마인 서로마로 분립했다. 지중해를 사이에 두고 오리엔트의 모든 빛과 헬레니즘 문명을 먼저 잘 흡수했다.

　로마를 강대하게 만든 것은 다신교적 종교에 대한 사고방식이었다. 분명 로마 멸망에도 로마인의 종교관이 영향을 미쳤을 것이다.

　기독교가 유입되기 전까지 로마 세계는 내부적으로는 사상적 갈등이나 모순을 만들지 않는 사회였다. 그들은 현세의 삶을 추구하고 도와주는 지혜와 소망하는 신이 존재할 뿐 사후(死後)의 영원한 삶을 찾는 절대 유일신은 없었다. 그러나 서기 388년 그리스의 로마 종교가 사교(邪敎)로 배척되었다. 사실상 기독교의 국교화가 형성되면서 종래의 로마인들의 숭배를 받았던 신상(神像)들은 모조리 파괴되었다. 그 대신 그리스도가 자리를 잡아 앉게 됨으로써 전에 로마인들의 현세(現世)적 구심력도 소멸되었다.

로마인들의 법과 현세생활을 논하던 바실리카4)는 영생을 간구하는 교회로 바꾸었다. 모든 것은 '신의 뜻을 받아', '신의 이름'으로 행하여졌다. 신의 이름은 예수 그리스도였다. 그리하여 현세적인 철학은 내세적인 종교철학으로 로마인의 가치관이 바꾸었다. 동시에 황제의 권위도 추락되었고, 그러는 사이 비생산 층이 늘어나고 과세율은 높아가 시민의 생활이 점점 어려워졌다. 사람들의 마음은 현실을 잃고, 사후의 영생 의식을 키웠다.

동로마 콘스탄티노폴리스 황궁의 하루는 기도로 시작하여 기도로 끝났다. 황제는 더 이상 시민의 1인자가 아니고 하나님으로 표현되는 것이었다.

"하나님의 것은 하나님에게, 카이사르의 것은 카이사르에게" 돌리는 국가통치 기본 원리가 완전히 붕괴되어 로마는 끝내 종언을 고했다.

---

4) 왕궁을 의미하는 그리스어의 바실리에서 유래한다. 법정이나 상업 거래소 집회장으로 사용된 건물이며 교회 건축형식의 기초를 이루었고 로마네스크와 고딕식 성당건축에 영향을 미쳤다.

그리스도교의 변천

예수의 제자들은 그리스도교가 심한 박해를 받으면서도 신자를 늘리고 국교가 되어 세계로 퍼져나갔다.

로마 제국은 종교에 대해서는 비교적 관대했으나 국가의 제사를 거부하는 그리스도교도에 대해서는 점차 이질적인 집단으로 간주되었다. 4세기가 되어 독재 지배를 강화한 디오클레티아누스 황제는 황제 숭배를 강요하였는데, 이를 거부한 그리스도교도들에게 대대적인 박해를 강요했다.

그러나 이어서 즉위한 콘스탄티누스 황제는 그리스도교를 이용하여 황제권을 신성화는 방법을 택해 313년 밀라노 칙령을 내리고 그리스도교의 신앙을 인정했다.

그리스도교도가 된 콘스탄티누스 황제가 교회의 물질적 지원을 하게 되자 교회조직은 빠른 속도로 정비되었다. 그러나 비합법적으로 생긴 종교들이 등장해 대립이 심각해지자 콘스탄티누스 황제는 325년 니케아 종교회의를 소집해서 교회의 통일을 도모하고 신과 예수를 동일한 것으로 간주하는 아타나시우스파의 주장을 정통으로 세우고, 예수는 신에 가까운 인간이라고 보는 아리우스파의 주장을 이단으로 규정했다.

몽골이 연결한 서방 세계와 동방 세계

7세기에 들어서면서 아라비아 반도로부터 새로운 세계사의 물결이 일어났다. 마호메트가 창시한 이슬람 교단이 이끄는 아라비아 유목민(아랍인)의 대 농경지대를 향한 민족이동 즉, 대 정복 운동이 일어났다. 이로 인하여 서아시아 페르시아 제국과 지중해 세계의 남쪽 절반이 아라비아 유목민족에게 정복되어 그 결과로 3개 대륙에 걸쳐 거대한 이슬람 제국이 탄생했다.

이슬람 제국도 오랜 기간 동안을 걸치면서 질적인 변화가 일어났다. 아랍인의 정복 왕조인 옴미아드조(661~750)가 아랍인이 갖고 있던 특권을 폐지하고 이슬람교도인 여러 민족이 동등한 대우를 받도록 하는 실로 국제적인 아바스왕조(750~1258)로 변모한 것이다.

유라시아 경제를 하나로 연결한 이슬람 상인들은 인구 150만 명의 도시 바그다드를 중심으로 유라시아의 여러 지역 경제를 하나로 만든 것이다.

그러나 이 같은 번영도 오래 가지 못했다. 지배민족인 아랍인의 군사력이 저하되면서 지방분권화가 진행되어 11세기에는 중앙아시아의 유목민 투르크인들이 이슬람 세계의 중심세력이 되었다.

투르크인의 셀주크조(1038~1194)는 이슬람 세계를 실질적으로 지배하는 비잔틴 제국령인 소아시아에 침입했다. 셀주크조의 공격을 감당하지 못하게 된 황제는 로마교황의 원조를 요청하여 170년 동안 단속적으로 이어진 십자군에 파견되었다.

십자군을 계기로 서유럽에서는 도시의 성장이 촉진되고 왕에 의한

국가 통일의 움직임이 강하게 일기 시작했다.

한편 동아시아 세계의 중국에도 북방민족의 압력이 거세졌다. 도시와 경제가 매우 번영했던 송은 북방민족인 여진족이 세운 금의 침입에 멸망했고, 화북 지방은 금의 지배를 받게 되었다. 강남지방을 간신히 지킨 남송은 금의 신하로 전락되었다. 중화제국을 중심으로 한 세계의 질서도 이 시기에 무너진 것이다.

13세기부터 14세기는 이슬람 상인의 협력을 얻은 몽골인들이 중앙아시아의 초원지대를 중심으로 이슬람 세계와 동시에 세계 2대 농경지대를 지배하는 유목 제국을 만들었다. 그러나 몽골이 점차 쇠퇴하여 몽골 제국은 멸망하고, 바다와 육지의 거대한 네트워크가 연결된 결과 유라시아 지역의 상업은 유례없이 활성화되었으며 동서 문화교류도 매우 활발하게 이루어졌다.

중국의 남북조시대에서 수의 통일까지

    화북을 지배한 유목민은 광활한 중국 땅을 지배하기 위해 이름을 중국화하는 길을 택했다. 선비인들이 여러 지역에서 발란을 일으켜 북위는 534년 동서로 분열했다. 그러나 589년 양견(楊堅)이 건국한 북조의 수가 지조를 정복해 약 370년 만에 중화는 재통일되었다.

    제2대가 된 수양제(隋煬帝)는 부왕인 문제와 형인 황태자를 살해하였고, 대규모의 토목공사와 수차례의 원정이 국가의 수명을 단축시켰다. 결국 대운하 건설 토목공사에는 100만 명의 백성이 동원되었다. 폭은 340m, 길이는 1,800km에 이르렀다. 3번이나 고구려 원정에 실패해 수명을 단축했고, 불과 40년 만에 망했다.

    수나라 말기에 대혼란이 계속되는 가운데 수의 당국공(唐國公)이었던 이연(李淵)이 세력을 확장하여 황제로부터 선위의 절차를 거쳐 618년에 당조를 열었다.

게르만 민족의 대 이동

4~6세기에 걸쳐 진행된 게르만족의 이동으로 로마제국은 395년에 동서로 분열되었는데, 서쪽 절반지역을 크게 바꾸어 버린 사건이 바로 게르만 민족의 대 이동이다.

게르만은 원래 북방의 발트 해 연안에서 발원한 민족이다. 켈트족을 따라 남하하면서 기원 전후에는 로마 제국과 경계를 이루는 라인강과 도나우강 유역까지 진출하였다. 3세기경에는 도나우강 하류 유역까지 게르만 사회가 팽창하였으며 용병 혹은 농민자격으로 로마제국 내로 이주하는 사람들이 많아졌다.

4세기 후반에 흉노의 후손인 아시아계 유목민 훈족이 이동을 시작하여 375년 흑해의 북쪽 기슭에 거주하던 동고트족을 습격하였다.

375년이 되자 도나우강 왼쪽 기슭에 거주하고 있던 서고트족이 로마제국 영내로 침입하였다. 로마 황제는 378년에 하드리아노 폴리스 전투에 패배하여 게르만인의 제국 내 정주권과 자치권을 인정하였다. 이로 인해 많은 부족이 로마영토 안으로 이동하기 시작한 것이 바로 게르만 민족 대이동이다.

한편 이동하지 않고 라인강 동쪽에 남은 게르만인들은 나중에 슬라브인이라 불리게 된다.

게르만화되어 가는 서유럽

395년 게르만 민족의 대이동이 시작된 후 곧 로마제국은 동서로 분열되었다. 로마제국 서부에 건국된 여러 나라의 게르만인의 비율은 선주민에 비해 겨우 3%에 불과했다. 게르만의 여러 부족 국가의 왕들은 동로마 황제에게 종속하면서 황제의 권위를 이용했다.

현재의 덴마크인, 노르웨이인, 아이슬란드인, 앵글로색슨인, 네덜란드인, 독일인 등이 여기에 속한다. 이들 민족의 조상으로 민족 대이동 이전의 옛 게르만인을 가리키는 경우가 많다. 이렇게 많은 지역에 분포되어 유럽은 게르만화가 되었다.

게르만인(Germanen)이라는 명칭은 갈리아 켈트인이 부여한 것이다. 그들은 인종적으로는 똑같지는 않지만 대체로 키가 크고 금발에 파란 눈과 높은 코를 가졌다. 유트란반도 및 이에 인접하는 북서독일, 스칸디나비아 반도의 중 남부등지가 BC 2000년대 중엽에 게르만인 원주 지역이었다. BC 1000년대 중엽부터 BC 300년까지 서쪽으로 네덜란드에서 라인강 하류 유역까지 퍼졌으며 북, 서, 동 게르만의 3개 그룹을 형성하게 되었다.

비잔티움 제국

비잔티움 제국은 영어식으로 'The Byzantine Empire'라고 표기해서 한국에서도 영어식 표기로 쓰기로 한 것이다. 또는 '동로마 제국'으로도 쓰기도 한다.

중세시대에 로마제국의 뒤를 이은 제국으로 수도는 콘스티노폴리스[5]였고, 로마황제를 직계한 황제가 다스렸다. 이 나라는 로마제국으로 불렸으며, 비잔티움 제국은 서기 306년경부터 1453년까지 천 년 넘게 존속했다.

중세유럽에서 가장 막강한 전제군주국가로 옛 로마제국을 거의 되찾았고 지중해 세계를 통일하여 중동지역까지 진출했다. 수세기동안 유럽에서 가장 부유한 도시였다.

395년 로마제국이 동·서로 분열된 이후 서로마제국은 게르만민족의 침입을 물리치지 못하고 곧 멸망했지만, 동로마제국은 1453년 오스만튀르크에 멸망까지 존속했다.

비잔티움제국은 사산왕조 페르시아와 아랍 등의 침략을 받아 영토를 잃기도 했다. 그 후 10세기말 마케도니아 황조시대 국력을 회복했다.

그러나 1071년 소아시아 대부분을 셀주크튀르크 세력에 잃는다. 12세기 콤네노스 황조가 죽은 뒤 영토는 어느 정도 회복은 했으나 그가 죽은 뒤 다시 쇠퇴기로 접어들었다. 1204년 제4차 십자군이 수도를 점령하여 제국의 영토가 비잔티움 그리스인과 라틴인의 각축장이

---

5) 현재의 이스탐불.

되어 비잔티움은 결정적인 타격을 입게 되었다.

14세기 내전으로 비잔티움은 국력이 소진되어 결국은 15세기에 오스만 튀르크의 침략으로 멸망했다. 그러나 문화적으로는 로마문화를 계승하고 발전시킨 토대 위에 오리엔트 문화를 융합해서 독특한 문화를 창조했다.

3가지 사람의 모습

1. 스폰지형: 무엇이라도 다 흡수한다 / 우수학생
2. 터널형: 오른쪽 귀에서 왼쪽 귀로 지나갈 뿐 / 마이동풍(馬耳東風) 열등학생
3. 체형: 중요한 것과 그렇지 않은 것을 체로 걸러낸다 / 장래가 있는 놈

봉건사회의 형성과 중앙집권제 등장

1. 봉건사회의 형성

중세 서유럽에서 봉건사회가 전형적으로 발전한 것은 사회 발전상의 한 유형이다. 봉건제도는 중세 신분제 사회 속에 많은 한계를 가지는 것이라고 하지만 고대 로마제국의 해체로 지중해 세계가 무질서와 혼란에 빠진 상황에서 당시 서유럽 사람들은 지역방어를 위해 주민들 자신이 나섰다.

사실상 국왕은 실질적으로는 전 국토의 명목상 지배권자에 불과했다. 지방은 각 지역의 성주들의 지배하에 있었다. 국왕, 신하, 교회에 충성을 요구하면서 대신 토지 사용권의 혜택을 주었다. 이것은 토지를 이용한 계약 관계의 성립을 의미한다. 또한 상호간에 국왕과 영주, 국왕과 주교 관계, 영주와 기사까지 관계가 형성되어 피라미드형 봉건제도가 형성되는 것이다.

2. 중앙집권제 등장

유럽의 봉건사회는 11~12세기경까지 크게 변질되었다. 특히 11세기 말부터 시작된 십자군 운동이 촉진제가 되었다. 이러한 변질을 나타내는 현상으로 우선 경제적 근대화를 들 수 있다.

① 도시발전: 십자군 이후 이탈리아를 중심으로 상업이 발달되었다.
② 부역(負役)의 소멸: 화폐 경제가 발달함에 따라서 농민으로부터 직접 화폐를 입수할 수 있었고, 농노(農奴)들은 약간의 해방금(解放金)을 받고 농노의 신분에서 벗어날 수가 있었다.
③ 농민 반란: 장원제도를 해체하는 운동이 전개되었다.
④ 정치적 요인
  • 교황권이 쇠퇴하고 종교개혁이 선구적 역할을 했다.
  • 중앙집권국가 형성: 소 영주들은 무용화되면서 지방분권적인 봉건 지배 체제가 상업 발달을 저해한다는 것이라면서 중앙집권화를 지지하고 나섰다. 14~15세기경부터 유럽 각국은 점차적으로 중앙집권적인 국가가 형성되어 근대국가 도시의 길이 열렸다.

쉬어 갑시다.

• 정치가는 자신이 한 말을 믿지 않기 때문에, 다른 사람들이 자신을 믿으면 놀란다.
　　　　　　　　　　　　　　　　　　　　　　　　　　　　　　— 프랑스 드골
• 돈이 약간 생기면 양서를 사주고 싶은 사람이 친구다.
　　　　　　　　　　　　　　　　　　　　　　　　　　　　　　　　— 저자

그리스도교의 세계

　로마 제국 말기 교회는 알렉산드리아, 예루살렘, 로마, 콘스탄티노플 등 5개 교구가 있었다. 그러나 이슬람 세력의 팽창으로 로마와 콘스탄티노플 교구만 남게 되었다.

　중세 그리스도교는 유럽인의 정신을 지배하는 사상이다. 그리스도교 교회는 넓은 영토를 소유하여 농민을 지배하는 현실적인 권력이었다. 교회의 세력이 지나치게 세속화하자, 그리스도교 본래의 구도 정신을 되찾기 위한 수도원 운동이 일어나기도 하고 각종 권리를 둘러싸고 국왕이 치열하게 대립하기도 했다. 그리스도교 교회 세력은 정치, 경제, 사회 등 다방면에 걸친 변화가 일어나는 중세말까지 모든 것을 초월하는 절대적인 권위를 유지했다.

칭기즈칸의 등장(1162~1227)

칭기즈칸이란 '우주의 군주'란 뜻으로, '칭기즈'의 어원에는 여러 가지 학설이 있다. 몽골어로는 강하다는 설과 광명의 신이라는 뜻이다.

12세기 몽골 고원은 군웅할거 시대였다. 당시 몽골 고원을 지배하던 동북부(만주)의 금나라가 막강한 세력의 출현을 두려워하여 부족 간의 대립을 부추겼기 때문이다. 그런 가운데 두각을 나타낸 자가 '초원의 푸른 늑대'를 선조로 두었다는 명문 씨족의 테무진(어려서 부른 이류)이다. 고나의 어린 시절을 보내고 45세가 지나서야 비로소 몽골 고원의 여러 부족을 통일하고, 1206년에 오논 강가에서 쿠빌타이(부족장 회의)에서 몽골 제국의 왕의 지위인 칸의 칭호를 받았다.

중앙아시아 대 상업망의 지배를 노린 칭기즈칸은 실크로드 동쪽을 지배하고 서하를 공격하는 한편 통상로를 따라 각지에서 호라즘군을 격파하고, 10만군으로 40만군의 호라즘군을 완전히 몽골제국의 지배 하에 두었다.

유럽이 그리스도교로 정신무장을 하면서 암흑의 시대로 진입하고 있을 당시에 넓은 중국 대륙의 한 모퉁이 대초원 지대에서 유목민에 불과했던 몽골은 동서양 통틀어 가장 원대한 영토를 가지고 있었던 원(元)이라는 제국을 건설했다.

중세 유럽의 변화

봉건 제도와 가톨릭교회의 건실한 두 축을 기반으로 계속적으로 성장한 서유럽 세계는 11세기에 접어들면서 점차 안정기로 돌입했다. 이를 기본으로 서유럽세계가 보다 적극적인 대외 팽창을 노려보는 것이 십자군의 원정이다.

그 결과 도시를 중심으로 상공업이 발달하여 봉건사회의 경제적 기반이라고 말할 수 있는 장원제도가 몰락했다. 이런 변화의 과정 중에서 절대적인 권위를 상실한 로마 가톨릭 교회는 세속화되어 타락하는 길목에서 교회의 개혁을 요구했다.

화폐 경제의 발달로 인해 장원제도가 무너지고 중세의 몰락과 함께 교황권도 쇠퇴했다.

• 십자군 전쟁의 원인과 결과

1세기 말에서 13세기 말 사이에 서유럽의 그리스도교들이 성지 팔레스티나와 성도 예루살렘을 이슬람교도들로부터 되찾기 위해 강행한 대원정이다. 당시 전쟁에 참가한 기사들이 가슴과 어깨에 십자가 표시를 했기 때문에 이 원정을 십자군이라 부르게 되었다. 이슬람 세력인 셀주크튀르크는 힘이 강해지자 예루살렘을 차지하고 성지를 찾는 크리스트교 순례자를 박해했고, 그들은 비잔티움 제국으로부터 소아시아를 빼앗았다. 위기에 처한 비잔티움 황제는 교황에게 구원을 요청하자 교황 우르바누스 2세는 1095년 성지탈환을 호소했다. 그리하여 약 200년간 8회에 걸쳐 십자군 전쟁이 일어났다. 이 싸움에는 여러 가지 동기가 숨어 있다. 로마 교회 입장에서는 동서 로마에 걸쳐 교황의 권위와 지배력 확대, 국왕과 영주들의 영토를 획득하려는 욕구에서 상인들은 기회를 이용하여 지중해 무역을 장악하려는 것이었다. 십자군 전쟁의 영향으로는 교향권의 쇠퇴, 제후·기사들의 봉건주의 몰락, 흑사병 만연, 농노의 해방, 도시 발달, 장원제 해제 등이 있다.

중앙집권 국가의 출현

13세기 말부터 교황과 봉건 영주의 세력이 쇠퇴하자 국왕은 상·공업을 하는 부유층에 재정적 지원을 얻어 군대를 양성하고 관료 제도를 개선하여 중앙집권 체제를 더욱 강화하려고 했다. 하지만 국왕의 권력이 강화되는 것을 염려한 성직자와 봉건 귀족까지도 국왕의 권력을 견제했다. 국민들 사이에는 국민 의식이 싹트게 되었다. 이런 지경에 이르게 되자 국왕은 신분제 의회의 소집을 꺼리게 되었다. 시간이 경과함에 따라서 신분제 의회는 점차 힘이 없어지자 국왕의 권력은 더욱더 강화되어 15세기에는 서유럽의 여러 지역에 중앙집권 국가가 출현하게 되었다. 유럽에서 중앙집권국가로 발전하는 나라는 영국, 프랑스, 에스파냐, 포르투갈 등이 있다.

동유럽의 여러 국가들은 장기간 정치적으로 분열된 데다가 서유럽과는 달리 농노제가 다시 강화되어 봉건적 성격이 강하여 중앙집권 국가의 형성이 늦었다.

1. 영국과 프랑스

영국은 1215년 대헌장을 선포하였는데 귀족들이 존왕에게 승인하게 한 문서로 귀족들의 특권을 인정하지만 국왕도 법을 지켜야 한다는 것에 의의가 있다.

모범의회가 소집되고 상하양원제가 성립되어 영국의회 제도의 기틀이 마련되었다.

프랑스는 14세기 초에 교회 재산에 새로운 세금을 부과하기 위한 수단으로 신분제의회인 삼부회가 조직되어 왕권이 강화되었다.

2. 백년전쟁(1337~1453)

백년전쟁은 프랑스 왕위 계승문제를 둘러싸고 프랑스와 영국 간에 빚어진 갈등에서 시작되었다. 처음은 영국이 우세했으나 잔 다르크의 활약으로 프랑스가 승리하였다. 결과적으로 두 나라는 국민의식이 성장하게 되었으니, 프랑스는 이를 계기로 국토가 통일되어 왕권 중앙집권 체제가 강화되었다.

중세 유럽의 문화

로마 문화와 게르만의 전통은 그리스도교를 매개로 융합되었다. 중세문화는 간단히 말해 그리스도교의 교리와 가치관이 지배하는 그리스도교의 문화라고 할 수 있다.

이 시기는 모든 것이 신에 의해서 설명되기 때문에 인간과 자연에을 자의대로 해석할 수 없었고, 인간의 개성이나 창조적인 의사표시도 하기가 어려웠다. 다만 그리스도교의 전통과 신의 권위만을 강조하는 신학만이 발전했다. 교육은 물론 건축, 미술, 문학 등도 그리스도교적인 이념이 강하게 발전했다.

그 당시 철학은 신학의 시녀였다. 모든 것이 그리스도교를 중심으로 돌아가고, 그리스도교의 율법이 철학이 되었기 때문이다.

① 교부철학(敎父哲學): 고대 그리스도교의 교부들이 철학사상을 주된 연구 대상으로 삼는 학문인데, 아우구스티누스의 신국론에서 볼 수 있다.

② 스콜라 철학: 교부철학에 의해 세워진 기독교신앙을 체계적으로 정리하고, 이를 이성적인 사유를 통해 논증하고 이해하려 했던 철학의 흐름이다. 쉽게 말하면, 신앙에 대해서 서로 주고받고 해보니 의문이 나기 시작했던 것이다. 이것은 이후 사상 발전에 중요한 역할을 했다.

　· 초기(9~12세기): 플라톤의 사상으로 가톨릭 교리 설명

　· 중기(13세기): 아리스토텔레스 철학으로 교리를 체계화했으며, 신앙과

이성의 조화(토마스 아퀴나스: 신학대전)를 설명

· 후기(14세기): 명목론이 유행했는데, 신학과 철학의 분리(던스 스코터스, 윌리엄오컴)는 자연 과학적 이식 기능이었다.

③ 신비주의: 이성을 외면하고 신앙만을 강조(성 프란체스코)

④ 경험주의: 자연을 이성적·합리적으로 이해(로저 베이컨)하는 실험과 관찰, 개성이 존중되었다.

르네상스(문예부흥, 학예부흥)의 요약

르네상스는 재생 또는 부활이란 뜻이다. 그리스, 로마, 문화의 부흥을 통해 신 중심의 중세적 세계관을 극복하고 인간 중심의 새로운 문화를 창출하려는 운동이다. 이 운동은 14세기 초에 이탈리아에서 시작하여 독일, 프랑스, 영국 등 여러 나라로 전파되면서 각 나라마다 독특한 문화를 만들어 냈다. 이것은 이후 개인주의, 세속주의, 합리주의를 특징으로 하는 유럽 근대문화의 기초가 되었다.

이 인문주의의 선구자 역할을 한 인물이 13세기에 등장한 단테인데 작품에는 서사시 「신곡」이 있다. 그리고 레오나르도 다빈치의 〈모나리자〉, 〈최후의 만찬〉 등이 있다.

영국의 르네상스는 권력의 남용을 막아 개인의 자유를 보장하려는 혁신적 성격이 강했다.

엘리자베스 여왕 시기에는 셰익스피어가 등장하여 『햄릿』 등의 다양한 인간의 감정을 묘사한 작품들이 나왔다.

종교 개혁은 마르틴루터로부터

가톨릭교회의 부패에서 비판적 개혁 운동이 전개되었다. 중세 이후 300여 개의 연방으로 분리된 정치권력이 약했던 독일은 교황의 간섭이 심했으므로 교황청에 대한 불만이 커서 종교 개혁이 발생했다.

독일은 마르틴루터가 종교개혁을 주도하고, 종교의 자유를 획득한 루터 교회는 독일 제후들의 강력한 보호아래 유럽 전 지역으로 빠르게 확산되었다. 그중에서 스위스에서는 루터의 영향이 컸다. 스위스 종교개혁을 완성한 인물이 프랑스 출신인 장 칼뱅이 스위스의 종교 개혁을 완성했다.

대륙의 종교개혁은 몇 사람들의 선도적인 대중 투쟁을 통해서 영향을 주었지만, 영국의 종교개혁은 열렬한 가톨릭 신자인 국왕 헨리 8세에 의해서 이루어졌다. 또한 정치, 경제적인 원인도 있다.

루터의 종교개혁을 선두에서 비판하고, 교황으로부터 신앙의 옹호자라는 칭호를 받았던 헨리 8세가 에스파야 출신의 왕비 캐더린 사이에 아들이 없다는 이유로 그녀와 이혼하자, 교황이 교리를 내세우며 이를 허락하지 않았던 것이다. 이에 그는 수장령6)을 발표하여 가톨릭과 단절하고 수도원을 해산시켰다. 그리고 전 영토의 3분의 1에 이르는 막대한 수도원의 영지를 몰수하고 로마 교황청으로의 화폐 유출을 막는 등 왕실의 제정을 튼튼히 했다. 체제에 있어서도 국왕이 교황을 대신하여 최고의 자리에 올라 그 아래 주교를 임명했다. 이처

---

6) '영국 국왕을 영국 국교회의 최고의 수장으로 삼는다'는 뜻.

럼 전과 동일한 체제에 있었기 때문에 이후 칼뱅의 교리에 따라 철저한 교회의 개혁을 요구하는 청교도들이 등장했다.

프로테스탄트의 종교개혁이 활발하게 전개되자 가톨릭교회의 내부에서도 나름대로 변화를 촉구했다. 이러한 가톨릭의 대응 과정에서 가장 큰 역할을 한 것은 에스파냐의 로욜라가 창시한 예수회였다. 예수회는 예수의 군대라는 이름의 수도회로 교황과 상급자에 대한 절대복종과 엄격한 규율을 강조했다. 가톨릭 교세의 확장을 위해 유럽, 아시아, 아프리카 각지에서 활발하게 전개되었다.

이에 신·구교의 대립이 매우 심하게 되어 프랑스 위그노전쟁, 네덜란드의 독립전쟁, 독일의 30년 전쟁 등의 종교전쟁이 일어났다. 종교적 갈등이 정치, 경제적 이권의 전쟁으로 발전되었다. 전쟁의 결과 17세기말에 남부유럽에서는 가톨릭이, 북부 유럽에서는 프로테스탄트의 여러 교파가 우세하게 되었다.

결국은 이런 종교개혁으로는 중세의 통일적인 그리스도교의 세계가 분열되어 상대방에 대한 종교적 관용이 싹트게 되었다.

시민 계급을 성장시켜 근대 자본주의가 발전하는 한 요인도 되었으며 정치적으로는 시민혁명의 원동력이 되기도 했다.

대항해시대

많은 사람들이 고대로부터 미지의 세계에 대한 탐험을 시작했다. 대양으로부터 본격적인 진출은 15세기 초반 유럽인들에 의해서 시작되었다. 신항로 개척 이후 유럽사회의 큰 변화는 유럽의 무역 중심이 이동했다는 것이다. 지중해에서 대서양으로 이동하면서 대서양 연안 국가는 번영했다. 삼각무역관계인 대서양을 중심으로 유럽, 아프리카를 잇는 삼각 무역 관계를 조성해서 경제·문화 교류가 확대되었고, 그 결과 열강들의 식민지 확보 쟁탈전이 격화됐다. 이는 당시에 유럽 각국들이 정치, 경제적인 상황에서 새로운 지식의 발달이 동반되어 가능했다. 지리상의 항해 발전으로 더욱 쉽게 갈 수 있는 한편, 비 유럽지역인 아시아, 아프리카의 여러 나라들이 유럽의 식민지로 전락했다.

유럽인들이 신항로를 개척한 이유는 ① 동방으로 진출하면 막대한 부를 축적할 수 있다는 신념—비단, 향신료[7]와 금, 은, 동을 획득할 수 있다. ② 미지인에게 그리스도교의 전파를 목적으로 ③ 유럽 각국에서 군주들이 이 항해를 적극적으로 도와준 데서 더욱 활기를 띠었다.

1445년 신항로를 개척한 포르투갈의 엔리케는 아프리카 서해안 베르데를 발견하고, 1487년 바르톨로뮤 디아스가 아프리카 남단 희망봉을, 1498년 바스코 다가마가 희망봉을 지나 인도로 가는 항로를 발견했다. 콜럼버스는 아메리카 대륙을 발견했다. 그러나 그 과정에서

---

7) 육류를 먹을 때 고기 냄새를 제거하고 부패를 막기 위해서 필수적인 후추, 생강, 계피 등.

아라와크족(Arawaks) 원주민을 무참히 무기로 살상해 황금과 향신료를 강탈해갔다. 콜러버스는 과연 영웅인가? 바르톨로메 데 라스 카사는 콜럼버스 일지사본을 만들었으며 『인디언의 역사』 책을 저술했는데 그 책안에서 인디언들의 사회와 풍속을 설명했다. 스페인들이 인디언들을 얼마나 잔인하게 다루었는지 잘 나와 있다. 정복과 노예와 죽음의 역사였고, 이 피비린내가 진동하는 잔혹한 역사를 영웅적인 모험담으로만 전해 주고 있다(하워드 진의 살아 있는 미국역사에서). 1520년 포르투갈 사람 마젤란이 세계일주 항해를 해서 지구는 둥글다고 했다.

절대 왕정시대(16~18세기)와 유럽 문화

유럽 사회가 근대로 넘어가는 과도기적 시대이다. 또한 군주가 그의 통제하에 있는 관료조직의 지원을 받으면서 전 영토에 국가권력을 실질적 효과로 행사하는 정치체제이다.

1. 절대 왕정시대의 특징

국내적으로는 신·구교의 갈등으로 야기된 종교전쟁과 왕위를 둘러싼 귀족들의 경쟁으로 정치적 내분을 겪은 시기였다. 국외적으로는 대항로개척으로 경쟁이 된 식민지 획득과 국제 무역권 장악에 국제 간에 경쟁이 심화되었다. 당시에 대상(大商)이나 금융업자들은 무역을 활성화하는 데 왕의 보호가 필요했다.

2. 정대왕조의 구성요소

① 관료제: 귀족이 아닌 시민은 국왕의 의사를 이행하려는 효율적인 관료집단 형성이 필요했다.
② 상비군이 필요: 세력 확보를 위해서 항시 동원이 가능한 상비군이 필요했다.
③ 상·공업을 장려하기 위해 무기제조업자나 군납업자에게 큰 혜택을 주었다.
④ 왕권신수설: 절대왕권의 정통성을 옹호하고 그에 적당한 사상

교육 강화했다.

⑤ 왕은 신의 대리인으로서 왕권은 신성불가침이었다.

3. 중상주의

① 국외로부터 수입을 제한하고 수출 장려책을 써서 국내 산업을 보호했다.

② 해외 식민지 건설을 이용하여 약탈 행위를 감행했다.

③ 초기 중상주의는 화폐인 금이 국부를 상징하는 것으로 많은 금을 보유했다.

이상으로 국가통일과 국가권력을 증대하는 것이 목표였다. 그러나 이런 절대왕정은 봉건사회에서 시민사회로 옮아가는 과정에서 시민계급의 결합으로 절대왕정은 시민혁명으로 붕괴됐다.

4. 각국의 절대주의 주요국가

① 에스파냐: 가장 먼저 절대주의가 확립된 국가이면서 유럽 최강국으로 등장했다. 전성기 때는 펠리페 2세가 무적함대로 해상권을 장악하고 광대한 식민지를 개척했다. 그러나 너무나 식민지 약탈에만 의존했고, 경제적 기반이 취약한데다가 식민지에게 종교를 강요해서 신교 국가인 네덜란드가 반란을 일으켰다. 결국은 에스파냐의 무적함대가 영국해군에게 패배 당했다.

② 영국: 전성기 때 엘리자베스 1세의 유명한 말 중에서 "짐은 국가와 결혼했다."라는 말이 있다. 국교회를 확립했고, 무적함대로 해상권을 장악했다. 동인도회사를 설립하여 인도 진출의 발판을 마련했다.

③ 프랑스: 전성기 때 루이 14세는 "짐이 곧 국가다."라고 했으며,

콜베르를 등용해 강력한 중상주의 정책을 추진했다. 베르사유 궁정을 건축하여 궁정 문화가 발달했다.

④ 프로이센: 전성기인 프리드리히 대왕 때 "군주는 국가의 제일의 심부름꾼이다."라는 말이 있다. 자신이 계몽 군주로 자처했고 슐렌지엔 지방을 차지하고 산업과 교육을 장려했다.

⑤ 러시아: 전성기 때는 표트르 대제 때이다. 서유럽화 정책을 써서 서유럽의 문화와 제도를 수입하고 러시아 근대화를 추진하고 스웨덴과 싸워 발트해와 시베리아로 진출했다.

5. 근대 과학의 혁명과 철학의 발전

① 과학 혁명
- 천문학: 뉴턴의 만유인력의 벌칙을 발견
- 화학: 라부이지에의 근대화학의 아버지가 등장
- 식물학: 린네의 식물 분류학의 토대를 마련
- 의학: 제너는 종두법 발견과 예방의학의 길을 마련

② 근대철학의 발달
- 경험주의철학의: 베이컨과 로크는 경험과 관찰 및 실험을 중시
- 합리주의: 경험보다는 이성주의를 추진
- 관념주의의: 칸트-경험주의와 합리주의철학을 종합
- J. Locke(죤로크): 근대자유주의자

이처럼 과학혁명이 합리주의 시대를 열었는데 17세기는 천재의 세기라고 말할 만큼 과학자, 수학자들이 많이 배출되었다. 수학에 있어서는 해석기하학을 창시한 프랑스의 데카르트와 미적분을 개척한 라이프니치 등이 나올 수 있었다.

영국의 경험론과 대륙의 합리론이 학문으로 등장하면서 근대철학

의 토대를 마련했다.

6. 왕권신수설과 사회계약설

17세기는 절대왕권시대로 왕권은 절대적인 위치에 있는 신이 부여한 자리이므로 국민들은 절대 복종해야 했는데, 이것이 왕권신수설이다. 그러나 시민사회가 결속을 하면서 영국에서는 사회계약설이 등장했다. 홉즈는 사회계약설을 주장한 사람이다. 인간은 약육강식의 상태에서는 헤어 나오지 못하기 때문에 이성적인 판단을 군주가 내려 질서유지 차원에서 왕권이 필요한 것이지 자연 상태에서 만인의 평등을 기반으로 했다는 점에서 혁명이라 할 수 있다. 나중에 홉즈의 사상의 뒤를 이어 발전시킨 사람은 로크이다. 그는 『시민 정부론』에서 자연 상태에서 만인은 평등하다고 했다. 군주가 계약의 한계를 넘어설 때는 인민은 혁명적인 행동으로 나설 수 있다고 한 점은 홉즈보다 더 적극적이다. 이 사상은 프랑스 사상계에서 큰 영향을 주었다.

7. 계몽사상의 확산

계몽사상의 발달은 18세기 프랑스를 중심으로 발달했으며 인간의 이성을 중시하고 불합리한 전통과 제도를 비판했으며 미신과 무지를 배격했다. 사상가로는 몽테스키외, 루소, 볼테르 등이다.

프랑스 볼테르는 '광신을 타도하라'는 구호로 미신을 공격하고 가톨릭 부패를 공격했으며 언론, 출판, 신앙의 자유를 주장했다.

몽테스키외는 『법의 정신』에서 프랑스의 절대주의를 비판하며 영국처럼 입법, 사법, 행정을 분리할 것을 주장했다. 루소도 『사회 계약론』에서도 "자연으로 돌아가라."는 말을 통해 주권재민(主權在民)을 역설했다.

나중에 계몽주의자들에게 영양을 주었고 미국 독립혁명과 프랑스 혁명의 사상적 배경으로 작용했다.

8. 자유방임주의 경제학

　17세기와는 달리 중상주의에 의해서 국가가 주도했지다. 하지만만 18세기에 와서는 국가 주도 아래서 보호정책은 백성들의 자유 경제활동을 간섭하기 때문에 프랑스 케네는 중농주의를 제창하였다. 인간의 노동이 부를 창출한다고 해서 국가의 부의 원천은 토지와 농업이라고 했다. 국가가 통제하는 것은 자연 질서에 어긋난다 해서 자유방임정책을 주장했다. 이러한 프랑스의 자유방임주의가 영국에 전해지면서 애덤 스미스에 의해 더욱 체계화되었다. 내용은 절대주의 시대에 중상주의를 비판하고 개인의 자유로운 경제활동을 주장했으며 고전경제학의 토대를 마련했다.

9. 문학발달과 고전음악

　고전 문학발달은 괴테, 실러 등이 새로운 문학운동을 전개했고 격렬하고 역동적인 인간정신을 표현했다.
　소설로는 디포의 『로빈슨 크루소』, 스위프트의 『걸리버 여행기』, 영국 밀턴의 『실락원』, 독일에서도 괴테의 『젊은 베르텔의 슬픔』,실러의 『군도』 등이 있다.
　고전음악은 18세기 모차르트, 베토벤 등이 완성했다.

10. 예술의 발달

　① 건축양식: 베르사유 궁전
　② 회화: 루벤스, 렘브란트의 궁전화가의 활동
　③ 음악: 바흐, 헨델 등은 근대음악의 새로운 경지를 개척

산업혁명의 원인과 영향, 그리고 복지사회

18세기 중엽부터 19세기까지 영국에서 시작된 산업상의 큰 변화를 말하는데 주로 경제적 변화를 말한다. 그 내용은 종례의 수공업에서 기계 과학이 발달하여 더 질이 좋고, 제품을 빨리 생산할 수 있는 기계의 발명으로 대량 생산이 가능했다. 수공업은 자연히 일자리가 현저하게 감소되어 자본주는 전보다 더 많은 부를 창출해 낼 수 있었다. 반면 고용인들은 기계에 밀려나 일자리를 잃게 되었다. 이로 인해 고용인들은 빈곤을 면치 못하게 되어 사회적으로는 분배의 공평성 문제가 대두된 것이다. 날이 갈수록 빈부의 차는 커졌고, 사회문제로 대두되어 일반 도시 근로자들은 생계 위험을 초래했다.

반면 경제구조가 1차 산업인 농업, 수산업, 임업 등에서 2차 산업인 건설업, 광업, 제조업, 운수업, 상업, 금융업 등으로 변해 가면서 인구가 증가했다. 이런 변화로 기계의 힘은 사회 전반에 걸쳐 삶의 질이 높아지는 한편 단점으로는 인구의 도시집중, 주택문제 위생문제가 생기기 마련이다.

1. 자유로운 경제활동

처음 영국에서는 다른 국가보다 일찍 여러 혁명을 거치고, 봉건제도가 해체되어 정치인들의 성숙과 안정이 이루어지면서 이전보다는 자유로운 농민층이 나타났다. ① 이로 인해 농촌에서는 모직물 공업이 발달해 이를 중심으로 근대산업이 발달했고 거기에 풍부한 노동력을 가지고 있었다. ② 광대한 식민지를 통해서 무역으로 자본을 축적할 수가 있었다. ③ 새로운 산업 발전에 필요한 철, 석탄 등의 풍부한 지하자원이 풍부했다. ④ 명예혁명 이후로 정치적으로 안정 되었으며 경제활동의 자유가 보장되었다.

18세기에 진입하면서 영국에서는 면직물의 수요가 급증하고 와트가 증기 기관(1765년)을 발명해서 개량 생산해서 대량 생산이 시작 된 것이다. 이것이 산업혁명의 출발점으로 보는 것이다. 즉 면직물 산업이 출발점이 되었고 면직물 공업이 혁명을 주도했던 것이다.

2. 산업혁명에서 국제화 시대로

제임스 와트가 발명한 기관이 광산을 퍼내는 데 이용됐고 1780년 대부터는 동력기로 대체되어 점차 이 기술이 확대면서 수력 발전이나 제철산업에까지 이용하게 되었다.

① 증기 기관차 발명: 영국 스티븐슨이 증기기관차를 발명(1814년)하여 철도를 부설하여 철도시대의 막을 열어 운송 사업은 원거리까지도 유통이 빠르게 되었다.

② 유선전신(1814년)이 미국의 모스에 의해 발명되었고, 미국의 벨이 유선전화를 발명했고, 이어 무선전신은 1896년 이탈리아의 마르코니가 발명했다.

③ 이런 변화를 준 것은 경제에서 정치 구조까지도 틀을 바꾸어 놓았다. 귀족과 지주 지배 체제가 무너진 것이다.

영국의 산업혁명의 영향으로 국제화시대의 막을 열게 했고, 다른 나라의 시민 혁명과 산업혁명에 영향을 주었다. 사실 산업혁명이라고 부른 것은 아놀드 토인비가 처음이었다.

3. 노사 문제의 갈등

초기에는 중산층이 많아서 풍요로운 삶을 누릴 수가 있었으나, 자본주의 본격적인 발전으로 자본가와 노동자 사이에 새로운 사회계급이 등장했고, 대립을 가져왔다. 노동자들은 저임금에 시달리고 노동하는 시간과 질병, 열악한 환경조건, 건강 문제가 대두되었다. 노동단축시간을 요구하면서 여성근로자와 어린이들의 노동착취 등 여러 가지 문제가 더욱 심화되면서 노동자들이 단체교섭권인 노동조합을 만들어 냈다.

선진국의 대다수 국가들은 노사문제의 갈등, 즉 노동자들이 집단 파업으로 사주들은 고민하지만 노동자들의 입장에서는 생존권의 생사여탈의 문제인 것이다. 이런 해결책은 서로가 소통할 수 있는 방법을 찾아야 했다.

4. 복지로 가는 길

오늘날 선진 국가들은 이런 문제들을 해결할 수 있는 방법으로 저임금 노동자들을 위한 주택, 연금, 보건, 위생 등 편의시설을 제공하고 아동들이나, 노인들에게 복지지원을 해줄 것을 의무로 규정하고 있다.

선거공약에도 요즘은 복지에 관한 공약을 많이 내놓고 있다. 복지는 '관심'이다. 국가예산 편성에도 더욱 많은 지원을 해서 우리가 살고 있는 주위의 훌륭한 환경 조성에도 투자를 하고 있지만, 너무나 과한 복지는 경제를 위축시킬 수 있다. 국가의 GDP의 비율을 잘 이용해야 한다.

대기업가들도 복지사업에 점점 많이 참여하고 있는 추세라고는 하나 우리나라는 다른 나라에 비하여 복지투자가 인색하다.

18세기 이후 영국에서 시작된 산업상의 대변혁을 의미하는데, 그 내용은 새로운 기계의 발명과 가장 과학적인 기술혁신으로 이루어졌고, 종래의 수공업에서 기계공업으로 생산력이 크게 증대하여 근대 자본주의 체제를 성립시킨 것이다. 이로써 자본주의 체제가 인류의 빈곤으로부터 경제성장이라는 희망을 주었지만 부의 분배인 공평성의 문제가 대두되어 또 다른 역사적인 과제를 부여하기도 했다.

산업혁명은 그 기본이 16세기 이후 유럽의 중상주의와 식민주의의 발전을 배경으로 하여 이루어진 것이다. 이로써 서로 경쟁적인 민족국가의 출현과 같은 정치적인 요인, 신교도들의 근면에 대한 강조와 종교적인 요인, 과학혁명과 계몽사상에 합리적인 사고방식과 같은 요인 등으로 산업혁명이라는 대변혁의 바탕이 된 것이다. 영국에서 가장 먼저 산업혁명이 일어난 것도 면직물 공업을 중심으로 한 수공업의 발달로 기술혁신에 필요한 자본축적이 있었다. 영국에서는 값이 저렴하고 세탁하기에도 편리한 면직물 공업으로 대체되어 기하급수적으로 증가했으나 인도산 면화가 값싸게 들어와 경쟁력을 상실하자 기술혁신을 위한 기계 개발에 노력했다. 면직물 공업의 기계화와 더불어 석탄 제철공업도 크게 발전했다. 석탄은 가정용뿐만 아니라 교통기관의 발달로 증기기관차나 증기선에 활로 개설되었고, 1830년은 영국의 스티븐선이 증기기관차를 실용화하여 1840년대에 영국을 비롯하여 유럽각국은 철도가 부설되어 공업발달을 촉진시켰다.

또한 상품 구매능력을 가진 시민층이 성장하여 튼튼한 국내시장이 활성화되었다. 또한 18세기에는 프랑스와 해상권에서도 승리하여 많은 해외 식민지를 확보했다. 그리하여 원거리 무역거래도 활발하면서 많은 농민들이 산업화에 필요한 값싼 노동력을 제공했다. 영국은 철, 석탄 등 산업에 필요한 자원이 풍부했고, 정치적으로는 안정되어 자본가의 기업투자 의욕이 고조되었다.

산업혁명이 준 가장 큰 변화는 공장제 기계공업으로 단시간, 대량생산이다. 농업중심 사회에서 도시산업 사회로 변모했고, 부를 축적하는 자본가들이 많아 자본주위가 발달해서 초기에는 중산층도 많아서 풍요로운 삶을 누릴 수가 있었으나, 자본주의 본격적인 발전은 자본가와 노동자라는 새로운 사회 계급이 등장하면서 대립되었다. 노동자들은 저임금, 장시간 노동시간에 시달렸고, 여성과 어린이들에 대한 노동착취가 더욱 가혹했다. 산업혁명 과정에서 작업환경도 열악했고 인구도 증가해서 각종 범죄가 많았으며 콜레라나 이질과 같은 전염병이 창궐했었다. 결국은 자본주의 모순인 노동자의 저임금, 생산과 소비의 불균형, 작업환경 개선 등으로 노동조합을 결성하여 일종의 사회주의 운동이 생겨나기 시작했다.

지구를 부탁해요!

지구의 역사와 인간의 역사

46억 년 전 지구의 탄생 기점: 1월 1일 0시 정각.
38억 년 전 생명체 탄생: 2월 27일경.
4억 년 전 육상 생물 탄생: 11월 30일경.
3억 6천 년경 유인원 탄생: 12월 3일경.
50만 년경 인간 탄생: 12월 31일 23시

지금 우리가 살고 있는 지구는 중병에 걸려 있다. 과학의 발달과 더불어 지구는 몸살을 앓고 있다. 더 이상 방치하면 일류역사상 유래 없는 재앙이 와서 지구의 모든 생물체가 소멸된다는 것도 모르는 채 살고 있을지도 모른다. 미래를 예측하는 과학자들의 얘기로만 듣고 넘길 일이 아니다. 단 하나뿐인 지구를 우리들이 죽이면서 살고 있는 것이다. 지구를 살려야만 우리가 다 같이 미래의 모든 생명체인 동식물도 서로 공전하면서 살아야 함은 말할 것도 없다. 그럼 그 재앙은 무엇이며 그 대책은 없는가?

1. 지구 온난화가 기후 변화를 가져온다.

지구는 저탄소 녹색 성장이 필요하다. 우리가 일상 생활에서 배출하는 이산화탄소(CO2), 메탄가스, 이산화질소 등을 들 수 있는데 그 중에서도 이산화탄소의 비율이 89%로 가장 높게 차지한다. 이것이 지금 우리가 살고 있는 지구를 뜨겁게 하는 64%의 비중을 차지한다고 한다.

최근 100년 동안 지구전체의 평균 기온이 0.74도 상승했는데 우리 한반도 주변은 1.5도 상승했다는 것은 대단히 놀라운 일이다. 그 영향은 주변국가의 영향도 있음을 실감하고 있다. 이렇게 온실 가스가 더욱 많아지는 것은 모든 생물의 생명을 단축시키고 있는 것이다.

2. 지구의 온난화 주범은 무엇일까?

화석연료인 석탄, 석유 천연가스 등을 많이 사용해서 나오는데, 특히 개발도상 국가들이 엄청나게 굴뚝에서 뿜어 나오는 독가스는 공기오염의 주범들이다.

우리가 날마다 타고 다니는 자동차의 매연 등은 필요악이라고 할 수 있겠지만 최소한 감소할 수 있는 방법을 찾아야 한다.

대기권의 이산화탄소 농도가 400ppm이 되면 지구상에서 생존하는 생물들의 생존이 부적절하는 환경이 되는데, 현재 388ppm을 넘어 섰다는 보고가 있다. 지금의 상태로 유지해 나가면, 1년에 2ppm씩 대기권의 이산화탄소 농도가 높아져 100개월 후인 2020년이 되면 지구가 어떻게 될까? 몇 년 안에 아니 당장에 지구가 더 중병에 들어가기 전에 구해야 된다. 우리는 알면서도 실천해야 되겠다는 실천의 의지가 약하다. 특히 환경문제는 정치 지도자부터 나서서 홍보해야 된다.

지구의 온난화에서 오는 기후변화는 최근 들어서 점점 많아지고 있는 것을 실감하고 있다. 여름에는 너무 고온 현상으로 갑자기 쏟아지는 폭우, 태풍, 해일로 인한 심한 농작물의 피해라든가 겨울에 저온 현상으로 꽃이 피는가 하면 우리나라 사계절이 전혀 실감나지 않는 것 등은 기후 변화로 생태계가 변화하고 있다는 증거다. 식물도 아열대성 식물이 번성하고 온대성 식물은 차츰 사라지거나 북쪽으로 이동해 간다. 바다도 물의 온도가 변화하면서 동해안에서 나는 오징어가 다른 지역으로 이동하고 있다는 것을 뉴스를 통해서 알고 있다.

그렇게 되면 농작물이 정상적으로 성장하지 못하고, 식량 부족으로 기아선상에서 허덕이게 되고, 따라서 식수가 부족하여 삶에 불편을 가중시킬 것이다.

3. 지구 온난화를 어떻게 막을 것인가?

청정에너지를 사용하는 것이 필요한데 세계 여러 나라에서 연구 개발 중에 있으나 그 실행단계는 천천히 진행되고, 환경오염은 가속화되는 현실이다. 그 대책으로는 다음과 같다.

- 수력, 해양에너지를 사용해야 한다.
  : 물의 위치. 운동에너지를 전기에너지로 전환해야 한다. 즉, 수력 발전소 건설이 필요하다.
  : 다음은 해양에너지인데, 밀물과 썰물 시 해수면의 물의 높이 차이를 이용하는 것과 파도를 이용하는 것, 조류발전인 조류 흐름의 운동에너지를 전기에너지로 바꾸는 것이 있다.
- 청정에너지 조류발전을 이용하는 것은 무한한 무공해다.
- 태양열 에너지: 태양열 온수급탕, 지역난방 냉방분야.
- 풍력발전소: 지상 4~50m 상공의 바람이 지속적으로 6m/s 유지하는 곳으로 대관령, 마라도, 호미곶 서남해안 등에서 이용하고 있다.
- 지열 이용: 건물 및 지역 냉난방 분야에 이용(광주 에너지 센터). 지중 열교환기와 히트펌프를 이용하는 것.
- 폐기물. 바이오 에너지: 고체연료. 액체연료. 가스연료. 폐열 등으로 사용 가능.
- 바이오 에너지: 광합성 작용으로 생산되는 모든 생물 유기체나 생물 유기체를 가스, 액체, 고형연료로 변환시켜 에너지 화하는 것이다.
- 원자력에너지: 불안전한 원자력을 안전하게 관리하고 이용 가능케 한다. 방사 측정소 운영. 원자력은 핵분열, 핵융합 시에 발생하는 열을 이용한다. 그 순기능으로

청정에너지를 공급하고 비용이 저렴하여 방사능 치료 및 생물 유전자 연구개발 등에 이용하지만 그 단점으로는 방사능 발생. 방사선 폐기물 발생. 환경에 악 영향을 들을 수 있지만 사전에 잘 건설하면 그 만큼 장점이 더 많다. 그러나 일본은 이런 점이 미흡해서 사고가 난 것이다.

4. 환경교육은 바로 실천해야 한다.

실천이 제일 급한 문제다. 우리가 일상생활에서부터 쓰레기 폐기물을 줄이고, 항상 나무를 심고 가꾸는 일을 실천해야 한다. 예를 들면 결혼식 기념식수, 아이를 날 때도 기념식수를 하거나 입학식이나 졸업식 때도 회갑식수 등 좋은 일에 식수를 하면 일생동안 일인당 10그루의 식수는 할 수 있다. 다음에는 식수한 다음에는 가꾸는 일도 식수하는 것 못지않게 중요하다.

또 하나는 한국은 아시아에서 가장 많은 음식물 쓰레기가 나오는 것으로 통계에서 나온다. 스스로가 음식물 쓰레기가 많이 나오지 않도록 각자 노력이 필요한 것이다.

(이상의 글은 호서대학교 겸임교수이며 환경교육 강사인 백기영 교수님의 강의한 내용을 간추려 소개한 것임을 밝히는 바입니다.)

영국혁명

영국 혁명은 청교도 혁명과 명예혁명을 포괄하여 가리키는 용어다. 청교도혁명(Puritan Revolution)은 1640~1660년 영국에서 청교도가 중심이 되어 일으킨 최초의 시민혁명이다.

1. 영국의 사회적 배경

1) 새로운 사회 세력이 대두

영국은 장원 제도가 무너지면서 젠트리라는 부유한 지주층 자영농민층이 성장했다. 청교도의 증가로 농촌의 젠트리와 자영농민층은 도시 상·공 시민층과 더불어 새로운 세력으로 등장했는데, 이들 중에는 청교도가 많았다.

2) 스튜어트 왕조의 전제 정치

엘리자베스 1세의 뒤를 이어 스코틀랜드 왕인 제임스 1세가 영국의 왕이 됨으로써 그 아들 찰스 1세가 청교도들을 탄압하고 세금징수를 강화하는 정치를 하는 전제정치를 내세웠다. 이때 국민들의 반감은 증폭되어 결국은 물러나야 하는 청교도혁명이 발생했다.

3) 원인

제임스 1세를 계승한 아들 찰스 1세는 전제주의 정책을 강화하면서 의회와 마찰이 격화되었다. 이런 과정에서 1628년 찰스 1세가 의회에 새로운 과세 승인을 요구하자 의회는 승인을 거부하며 권리 청원을 제출했다. 그러나 찰스 1세는 11년 동안 의회도 소집하지 않고 오히려 청교도들에게 탄압을 강화하고 의회 승인도 없이 과세를 부과했다. 이에 청교도들은 신앙의 자유를 찾아 북아메리카로 떠나게 되면서 국왕의 권리 남용에 대한 반발이 커지자 찰스 1세는 어쩔 수 없이 의회를 소집하게 되었다.

권리청원의 내용
① 의회의 승인 없이는 과세를 청구할 수 없다.
② 개인의 집에 병사를 숙박시킬 수 없다.
③ 평화 시에는 계엄령을 선포할 수 없다.
④ 자의적으로 구속하거나 투옥을 할 수 없다.

4) 결과

크롬웰이 이끄는 의회파가 승리한 후 찰스 1세를 처형하고 공화정을 수립했다. 이것이 바로 청교도혁명이다.

그러나 크롬웰의 독재 정치를 하게 된 것은 혁명 뒤에 오는 혼란을 수습한 후에 새로운 공화정을 이끌기 위한 독재정치였다.

중상주의 정책을 펴서 항해법을 선포하고 해상무역을 발전시켰으나 크롬웰이 죽은 후에 공화정은 무너지고, 찰스 2세가 즉위해서 왕정복고가 성립했다.

명예혁명(glorious Revolution)

　1688년 영국에서 일어난 시민혁명이다. 유혈사태가 없었기 때문에 명예혁명이라는 명칭을 붙인 것이다.

　크롬웰이 죽고 그 아들세력을 회복한 국왕파가 찰스 1세를 왕위에 추대했다. 찰스 2세의 뒤를 이어 그의 동생 제임스 2세가 즉위했다. 그는 전제정치를 강화하고 가톨릭교회를 부흥시키고 전제주의를 강력히 추진했다.

　의회는 제임스 2세를 폐위시키고, 그의 맏딸 메리와 사위인 윌리암을 공동 왕으로 추대했으며, 이들에게 권리장전을 제출하여 1688년에 승인 받았다.

　권리장전(權利章典)
　　① 의회의 승인 없이 법을 제정하거나 법의효력을 정지시킬 수 없다.
　　② 의회의 승인 없이는 과세할 수 없다.
　　③ 의회의 승인 없이는 상비군을 유지할 수 없다.
　　④ 의회의 선거는 자유로워야 한다.
　　⑤ 의회 내에서의 토론은 자유로워야 한다.
　　⑥ 의회는 자주 소집되어야 한다.

　그 결과로 입헌 군주국이 성립했다. 국민의 권리와 자유를 선언한 권리장전에 의해서 세계최초로 의회중심의 입헌군주국이 수립되었다.

　이런 명예혁명은 다른 나라보다 1세기 이상 앞서 혁명을 치룬 결과로 영국은 정치적 안정을 이루고 이를 바탕으로 식민지 개척과 산업 발전에 힘을 모을 수 있었다.

이 혁명은 17세기의 왕권과 의회의 항쟁에 종지부를 찍게 했고, 의회정치 발달의 기초를 확립했다.

스탈린의 외동딸의 명언

"우리 아버지는 독재자였고, 딸로서 침묵하는 나도 공범자다. 이제 아버지는 세상에 없으니 내가 그 잘못을 안고 가겠다."

본명은 스베틀라나 알리유에바이었으나 1967년 41세 때 미국으로 망명해서 쓰던 이름은 라나 피터스(Lana Peters)이다. 그녀는 2011년 11월 22일 85세의 나이로 사망했다.

미국탄생

미국은 본래 영국의 식민지로 통치를 받아 왔다. 즉, 미국도 처음에는 13개의 식민지였다. 콜럼버스가 신대륙을 발견한 후에 유럽인들은 아메리카로 금, 은, 보화를 얻으려고 진출했기보다는 무자비하게 침입했다는 것이다. 그 중 영국인들이 신앙의 자유를 찾아 바다 건너 청교도들과 18세기에는 북아메리카 동북부연안에 뉴잉글랜드, 버지니아 등 13개주의 식민지 총독을 임명해 다스렸다.

이리하여 식민지 대표자들은 필라델피아에서 대륙회의를 열어 식민지들의 권리를 선언하고, 모든 탄압을 중지할 것을 요구했다. 그러는 사이에 보스턴 교외의 렉싱턴에서 본국 주둔군과 식민지 민병사이에 무력 충돌이 일어났는데, 이것을 시작으로 독립전쟁이 일어났다. 식민지에서는 대륙회의를 열고 조지 워싱턴을 사령관으로 임명하였는데, 병사들은 열악한 상태에서 전투를 할 수밖에 없었다.

1776년 제퍼슨이 기초한 독립선언서가 공포되기에 이르렀다. 이 독립선언서는 영국의 계몽사상의 영향을 받아 개인의 생명의 자유, 행복을 추구할 권리를 지키기 위한 정부를 구성했다. 그 당시에 유럽의 국제적 분위기는 영국의 세력 약화를 원했다. 이에 유럽은 식민지에 대한 원조를 했는데 프랑스와 에스파냐는 미국의 독립군과 동맹을 체결하여 군대를 파견하였다. 그리고 영국의 해상 봉쇄 강화에 불만을 품었던 러시아도 영국의 선박 단속에 대항하자 독립군은 이에 힘입어 마침내 1781년 프랑스 연합군과 연합한 독립군이 요크타운 전투에서 영국의 항복을 받아냈다. 결국 1783년 영국과 식민지 사이에 체결된 파리평화조약8)으로 식민지 독립이 되었음은 물론 영국과 유럽 국가들 간에는 베르사유 조약이 맺어져 프랑스는 세네갈, 서인도 제도 일부를, 에스파냐는 플로리다 반도를 얻게 되었다.

미국은 독립은 되었으나 여러 가지 어려움에 봉착했다. 통화 남발과 공화국 내부에 구성원 간에 의견 대립이나 영국으로부터 보호를 잃게 되어 각국과 치열한 경쟁에도 어려움이 많았다. 이런 문제점을 극복하기 위해서 1787년 필라델피아에서 제헌회의가 열려 새로운 연방헌법이 제정되었다. 1789년에는 연방회의가 구성되어 각주에서 선출한 선거인들에 의해서 조지 워싱턴이 아메리카합중국의 초대 대통령으로 선출되었다.

미국은 봉건세력이 없었고 유럽 각국은 나폴레옹 전쟁으로 여념이 없어서 발전할 수 있었다.

---

8) 식민지 독립을 확인 받고 캐나다와 플로리다를 제외한 미시시피 강 동쪽 지역을 영국으로부터 넘겨받아 거대한 영토를 소유.

미국의 남북전쟁 발발

　미국은 팽창 과정에서 1800년대 중반에 들어 남부와 북부의 대립이 심각해졌다. 남부에서는 노예 노동을 통한 대농장 제도가 발달하여 곡물의 자유로운 판매와 지방 분권을 주장했다. 그러나 북부는 공업지대로 보다 자유로운 노동력을 확보하기 위해서 노예제도 폐지를 주장했다. 공업의 보호를 위해 보호 관세 제도를 실시하고 중앙집권 체제를 원했다. 이렇게 남북이 대립하는 가운데 1860년에 북부 출신의 링컨 대통령에 당선되자, 남부 7주가 합중국에서 이탈하여 제퍼슨 데이비스를 대통령으로 하는 남부 연합을 결성함으로써 남북전쟁이 발생하는데 처음에는 남부가 우세했다.

　이에 북부는 농민의 지지를 얻기 위해 자영농 창설법을 제정하고 1863년 노예 해방법을 발표하여 차츰 전세를 회복했다.

　당시 링컨은 게티즈버그에서 유명한 연설에서 '인민의, 인민에 의한, 인민을 위한 정치'라는 미국이 가야 할 방향이 제시하였다. 그러나 결국 1865년 남부 연합의 수도 리치먼트가 함락되어 북부의 승리로 끝났다.

　끊임없는 기술혁신으로 무기를 근대화하여 군사적 우위에 선 유럽의 여러 나라들이 아시아로 진출하여 영국이 인도를 식민지화하고 청나라를 아편전쟁으로 몰아 자유무역을 인정했다.

　일본도 청일전쟁을 벌여 중화 질서를 무너뜨리고 대한민국을 36년 동안 식민지로 몰아넣었다.

프랑스 혁명(1789~1794)

프랑스 혁명은 프랑스에서 일어난 시민혁명이다. 일반적으로 1789~ 1794년에 걸쳐 일어난 프랑스 시민 혁명을 말한다. 실제 프랑스혁명은 귀족혁명, 부르주아 혁명, 도시 대중혁명, 농민혁명 등 복잡한 성격을 가지고 있는데, 일반적으로 17~18년에 걸쳐 일어난 프랑스의 시민혁명을 말한다. 정치적으로는 절대왕정을 대신하여 시민계급이 자유와 평등이라는 권리를 확보하기 위한 것이며, 경제적으로는 귀족에게 특권을 준 면세 혜택 철폐의 모순을 강력하게 반발하고 나선 투쟁이다.

봉건제도의 신분제도가 여전히 존재했는데 제1신분은 성직자, 제2의 신분은 귀족, 제3의 신분은 평민으로 나누어졌다. 전체 프랑스인의 2%도 안 되는 성직자와 귀족들은 특권 계급으로 각 기관의 요직을 독점했으며 전체 토지의 40%나 되는 광대한 영토를 소유하여 혜택을 누리고 있었지만 평민의 대다수는 국가 세금을 대부분 부담했다.

왕실 제정의 위기로 혁명이 시작되었는데 루이 14세 말년부터 지속적인 제정 궁핍에 시달렸다. 이것은 계속되는 전쟁의 막대한 비용과 사치스러운 궁정 생활이었다. 이에 루이 16세는 공평하게 과세를 내렸는데 이에 귀족들은 삼부회의9)에 참여했는데, 평민들까지도 동참했다. 1789년 2월부터 3부회의 실시되어 평민들의 요구가 성공했지만 국민회의가 헌법을 제정하는 일에 관여하자 루이 16세는 이를

---

9) 성직자, 귀족, 평민의 3부로 구성된 프랑스 국회인데 한 번도 소집하지 않았던 귀족들은 왕과 대립하는 과정에서 비로소 소집했다. 귀족들이 3부 회의를 장악했던 권리를 찾으려는 것이었다.

무력으로 진압하려 했다. 하지만 결국은 불길같이 타오르는 농민 봉기를 막을 수 없어 인권선언10)을 채택했다.

1792년 8월에 민중들은 왕을 체포하여 왕권을 정지시키고 1793년 처형한 후, 왕정을 폐지하고 공화정을 선포했다.

나폴레옹은 진정 영웅인가 독재자의 속물인가?

쿠테타로 권력을 장악한 나폴레옹은 본래는 이탈리아 계열의 가난한 귀족 가문의 출신이다. 그는 프랑스 본국으로 건너가 육사를 졸업하고 혁명군에 참여했던 사람이었다.

나폴레옹은 권력을 장학한 후에 지방행정제도를 개편하여 중앙집권체제를 확립하고 나폴레옹 법전을 편찬하여 혁명의 성과를 정착시키고자 노력했다. 종신집권제의 야망을 키워 1804년에 국민투표로 제정을 수립하여 나폴레옹 1세로 즉위했다. 유럽나라들 가운데 7왕국 30공국을 지배하는 나라가 되었다. 영국에게는 압박용으로 대륙봉쇄령을 내렸다. 그러나 생필품 대부분을 영국에서 공급 받기 때문에 프랑스는 산업이 매우 장애가 되었다.

영국과 러시아가 통상을 지속하는 것에 화가 난 나폴레옹이 러시아를 공격하려고 60만을 이끌고 갔지만 극심한 추위로 전술 한 번 못 펴고 고전했다. 거기에다가 유럽 각국은 동맹을 결성하여 라이프치히에서 나폴레옹 군대를 격파하고, 1814년 파리를 함락 시켰다. 그 후 나폴레옹은 엘바 섬으로 유배되었다. 그 후로 그는 엘바 섬을 탈출하여 1815년 워털루 전쟁에서 웰링턴이 지휘하는 연합군에 대패하고 남대서양의 세인트헬레나 섬에 유배되어 생을 마감했다.

---

10) 새로운 시민사회의가 구체제를 붕괴시키고 새로운 시민 중심 사회로 만드는 선언.

라틴 아메리카의 독립(1810~1825)

아메리카의 독립, 프랑스혁명, 나폴레옹의 유럽 제패의 영향으로 1810~1820년대에 걸쳐 스페인과 포르투갈의 식민지였던 라틴아메리카에서도 유럽계 이민의 자손(클리올)을 중심으로 한 독립운동이 전개되어 계속적으로 독립이 이루어졌다. 아메리카 대륙의 스페인 식민지 인구가 약 1,500만 명, 원주민 인디안 약 1,000만 명, 이민자손 크리올 약 300만 명, 양자 혼혈된 메스티족 200백만 명으로 구성됐다. 그런데 식민지 행정은 본국에서 파견된 30만 명이 독점하였다. 이에 지배국 정부에 대해서 불만이 많았다.

1810년 나폴레옹이 스페인을 점령했다. 본국은 정치적 위기에 빠진 틈을 이용하여 라틴 아메리카 각지에서 독립운동이 전개되었다. 1811년 베네수엘라가 독립하고, 이어서 페루, 1814년 우루과이, 아르헨티나, 칠레, 멕시코, 중앙아메리카 공화국이 독립하고, 1822년에는 브라질, 페루, 에콰도르가 독립, 1825년 볼리비아가 독립했다.

중국과 영국의 아편전쟁(1840~1842)

1. 전쟁이 일어난 배경

중국 무역은 영국이 자기들의 회사인 동인도회사를 통해서 거의 독점했는데, 중국은 본래가 차를 많이 마시는 민족이었다. 영국인들도 홍차를 마시는 습관이 정착되면서 차를 수출하는 나라는 유일하게 중국 청나라였다. 중국으로부터 차를 수입하게 되었다. 한편 영국에서는 자기나라에서 수출하는 공업제품을 중국으로 수출하려고 했으나 청나라에서는 거절했다.

18세기 말부터 영국의 동인도회사는 본국의 면포를 인도에 수출했다. 인도의 뱅골 지방에서 만든 아편을 독점으로 매입해 청나라 지방상인을 통해 청나라에 밀수했다. 그래서 영국은 삼각무역을 시작하게 되었다. 즉, 중국에서는 홍차를 수입하고, 인도에는 면포를 수출하고 인도에서는 아편을 수입해 중국에 밀매했다. 이에 청나라 정부에서는 아편밀수를 금했다. 매년 엄청난 양이 밀반입으로 들어오자 청나라에서는 임칙서(林則徐)를 광주(廣州)로 파견하여 현장에서 아편을 몰수했다. 그러자 영국은 경제가 침체되는 와중에 영국은 전쟁을 할 것인가의 찬반 투표에 하원회의에서 271대 262인 9표차로 청나라와 전쟁 비용으로 쓰기로 승인했다. 영국은 국제적인 비난 속에 거대한 시장진출을 포기하지 않고 전쟁에 뛰어 들었다.

2. 경과

전쟁에서 중국은 영국의 해군에 도저히 당할 수가 없어서 임칙서를 좌천시키고 교섭을 했다. 1842년 남경에 정박한 영국 함대 콘윌리호 선상에서 남경조약(南京條約)을 맺었다.

3. 결과

청나라는 하는 수 없이 홍콩의 섬을 100년간 사용하도록 내어주고, 상해 등 5개 항을 개항하고, 그 당시에 몰수한 대금 6백만 달러를 보상하게 되는 수치를 당하게 되었다.

그 뒤 중국은 영국에 패하고 프랑스, 러시아, 일본에게도 굴복하게 되었다. 이렇게 아편과 홍차가 일으킨 전쟁으로 패한 중국의 현재는 과거의 중국이 아닌 경제 규모가 2012년 세계 2위가 되고, 20년 후에는 미국을 앞지를 수 있는 세계 최상의 경제대국이 되리라 예상하고 있다.

청나라 양무운동(洋務運動)과 메이지유신

1. 양무운동

   양무운동의 기원에 대해서는 많은 의견이 있지만 태평천국[11]이 진압된 후, 청일전쟁이 1894년까지 약 30년 동안 지속되어 온 자강운동(自强運動)을 '양무운동'이라고 한다. 이것은 증국번(曾國藩), 이홍장(李鴻章)이 주도한 운동인데 유럽의 군사기술, 군사편성, 생산 시스템을 적극적으로 중국에 도입하는 서구문명도입 운동이다. 이 기간은 제국주의 침략에서 호된 고통을 큰 중국이 서양의 선진기술에 당하고 보니 어쩔 수 없이 수용은 하되, 중체서용(中體西用) 즉, 중국의 본체는 유지하면서 서양의 장점을 받아들이는 부국강병책(富國强兵策)의 운동이었다. 이 운동의 개혁내용은 외교 강화, 군수공업진흥, 인재양성 등을 목표로 하고 있다. 하지만 이러한 양무운동은 지배계층의 이익에 해당하는 군사방면과 그에 따른 광산, 철도, 해양등 주로 경제적 개혁에 주목적을 두었지 서양의 제도나 사상에는 관심이 없었던 것이었다.

---

11) 1851~1864년 사이 청나라 말기에 홍수전(洪秀全)이 세운 기독교 신정국가(新政國家)로 중국에서는 이들이 일으킨 난을 태평천국이라고 함.

2. 메이지유신

일본은 1856년의 미일수호통상조약으로 영사재판권을 승인하고 관세자주권의 포기를 인정했다. 이 조약은 불평등 조약이었다. 그러나 1868년 막부가 무너지고 새로운 정부 메이지유신의 개혁은 천왕 중심의 왕정복고를 선언하여 본격적인 메이지유신이 실시되었다.

메이지유신 정부는 유럽의 주권 국가들이 영토 확장이나 부국강병책의 시도를 주시하면서 러시아에 대한 위협에 대처할 필요가 있었다. 또 한반도는 대륙의 여러 문화를 일본으로 전달하는 창구역할을 하고 있었다.

이에 러시아의 남하를 우려한 일본은 1876년 쇄국정치를 하던 조선에 수호조약이란 불평등조약 체결을 강력히 요구하기에 이르렀다.

청·일 전쟁과 러·일 전쟁

1. 청·일 전쟁(1894~1895)

메이지유신 이후 일본은 주변의 여러 나라와 적극적인 외교 활동을 펴서 오키나와[12] 쓰시마 섬[13]을 일본 영토로 확정하고, 막부시대에 맺은 모든 불평등조약을 개정했고 각국의 치외법권을 철폐시켰다.

한편 일본은 대륙 진출을 위해서 한반도로 세력을 확대시키는 한편 일본이 중국대륙으로 가는 길목에서 한국을 지나가는 통로를 이용해야 하는 과정에서 손쉽게 한국을 정복했다. 한국은 청나라와 깊은 관계를 맺고 있어 청·일 두 세력이 한반도에 맞부딪치게 됐을 때 일본은 우리나라가 동학농민운동을 평정해 준다는 명분으로 출병해서 랴오둥 반도를 침략했다.

그러나 일본이 랴오둥반도를 침략한 것에 대해서 불만이 많은 러시아는 독일 프랑스와 함께 동양 평화를 저해하는 것이라고 하여 러시아를 되돌려주라고 일본에 요구했다. 이 3개국의 강압에 못 이겨 할 수 없이 랴오둥반도를 청나라(중국)에 반환해 주었다. 이것을 나중에 3국 간섭이라고 했다.

---

12) 본래는 류큐인데 일본 영토인 것을 명백히 하기 위해 오키나와로 고쳤다. 일본 본토 호칭이다. 대만을 소 류큐라고 불러 혼돈이 와서 고친 것.

13) 한국에서 가장 가까운 지역으로 섬 전체가 쓰시마시에 속함.

2. 러·일 전쟁(1904~1905)

한 번 청나라의 세력을 꺾은 일본은 대륙 진출을 위해서는 껄끄러운 러시아 세력을 꺾어야만 했다. 그렇지 않아도 3국 간섭으로 일본은 러시아와 대립으로 러시아의 남하정책을 싫어하는 영국과 군사동맹을 맺어 러시아를 공격했는데, 이것이 러·일 전쟁이다. 영·일 군사동맹으로 기세가 당당한 일본은 러시아군을 무찌르고 포츠머스조약14)을 체결하여 보상금 대신 사할린 남부를 획득하고 러시아가 차지했던 만주철도 경영권과 뤼순, 다롄의 조차권도 물려받았다.

한국은 일본의 수중에 들어갈 수밖에 없었다. 1910년 한일합방조약을 맺고 대한제국을 합방했다. 중국은 1912년 2월에 겨우 6세인 부의가 퇴위하여 청조(淸朝)는 막을 내렸다.

1912년 독립을 선언한 중국은 각 성(省)의 대표들이 남경에 모여 손문(孫文)을 임시 대통령으로 추대하여 중화민국을 건국했다. 1915년 황제의 자리에 오르고자 했던 원세개(遠世凱)는 반대에 부딪쳐 실패했고, 그다음해 1916년 병사했다. 실의에 빠진 손문은 "혁명은 아직 이루지 못했다."는 말을 남기고 1925년 북경에서 세상을 떠났다.

---

14) 포츠머스조약(Treaty of portsmouth): 1905년 9월 5일, 미국 뉴험프셔 주에 있는 군항도시 포츠머스에서 일본 정권외상 고무라 주타로와 러시아 제국의 재무장관 세르게이 비데 간에 맺은 러·일 강화조약이다. 미국 대통령 시어도어루스벨트는 이 조약의 주선으로 노벨 평화상을 수상했다. 러·일 전쟁에서 러시아가 패하자 러시아는 내부적인 갈등으로 불만이 폭발해 1917년 러시아혁명이 일어남.

19세기의 사회와 문화발달

　19세기 전반이 낭만주의의 전성기라면, 19세기 후반은 낭만주의의 비현실적인 것을 그대로 묘사하는 자연주의가 대두했다.

　흔히 17세기는 과학 혁명의 세기, 18세기를 이성의 세기라고 한다면 19세기는 과학의 혁명의 세기라고 하고, 17~18세기의 여러 가지 각종 성과들을 바탕으로 성숙한 세기로 자연과학과 인문 과학이 발달하여 대변혁이 일어났다.

1. 19세기 이전과 달라진 사회

　① 도시 중심사회로 변모: 1차 산업에서 2차 산업으로 변모하면서 농촌에서 도시 중심사회로 발전했다.
　② 교통과 통신의 발달로 먼 거리까지도 직접 가지 않고 전화로 소통할 수 있고, 교통시설을 통해 국가 간에 교류도 원활해졌다.
　③ 개인의 권리와 자유를 누릴 수 있다. 각종혁명으로 시민계층도 정치에 참여하는 참정권을 가질 수 있는 기본권이 확립되었다.
　④ 사회문제가 발생했다. 즉 빈부격차가 심화되면서 노사 간에 갈등과 공업 발전은 환경 공해를 유발시켰다.

2. 자연과학의 발달

　르네상스는 인간 중심의 사회로 이끌어 가면서 현실적이고 실용적인 문화의 특징이 19세기에 진입하면서 여러 가지로 표현되었다. 또한 산업혁명으로 인해 자본주의 발달로 자연과학 기술이 혁신적으로 발달했다.

① 물리학 분야
- 뢴트겐: X를 발견하여 질병 치료에 큰 공헌을 했다.
- 퀴리 부인: 라듐을 발견하여 20세기 원자물리학의 기틀을 마련했다.

② 생물학 분야
- 찰스 다윈의 진화론: 자연에 적응하느냐 못하느냐에 따라 생물은 살아갈 수 있고 자연환경에 적응치 못하면 없어진다는 이론이다. 이 이론은 크리스트교의 창조론과 마찰이 있었다. 그 당시에 유럽인들에게 큰 충격을 준 사건이었다. 사회사상에도 커다란 영향을 주었던 것은 국제적 약육강식, 유태인 학살, 인종차별과 같은 논리를 합리화시키려는 배경으로까지 확산 일로에 있었다.
- 멘델의 유전법칙: 멘델이 유전의 범칙을 발표하여 유전학의 시초를 열어 요즘도 그 법칙을 적용하여 큰 발전에 공헌하고 있다.

③ 기술 분야
- 에디슨: 가정용 전구를 발명하여 오늘날은 모든 전자용품에 이르기까지 보급하여 편리한 생활을 누리고 있다.
- 벨: 전화기를 발명하여 통신 발달에 매우 큰 공헌을 했다.

3. 19세기 문화 발달

1) 19세기 문화의 배경

산업 혁명과 자본주의 발전은 농업 중심에서 공업화로 변모하면서 생활 방식이 전과는 많이 달라졌다. 즉 대량 생산으로 물자가 풍부해지고 생활수준이 향상되었다. 또한 과학기술로 산업혁명을 가속화시켰다. 따라서 많은 자연 과학자들이 여러 분야에서 획기적인 업적을 남겨 학문적으로 큰 발전을 하게 되었다.

2) 19세기 초반의 낭만주의

시민 혁명으로 인문주의를 강조하는 계몽사상을 비판하면서 등장했는데, 그 특징으로는 사람의 감정과 개성, 상상력을 강조했다. 특히 문학계에서는 바이런, 음악에는 슈베르트, 미술 분야에서 들라크루아 등이 활약했다.

3) 19세기 후반의 사실주의 배경

산업혁명으로 인한 여러 문제가 발생하자 현실에 관심을 가지고 실용주의로 사회의 흐름으로 가고 있었다. 그 시대의 특징으로는 인간과 사회를 사실대로 묘사하고 문제점들을 폭로했다. 특히 문학 분야에는 톨스토이, 미술에는 밀레(이삭줍기) 쿠르베 등이 두각을 나타내는 작품들을 냈다.

4) 대중문화의 발달

교육이 살아야 나라가 산다는 목표 아래 문맹퇴치가 각국에 확산되어 교육기관을 정부주도로 시행했다. 그 예로 영국, 프랑스, 독일 등은 문맹률이 1850년대 50%에서 15% 이하로 내려갔다.

17세기는 귀족문화, 18세기는 자본가들의 문화에서 19세기 후반에서는 일반 대중문화라고 할 수 있는데 그것은 대중교육과 신문 등을 통해 향유할 수 있게 되었다.

인문학의 발달

인문학은 인간을 바탕으로 한 탐구를 목적으로 하는 학문이다. 우리의 인류사에서 사고 혁명의 전환은 인문학의 바탕 위에서 성립되었다. 자연과학과 더불어 인문과학이 발달했고, 자연과학이 발달하면서 새로운 철학 해석을 시도하기 시작했다. 독일의 관념론은 칸트로부터 시작하여 피히테의 이상주의를 거쳐 헤겔에 이르러 완성되었다. 헤겔은 역사를 절대정신의 자유의 이념을 성취하는 과정으로 이해하고, 역사 발전을 변증법15)으로 설명했다. 영국에서는 최대 다수 최대 행복을 주장하는 벤담의 공리주의 사상이 밀에게 계승되어 자유주의 사상으로 발전했다. 프랑스에서는 콩트가 실증주의를 내세워 근대 사회학의 기초를 확립했다.

이 시기는 역사학도 크게 발전했다. 또한 19세기 전반에 성행한 낭만주의와 민족주의에 큰 관심을 가졌다. 독일의 랑케는 철저한 사료 비판에서 객관적 역사연구를 하여 근대역사의 기초를 확립했다.

경제학에서는 아담 스미스에서 시작된 영국의 고전경제학이 멜서스 리카도에 의해서 깊이가 더해져 밀에 의하여 자유주의 경제이론이 완성되었다. 이 학자들은 경제 활동에 대한 국가 간섭을 반대하면서도 노동자와 여성의 비참함을 인정하여 별도의 사회 정책을 주장했다.

---

15) 변증법(dialectic): 동일률을 근본 원리로 하는 형식 논리에 대하여 사물의 발전 법칙을 설명 하려는 논리이다. 원래는 대화술 문답이라는 뜻이 있다.

21세기에 와서 이러한 발전 속에서도 최첨단 과학이 발달하고 있지만, 삶에 적용되는 인문학의 효용성을 잃어가고, 사람다움의 인문의 진정한 가치는 실종되고 있다.

우리가 건설의 현장에서 다리를 건설할 때 여러 가지 기술이 저항 없이 공존하고 있는 것처럼, 인문학은 다리를 건설하는 현장과 같다. 인문학은 다양성과 차이점으로부터 공존의 힘과 능력을 완성시키는 학문이다. 또한 사람다운 삶의 학문이다.

역사란 과거와 현재의 끊임없는 대화다.

Edward Hallett Carr(E. H. Carr:1892~1982)

역사는 과거에 속하면서 현재의 일부라는 말이다. 이러한 상호작용은 현재와 과거의 사이를 포함하고 있다. 역사는 굴곡되지 않는 사실을 소유해야 한다. 그렇지 않으면 역사는 뿌리를 내리지 못하고 열매도 맺지 못한다. 과거를 다루는 역사가는 미래를 향해 순항을 해나가는 나침반의 역할을 해야 하는 것이기 때문이다. E. H Carr는 영국의 사학가로서 대단히 많이 알려진 학자다. 한국에서도 여러 출판사에서 다투어 번역했고, 고등학교 교과서에도 소개가 될 정도다.

19세기 문예사조

　정치사적으로는 유럽의 근대사회는 프랑스혁명과 산업혁명을 계기로 19세기가 성립되었다.

　나폴레옹 몰락 후에 유럽에서는 한때 보수적이고 복고적인 비인체제가 수립되어 자유주의와 민족주의는 억압되다가 1820년대에 중남미 여러 나라에서 독립이 되고, 그리스가 독립을 쟁취하면서 비인체제는 틈이 생겼다. 1830년 파리에서 7월 혁명이 일어나 멈추지 않고 파리에서 다시 2월 혁명으로 빈체제[16]는 붕괴했다.

　문학에 있어서는 계몽주의[17] 발달에 의해서 일어난 낭만주의는 19세기 전반이 전성기로 인간의 본능과 감정을 표현하는 풍조이다.

　19세기 후반에는 낭만주의의 비현실적인 경향보다는 현실사회를 그대로 묘사하고자 하는 사실주의와 자연주의가 등장했다.

---

16) 빈(Wien)체제: 나폴레옹이 패한 뒤에 유럽의 질서를 재건하는 의미에서 오스트리아 수상 메테르니히가 주도하고 오스트리아, 영국, 러시아, 프로이센, 프랑스, 스페인, 포르투갈, 스웨덴으로 구성된 8개국 위원회가 중심역할을 수행한 빈(Wien)회의가 1814년 9월에 개최되었다. 이 빈회의는 정통주의에 입각해 자유주의 시민운동을 억압하고 혁명보다는 보수적인 질서유지를 추구하는 빈체제를 수립하게 되었다. 그러나 1820년대에 접어들면서 그리스가 독립하고, 라틴 아메리카 국가들이 독립운동 억압에 실패하자 1849년 최종적으로 붕괴되었다.

17) 계몽이란 인간의 어리석음을 깨우친다는 뜻이다. 주로 17~18세기 유럽에서 일어난 계몽사상은 인간 존엄과 평등, 자유권을 강조했다. 유럽 중세시대를 지배한 전제군주와 종교와 신학의 독단적인 교시(敎示)에서 벗어나 지나친 권위를 낮추자는 요지였다. 이 노력의 철학자는 영국의 존 로크, 루소와 칸트에서까지 영향을 주어 이후에 사상가들이 출현했다.

1. 19세기 전반의 낭만주의 대표자들

① 독일의 하이네, 프랑스의 위고, 영국의 바이런과 셜리
  미국의 호손, 러시아의 푸슈킨, 덴마크의 안데르센 등
② 회화 부분: 프랑스 들라크르와

2. 19세기의 후반기

① 사실주의자들: 프랑스의 스탕달, 발자크, 플로베르, 영국의 디킨
  스, 러시아의 투르게네프, 도스토에프키『죄와 벌』, 톨스토이『부
  활』 등이 있다.
② 자연주의자들: 독일의 하우프트만, 노르웨이의 입센『인형의 집』,
  스웨덴의 스트린드베리 등이 있다.
③ 미술 부분: 인상파들은 주로 주관적인 인상을 표현했다. 인상파
  는 19세기 후반인 1860~1890년 프랑스를 중심으로 일어난 미술
  의 유파이다. 자연을 하나의 색채현상으로 보고 빛과 함께 시시
  각각으로 움직이는 색채의 미묘한 변화 속에서 자연을 묘사하는
  것이다. 프랑스의 마네, 모네, 르느와르 등이 등장한 이후에 프
  랑스의 세잔, 네덜란드의 고갱이고, 고호는 자기 생애에 40여점
  의 자화상을 통해 인생의 내면의 세계를 반영했다.
④ 음악 부분: 음악 부분은 19세기 전반에 걸쳐 계속되는 낭만주의
  음악은 독일의 슈베르트와 폴란드 쇼팽에 의해서 체계를 갖추어서
  헝가리아 등에서 꽃을 피웠다. 이때는 궁중이나 교회당을 떠나서
  도시의 음악당에 서 당당하게 오페라가 연주해서 성행했다.

19세기 말 제국주의 탄생

　제국주의란 고대 로마의 군대에 의한 타민족을 지배하여 영토 확장의 국가가 활동하는 임페리엄(imperium)에서 유래한 것이다. 1870년 대부터 제1차 세계대전에 이르는 열강들은 식민지 획득에 열을 올려 세계분할을 하면서 제국주의 시대가 온 것이다.

　1870년대 이후는 유럽 열강들이 해외식민지 획득에 나서서 해외팽창이 시작되었는데, 한편으로는 과잉생산으로 대불황이 20년간이나 계속되었다. 철강, 전기, 화학분야에서 새로운 신기술이 도입되자 제2차 산업혁명이 지속적으로 개척되었다. 자본가들은 은행이나 증권 회사를 통해 거액의 자본을 모을 수 있었다. 이러한 거대한 산업 분야는 소비자와 기업주간에 마찰이 생기였는데 1870년대에 대 불황으로 민중의 생활이 어렵게 되자 밖으로 분출시켜 국내 긴장을 완화시키고자 하는 움직임이 강하게 일어났다. 이때 열강은 국가주의를 강화하면서 대외팽창주의 정책을 촉구했다.

　열강국마다 이익을 얻기 위해서는 공장, 철도, 광산, 농장 경영 등의 다양한 형태로 식민지화하는 데 투자를 아끼지 않았다. 1910년도는 영국, 미국, 독일, 프랑스의 4개국들의 세계 유가증권 총액이 80%에 달했다. 영국은 축적자본을 이용하여 금융대국으로 변신을 해오면서 더욱더 식민지를 수탈했다. 러시아 프랑스와 함께 독일 등 신흥국가들의 진출을 방해했다.

아프리카의 분할(1880~1900년대)

1. 아프리카 분할 배경

대항해시대 이후 아프리카의 서해안 항로를 따라 유럽인들이 건설한 여러 항구를 중심으로 식민지화가 시작되었다.

아시아와 아프리카 대부분지역은 유럽 강대국의 식민지 대상이 되었다. 아프리카 대륙은 19세기 중엽까지도 북쪽 해안과 남쪽 해안을 제외하고는 유럽인들에게는 잘 알려지지 않았다. 그러나 리빙스턴과 스탠리의 아프리카 탐험으로 아프리카 대륙지방의 깊숙한 곳까지 세상에 알려지면서 아프리카에 관심이 쏠리게 되었다.

1830년대 이미 프랑스가 알제리를 자국의 식민지로 만들었고, 영국은 나폴레옹 전쟁의 결과로 케이프타운을 점령하였다. 그러나 19세기 중반까지도 아프리카 사하라 이남 지역은 유럽이 지배하지 못했던 곳이었다.

1873~1896년까지 장기적으로 불황이 계속되자 영국, 프랑스, 독일 등은 아프리카를 식민지화해서 세계자본주의 시장에 편입하려고 했다.

1879년도 유럽 각국은 아프리카 땅을 10% 정도 지배했지만 1880년도에는 분할이 더 진행되어 1900년도는 에티오피아와 리비아를 제외한 모든 아프리카는 분할이 더욱 가속화되었다.

2. 유럽 열강의 식민지 정책

1) 영국의 아프리카 정책

유럽열강이 아프리카 진출이 시작된 것은 1869년 스위스 운하 완성이었다. 이집트의 재정이 어려워지자 스위스운하를 매도하려고 했을 당시 영국이 이 운하를 매입하고는 이집트 내정까지 간섭했다. 영국은 이집트를 보호국으로 삼고 남쪽의 수단에 진출하여 아프리카 종단정책을 추진했다.

2) 프랑스의 아프리카 횡단정책.

프랑스도 1830년부터 이미 알제리를 점령했고, 이를 발판으로 1881년 튀링크령인 튀니지를 보호구역으로 삼고, 이어 사하라사막을 점령해서 다시 수단을 거쳐 동쪽의 마다가스카르 섬을 연결시켜 아프리카 횡단정책을 추진했다.

3) 영국과 프랑스의 충돌

영국의 종단정책과 프랑스의 횡단정책이 수단남부의 파쇼다(1898)에서 충돌했다. 이것을 파쇼다 사건이라고 한다. 이 사건은 프랑스의 양보로 수단은 영국의 지배하에 있게 되었다. 그 이듬해 영국은 보어전쟁(1899~1902)을 일으켜 케이프 식민지와 그 북쪽의 여러 지역을 합친 남아프리카 연방을 차지함으로써 남아프리카 연방을 탄생시켜 해가 지지 않는 대영재국을 만들었다.

4) 독일의 식민지 정책

독일은 1884년 동아프리카와 서아프리카 등지에서 식민지 확보를 해가고 있었다. 그 후에 모로코가 프랑스의 지배에 대항하여 두 차례에 걸친 모로코 사건(1905~1911)을 일으켰으나 모두 실패했고 그 뒤 모로코는 정식으로 프랑스 보호국이 되었다.

5) 이탈리아의 아프리카 분할

이탈리아는 1885년 에리트레아를 점령한 뒤에 영국, 프랑스와 소말리아를 분할 통치했다.

6) 벨기에의 콩고 지배

벨기에 왕 레오폴드 2세가 학술적 탐험을 위장하여 1883년 갑자기 콩고의 영유를 선언했다. 벨기에는 콩고자유국의 면적에 80분에 1에 해당했다. 벨기에 령으로 1908~1960년까지 지배를 받아왔다. 벨기에 령 콩고민주공화국이다.

7) 베를린 회의(콩고회의) 내용 및 합의 사항

1) 베를린 회의

베를린회의(혹은 콩고회의)는 1884년 유럽열강들이 아프리카 식민지 분할원칙을 논의했다. 이 회의 참석한 나라는 오스트리아, 헝가리, 프랑스, 독일, 영국, 이탈리아, 미국, 스페인, 포르투갈, 스웨덴, 노르웨이, 덴마크, 벨기에, 네덜란드 등으로 고위 정치가들이 모였다.
이 회의는 콩고 강 어귀를 지배할 특별권을 포르투갈의 제안으로 열었는데, 이것은 유럽 강국들이 식민지 확장을 시도하려는 노력으로써 각국 간의 이해타산의 갈등에서 회의를 개최했다.

2) 회의에서 합의된 주요사항

① 벨기에 국왕은 개인 자격으로 콩고의 통치자가 되어 콩고를 자유무역 지역으로 한다. 이에 따라 벨기에는 콩고를 자신들의 식민지로 할 수 있었으며 그 후 30년 만인 1914년 무렵에는 에티오피아와 라이베리아를 제외한 전 지역이 식민지화되었다.
② 아프리카가 특정 지역으로 자국의 신민지로 인정받기 위해서는 실제 그 지역에 대한 통치능력이 있음을 입증해야 한다.

그러나 나중에 결과적으로는 노예무역을 금지시키고 일방적인 포르투갈의 주장을 물리치고 이곳에서 영국, 폴란드. 독일이 원칙적으로 콩고자유국이라는 독립국을 탄생시켰다.
이 회의에서 독일과 프랑스는 손을 잡고 영국을 고립시켰다.

제1차 세계대전

20세기 전반은 불과 20년간의 간격으로 두 번째의 세계대전을 일으켰다. 1차 세계대전은 경제 발전이 일으킨 전쟁이라면, 2차 세계대전은 경제 붕괴가 일으킨 전쟁이라 할 수 있다.

1. 제1차 세계대전(1914~1918)

1) 배경

제 1차 세계대전은 1914년부터 1918년 4년 4개월 동안 계속된 전쟁으로 유럽의 열강들은 원료와 시장을 확보해서 자기들의 자본을 투자하기 시작하는데, 비교적 자원 확보가 쉽고 약한 나라를 골라 전쟁을 하는데 이들을 제국주의 국가라 한다. 이러한 제국주의 국가들은 식민지를 차지하려는 쟁탈전이 일어나다 보니 대립관계가 이루어지게 된다. 여기서 자국의 이익을 확보하기 위해서 국제간에 동맹을 맺기도 하여, 대립 갈등을 일으키면서 싸우게 된다.

독일제국을 통일한 비스마르크는 프랑스를 고립시키기 위해 오스트리아, 이탈리아와 삼국동맹을 맺었다. 즉 삼국동맹국(동맹국)은 독일, 오스트리아, 이탈리아이다. 이에 프랑스에만 신경을 쓴 비스마르크를 해임한 빌헬름 2세는 범게르만주의를 주장하며 발칸 반도를 거쳐 서남아시아로 진출하려고 했다. 뒤늦게 식민지 경쟁에 뛰어드는 독일의 팽창에 위기를 느낀 프랑스, 러시아, 영국은 삼국 협상(연합국)

을 체결했다. 여기서 유럽은 3국 동맹과 3국 협상 두 세력이 맞서기 시작했다.

발칸반도는 유럽의 남부에 있는 반도로서 게르만 민족과 슬라브 민족이 같이 상존하는 곳으로 분쟁의 위험이 있는 곳이라 하여 유럽의 화약고라고 한다.

2) 원인

오스트리아 황태자 프란츠공이 사라예보에서 세르비아 청년장교 테러단에게 암살당했다. 그것은 오스트리아가 보스니아를 합병하자 세르비아 한 청년이 사라예보를 방문한 오스트리아 황태자를 암살했던 것이다. 이에 오스트리아가 전쟁을 선포하고 러시아가 세르비아를 지원하겠다고 선언하자 오스트리아는 동맹관계였던 독일이 러시아와 프랑스에 전쟁을 일으켜 1차 세계대전이 일어났다.

3) 경과

마른전투에서 독일군의 진격을 프랑스가 막고 독일이 타넨베르그에서 러시아군을 막는다. 그리고 베르됭의 지옥이라고 하는 베르됭에서 영국이 신무기를 주며, 독일은 쓰지만 독일은 보급부대의 뒤쳐짐으로 거기에 루덴도르프의 특공대가 패전하고 미군의 참전으로 패전했다.

4) 결과

동맹국이 승리할 가망이 없어 보이자 먼저 불가리와 오스만제국이 항복했다. 이어서 오스트리아도 항복했고 독일에서는 혁명이 일어나 제정이 무너지고 새로 세운 공화국 정부가 연합국에게 항복했다. 독일 항복으로 제1차 세계대전은 연합군의 승리로 1918년 막을 내렸다.

독일은 베르사유 조약으로 1,320억 마르크라는 엄청난 배상금을 물어줘야 했고, 해외 식민지까지 강탈해 갔다. 전투기 군함을 줄이고, 군대는 10만 명 제한을 해 국내질서 유지 이외는 사용이 불가능했다. 전함 2척, 10년 동안 잠수함 건조 금지, 구축함 12척으로 제한함으로써 사실상 전쟁 재발을 억제한 것이다. 그리고 1871년 비스마르크가 프랑스로부터 독일에게 30년 전쟁으로 빼앗아간 로렌 알자스를 반환했다.

'밸푸어 선언'이 있어 유대인들이 팔레스타인 지역에 긴 전쟁의 씨앗을 남기기도 했다.

- 마른전투는 1918년 1차 대전 때 마른강에서 펼친 마지막 대 공세로 끝내 패배하였고 독일제국의 항복을 촉진시켰다.
- 밸푸어(Balfour) 선언이란 1917년 영국의 외무부장관 아서 밸푸어가 국제적 유대인 사회가 영국에 협력할 경우 팔레스타인에게 유대인 국가건설을 약속한다는 선언이다. 이 때문에 미국 내 유대인의 환심을 사 미국을 1차 대전에 끌어내기 위한 것이었다.

제2차 세계대전

1. 배경

　제1차 세계대전 후 3국동맹이 전쟁에서 패한 뒤에 가혹한 베르사유 조약이 맺어진 것을 파기하였다. 그리고 히틀러는 인종차별주의와 게르만 우월 사상으로 독일의 총리 겸 수상이 되고, 이탈리아에서는 무솔리니가 전체주의를 먼저 채택하여 이탈리아 수상이 되어 파시즘을 이끌고 탄압하기 시작했다.

　전쟁준비는 독일의 히틀러와 이탈리아 무솔리니가 서로 단합해 1936년 10월에 협정을 맺고 베를린-로마 추축(樞軸: Axis)을 형성했다.

　독일과 소련 사이에 이루어진 독-소 불가침조약이 1939년 8월 23일 맺어졌는데, 이 조약을 일명 '히틀러-스탈린 조약'이라고도 한다. 이 조약은 상호 불가침뿐만 아니라 제2국과 전쟁을 할 경우 다른 조약국은 중립을 지킨다는 것이다. 그러나 일본이 이에 항의하자 이 협정을 파기했다. 1940년 9월 27일 독일, 이탈리아, 일본은 다시 3국 동맹을 체결했다. 이 협정에서 3국은 만약 어떤 세력에게 한 나라가 공격을 받으면 모든 정치적, 경제적, 군사적 수단을 동원하여 이를 격퇴한다고 약속했다. 이로부터 로마-베를린-도교가 국제정치의 축(Axis)으로 성언했다.

　추축국[18] 1939년 독일이 전쟁 도발을 하여 프랑스와 영국이 선전

---

18) 樞軸國: Axis-powers, 연합국과 싸웠던 나라들이 형성한 국제동맹을 가리키는 말로 독일,

포고를 함으로써 전쟁이 발생했다.

결국은 두 진영의 전쟁이었으나 전쟁의 경과에 따라 각 진영에 가담한 국가들은 자국의 이해득실에 따라 변동이 있었다.

- 연합국(Allied Powers): 영국, 프랑스, 러시아, 미국, 소련, 중국 등
- 추축국(Axis Powers): 독일, 일본, 이탈리아, 핀란드 등

2. 경과 및 결과

1) 유럽전선

히틀러가 1939년 폴란드를 공격함에 따라 폴란드가 영국과 프랑스에 원군 요청을 했지만 소련까지 폴란드를 공격하기 시작했던 것이다.

2) 태평양전선

1941년 어전회의(御前會議)[19]에서 야마모토 해군사령관이 반대했음에도 불구하고 회의 결과에 따라서 ABCD포위망을 뚫기 위해 미국의 진주만을 항공모함 5대로 폭격을 가했다.

3) 아프리카에서의 전쟁

롬멜 장군[20]은 사막의 여우라는 별칭을 가지고 있는 매우 영리한 장군이었다. 히틀러는 이탈리아를 돕기 위해 롬멜을 아프리카에 파

이탈리아, 일본 3국이 중심이 되었다.

19) 일본천황과 그 각료들의 회의.

20) 독일의 육군원수로서 진정한 군인으로 살기를 원했으며 전쟁이 끝날 무렵 1944년에 자살했다.

견했다. 1941년 전반기에 히틀러는 소련을 제외한 유럽대륙의 지배자가 되었다.

4) 독·소 전쟁과 독·소 조약의 파기

1941년 6월 22일 히틀러는 소련을 공격함으로써 1939년에 나치스 독일과 소련의 불가침조약은 2년 만에 파기되었다. 생각보다 전쟁이 장기화되면서 독일은 소련 내의 물자인 우크라이나의 식량과 코카서의 등을 확보하고 싶었다.

독일은 소련의 완강한 저항과 혹독한 추위에 패배했다.

5) 미국의 참전

독일의 처칠과 미국의 루스벨트가 만나 1941년 8월 대서양의 영국 전함에서 회합을 갖고 전후(戰後)의 평화수립 원칙을 밝힌 대서양헌장(大西洋憲章)을 발표했다.

6) 일본의 아시아 침략, 미국과 전쟁

① 일본의 중국 침략: 전쟁을 일으켜 중국의 본토까지 공격하였으나, 중국의 끈질긴 저항에 전쟁은 예상외로 장기화되었다.

② 동남아시아 침략: 중국과 전쟁을 하면서 일본은 '대동아 공영권'이라는 구실을 내세워 동남아시아를 침략하였다.

③ 태평양 전쟁: 일본이 1941년 12월 7일 하와이 진주만 공격을 단행해서 미국은 일본과 전쟁을 선언했다. 3국 동맹에 독일과 이탈리아가 미국에 선전포고를 함으로써 제2차 세계대전이 되었다.

7) 연합군의 반격

북아프리카 전선에는 영국의 몽고메리 장군이 이끄는 부대가 독일의 롬멜의 전차부대에 큰 타격을 입혔다. 1943년 5월 롬멜 부대의 항복을 받아냈다. 계속 연합군은 시실리 섬에 상륙하여 9월에는 이탈리아 본토로 진입했다. 이어서 이탈리아의 고급 장성과 왕의 측근이 제휴하여 무솔리니의 파시스트 정권을 무너뜨렸다.

8) 노르망디 상륙작전(Invasion of Normandy)

미국과 영국을 주축으로 한 연합군이 1944년 6월 6일(한국의 현충일과 같은 날) 프랑스 노르망디 반도로 상륙한 작전이다. 작전명은 오버로드작전(Operation Overlord)이다. 그때 연합군 쪽은 드와이트 D. 아이젠하워 장군은 육·해·공군 합동으로 프랑스 북부해안 상륙 작전을 지휘했다.

여기서 성공한 연합군은 계속 진군하여 파리를 회복하였다.

9) 카사부랑카 회담과 테헤란 회담

① 카사부랑카 회담: 카사부랑카 국가란 가나, 기니, 말리, 리비아, 모로코, 통일아랍국을 말한다. 카이로에서 개막되는 카사부랑카 국가 정상회담에서는 구라파공동시장이 아프리카 독립에 미치는 영향에 관한 주제였다. 그 회의에서 만난 루스벨트와 처칠이 1943년 영국과 미국, 프랑스 수뇌들은 전쟁의 목적은 독일, 이탈리아, 일본의 무조건 항복이었다.

② 테헤란 회담: 1943년 12월 미국, 영국, 소련의 수뇌들이 테헤란에서 회담을 제2전선의 형성과 전후의 국제 안전보장에 관한 회의를 했다.

10) 독일의 패배

연합군이 노르망디 상륙작전을 통해 프랑스를 해방시키고 독일에 대한 대대적인 공격을 했는데, 소련군도 동쪽에서 독일을 협공하자 1945년 연합군에 무조건 항복했다. 1945년 5월 1일 소련군이 베를린에 들어 왔는데 히틀러는 그 전날 자살했다. 5월 7일 독일군 사령부는 연합군에 무조건 항복했다.

11) 이탈리아 항복

무소리닌[21])의 최후는 비참하게 되었고 유럽의 전쟁은 끝났다.

12) 얄타회담

1945년 2월 루스벨트, 처칠, 스탈린은 크리미아 반도 얄타에서 회담을 갖고 독일이 무조건 항복을 확인하는 전후 처리 문제를 논의했다.

13) 일본항복

1945년 8월 6일 히로시마와, 9일 나가사키에 지구상 최초로 원자폭탄이 투하되었다. 이에 일본이 8월 15일 연합국에 무조건 항복을 선언하면서 세계 2차 대전은 연합군의 승리로 막을 내렸다.

---

21) 이탈리아 정치인이며 파시스트를 창당했다. 1992년 이후 이탈리아 왕국의 국무총리가 되었다. 1935년 독일을 견제하기 위해서 한때는 프랑스-이탈리아와 조약을 체결하여 프랑스와 우호관계를 가졌으나 1940년에는 외교를 바꾸어 추축국의 일원이 되었다. 1943년 연합국에 패배한 뒤 도주하여 망명정부를 세웠지만 1945년 공산주의 파르티잔에게 체포되어 총살당했다.

3. 전후(戰後) 평화를 위한 국제연합 설립

1) 국제연합(UN) 창설

① 대서양헌장: 미국과 영국의 정상은 대서양 헌장을 통해 새로운 국제평화기구 설립에 처음으로 찬성
② 국제연합(UN)창설: 국제 분쟁의 평화적 해결을 위해 다른 국가의 정치적 독립에 대한 무력 사용금지 등을 기본원칙으로 하는 국제연합이 탄생
③ 국제 연맹과의 차이점: 국제연합에서는 미국, 소련을 비롯하여 당시의 최강국들이 대부분이 참여하였으며, 국가 간에 분쟁이 났을 경우, UN군을 조직하여 침략행위를 한 나라에 대해서는 무력으로 제재할 수 있었다.

2) 국제협력을 위한 노력

국제 연합과 함께 국가 간의 자유무역과 경제 협력을 도모하기 위해 국제 통화기금(IMF, 1945), 국제 부흥 개발은행(IBRD, 1946) 등 전문 기구를 만들어 경제적 측면에서 국제 협력 노력을 전개했다.

쉬어 갑시다.

그리스가 경제적으로 어려워 유로 존에 큰 영향을 미치고 있다. 그리스가 IMF 구제금융 지원을 받으면서 유로 존에 왕따 신세가 된 것을 보고 한국의 많은 사람들은 그리스는 과잉복지라고 한 마디로 일축하는 이유가 도대체 무엇일까!
다른 나라나 우리나라 일부 신문보도에는 그렇게만 소개를 하지 않고 오히려 그 폐인에 여러 가지 원인 중에는 다음과 같은 이유들을 들고 있다.

1. 오랫동안 부정부패가 사회전반에 만연되었다.
2. 그리스 국내 GDP에 5분의 1이 넘게 세금을 내지 않는 세금행정이 문제다.
3. 대기업인들은 세금을 피하기 위해 1만 개가 넘는 해외 도피용 기업인들이 있다.
4. 국가 경영을 방만하게 벌려놓고 미래를 준비하지 않고 소비만을 일삼았다. 거기에다 금융과 부동산 부분의 거품이 문제였다.
5. 관광사업 부진에서의 불황
6. 사업가들이나 권력을 쥔 자들이 스위스 은행에 숨겨둔 돈이 200억 유로나 된다.
7. 남유럽의 태생적 특성이 있다.
8. 조선 사업부진
9. 세금 체납자가 1만 5000명에 달하고, 그 액수는 370억 유로(이것은 독일, 영국인들이 그리스에서 살면서 조사한 액수라 한다).
10. 세금을 책정할 때 세무공무원들과 결탁하여 극비에 공무원에게 돈을 건너 주고 세금 혜택을 받는 일이 많았다 한다.

유로존의 위기는 불안전한 통화연합에 따른 불균형과 금융위기에 비롯된 것이시, 위에서 언급한 그리스처럼 과도한 복지 지출과 재정 운영에 의해 촉발된 것만은 아니다. 2007년 기준 GDP 대비 사회 지출 비율을 견주어 보면 이탈리아가 25%, 포르투갈이 23%, 스페인과 그리스가 각각 22%, 아일랜드가 17%였다. 프랑스 28%, 독일 25%였다. 유로화가 출범한 1999년부터 2007년까지 GDP대비 제정 적자 평균을 보면 제정통계를 조작해 유로존에 가입한 그리스만 5%를 넘었을 뿐이다. 잘못된 진단과 전망으로 사실관계를 왜곡해 왔다. 한국은 GDP대비 사회 지출이 10%에 불과하다. 유로존의 위기를 보고 막연하게 불안감을 증폭시키지 말아야 하고 위정자들은 과잉 복지 운운해서 악용해서는 안 된다.
생산 증대보다는 복지로만 가는 것도 문제이지만 지도자의 탁월한 지도력 역량에 달려 있다. 한국도 아직 복지에 목마르고 있기에 2012년 대선에 큰 영향을 줄 것이다. 복지 예산도 일부 불어났다고는 하나 양극화 문제는 더욱 심화되고 있다. 분배에 있어서도 우리나라 복지는 그렇게 GDP에 비해 많은 것은 아니라고 보는 것이 외국의 전문가들의 견해이다. 우리는 그리스에서 많은 것을 배워 타개할 방법을 연구해야 할 것이다.

20세기 사회와 각 분야별 발전

1. 20세기 사회문제

20세기는 일반대중의 힘이 크게 성장하여 대중사회가 성립했고 인권도 크게 개선되었다. 거기에 가장 짧은 시기에 과학 기술이 발전하여 고도의 산업사회가 등장했다. 반면에 도덕상실이라는 새로운 문제가 생겼으며 더욱이 급속한 산업사회의 부산물로 빈부의 갈등, 자연훼손, 지구상에는 헤아릴 수 없이 많은 핵무기 소유 등은 세계인이 다 같이 풀어야 할 과제다. 우리 주위에는 마치 화약고를 옆에 놓아두고 있어 언제 터질지 모른 상태에서 살고 있는 것이다.

20세기가 낳은 산물을 부분별로 소개해 보면 다음과 같다.

1) 20세기 현대의 사회 문제

① 산업사회: 산업 혁명이후 전환을 시작에서 산업 사회의 발전
② 대중사회: 대중의 힘이 증대해지면서 참정권이 부여되고 발언권이 증대
③ 복지사회: 국민 대중의 복지향상

2) 현대사회 문제

① 이념대립이 격화: 냉전체제 종식으로 이념 대립은 해소해야 할

문제

② 군비경쟁: 핵무기의 대량 생산으로 불안, 공포가 증대해 핵무기
　감축을 적극 추진해야 한다.

③ 인구문제: 인구의 급증은 식량문제가 생기고 자연의 고갈, 생태
　계의 파괴문제, 인간 소외의 문제가 대두할 것이다.

2. 과학과 기술

1) 물리학의 발달과 원자력 응용

① 물리학: 아이슈타인의 상대성 원리, 러더포드(Rutherford)의 원자
　핵 파괴실험, 페르미의 원자핵 분열(원자로 제조)

② 원자력 응용: 핵무기 발명(원자탄 수소탄), 원자력의 평화적 응용,
　원자력 발전

2) 항공 우주과학과 전자공학의 발달

① 인공위성의 발사: 소련의 스푸트니크 1호 발사(1958), 미국의 아
　폴로 11호로 인간이 처음으로 달 착륙(1969)

② 전자공학의 발달: 텔레비전과 컴퓨터의 발명, 로버트의 제조

3) 화학과 의학의 발달

① 화학: 합섬 섬유의 발달, 석유화학의 발달

② 의학: 항생물질의 발명

3. 인문 사회 과학

① 철학: 실존주의 철학(하이데거, 야스퍼스, 샤르트르), 실용주의 철학
   (듀이)
② 역사: 슈펭글러 『서구의 몰락』, 토인비 『역사의 연구』
③ 사회학: 막스 베버의 과학방법론 제시(이념형 이용)
④ 경제학: 케인스의 수정 자본주의
⑤ 정신 분석학: 프로이트의 개척, 반지성적 경향

4. 문학과 예술

1) 문학

① 인간성 회복 강조: 로맹 롤랑, 앙드레 지드, 토마스만
② 실존주의: 샤르트르, 카뮈
③ 기타: 헤밍웨이, 포크너, 고리키, 숄로호프, 솔제니친

2) 미술

야수파(마티스), 입체파(피카소), 초현실주의, 추상파

3) 음악

스트라빈스키, 시벨리우스, 쇼스타코비치 등

- 생철학: 인간의 의지를 중시한 반이성주의 철학사로 → 쇼펜하우
  어, 니체, 딜타이, 베르그송
- 실용주의: 일상생활에서 유용성을 중시 → 듀이(도구주의), 제임

스, 퍼스
- 유신론적 실존주의자: 키에로케고르, 야스퍼스, 마르셀
- 무시론적 실존주의자: 니체, 하이데거, 샤르트르

5. 20세기의 사건과 업적들 20가지

1. 국제인권선언(1948)
2. 국제연합(UN) 창설(1945)
3. 핀란드여성참정권 최초로 획득(1906)
4. 국제노동기구 창설(1919)
5. 우드로 윌슨 민족자결주의 천명(1916)
6. 핵확산 금지조약(1970)
7. 마하트마 간디 무저항운동(1930)
8. 국제노동기구 헌장 개정. 하루 8시간 주 48시간 노동실시(1953)
9. 미국 베트남전 반전시위(1969)
10. 세계자연보호단체 그린피스 결성(1970)
11. 산아제한 운동과 경구피임약 개발(1953)
12. 미국 소련 전략무기 감축 협정(1972, 1991)
13. 제1회 노벨상(1901년)
14. 남아프리카공화국 아파르트헤이트(인종차별 철폐: 1993)
15. 한국 5월 민주항쟁(1987)
16. 국제사면위원회 창립: 인권학대 종식(1961)
17. 리우 유엔환경개발회의(1992)
18. 스톡홀름 세계환경회의(1972)
19. 포로(捕虜)의 대우에 관한 제네바 협약(1929)
20. 유엔교육 과학문화기구(유네스코) 발족(1946)
    *주요성의 순서에 기준을 두고 순서를 정했음

6. 의료계의 진보적 사건들

1. 페니실린의 발견, 항생제 개발의 첫 걸음
2. DNA 발견, 유전공학 발전 기반
3. 장기이식 수술 성공, 생명연장의 연금술
4. 인슐린 발견, 당뇨병 치료의 전기마련
5. 복제양 '돌리' 탄생, 생명과학의 개가
6. 첨단기기의 발달, 치료효과 급상승
7. 혈액형 발견, 안전수혈의 기초를 마련
8. 피임약 개발, 여성해방의 초석
9. 에이즈 등장은 인류의 마지막 하늘의 벌
10. 세계보건기구(WHO)의 탄생으로 범세계적 질병퇴치의 길 마련

민주주의의 발전

고대 민주주의 발전의 기원을 살펴보면 원시사회에서나 인구가 작은 부족사회, 씨족사회에도 '입법위원'이 되어 정치에 직접 참여했다. 고대 그리스 도시국가 아테네에서 민주적인 방법은 최초로 시작되었다.

그리스 도시국가에서는 여성들의 참정권이 없고 노예제도가 존재했던 것으로 보아 만민의 평등권은 없었던 것이므로 지금의 관점에서는 진정한 민주주의는 아니라는 점이다. 그나마 '입법위원'이 있었다는 것은 대단히 민주주적이라는 점에서 연원을 두는 것이다.

한편 민주주의 역사가 길고도 짧다고 표현하는 것은 그 연원이 2,500년이나 된 고대 그리스의 아테네에 기원을 두었기 때문이고, 짧다고 하는 것은 직접적인 민주주의 기원이 17~18세기의 시민혁명을 통한 근대민주주의 등장을 의미한 것이기 때문이다.

1. 왜 민주주의가 중단되었을까?

그리스 민주주의는 BC 5세기를 전후하여 크게 융성했지만 아테네가 과두독재(寡頭獨裁)정치,[22] 스파르타와의 전쟁에서 아테네가 패배(敗北)함으로써 민주주의는 퇴색되어 가고, 또다시 BC 2세기경에 로마 공화정에 정복당함으로써 2,500년 동안이나 민주주의는 영원히 땅에 묻혀

---

22) 아테네 귀족정치시대에 자산(資産), 군사력, 정치적 역량을 가진자들의 소수집단의 사회구성원들에 의하여 권력이 집중된 정부형태.

버렸던 것이다.

2. 다시 시민혁명으로 부활(復活)한 민주주의

우리가 경험하고 있는 민주주의는 고대 그리스에서만 직접 기원했다고 단정할 수는 없고, 그 직접적인 기원은 17~18세기 시민혁명을 통해서 진짜 민주주의가 부활(復活)했다고 볼 수 있다.

1) 영국의 민주주의 발전사

영국은 일찍부터 의회제도에 기초한 민주주의는 1215년 영국의 귀족과 왕족의 독재를 견제하기 위하여 '마그나 카르타'(Magna Carta) 대헌장을 왕이 직접 서명하도록 했다. 이 내용에서 왕은 영주와 함께 국민에게 중과세를 부과하거나 귀족들과 대상인들의 실권을 인정하면서도 금고나 형(刑)은 반드시 재판을 통해서만 가능하다고 했다. 마그나 카르타는 성직자와 귀족의 특권을 인정함과 동시에 왕권을 견제하기 위한 것이다. 그러나 그 뒤 헨리 3세는 마그나 카르타를 무시하고 불법으로 세금을 징수하자 1272년 성직자와 귀족들을 규합(糾合)하여 문제가 되는 사안(事案)들을 토의했는데 이것이 바로 영국의 의회제도의 기원이 되었다. 그 후 1628년 권리청원(權利請願: Petition of Right)이 채택되어 의회의 동의 없이 국민에게 과세하지 못하고 개인 주택에 강제로 군대를 숙박을 시키지 못하게 했다. 또한 평상시 계엄령(戒嚴令)을 시행치 못하도록 했다. 그밖에도 지주 귀족들을 배경으로 한 토리당과 신흥 상공인을 배경으로 한 휘그당이 등장하여 양당제도가 발달했다. 그 대표적인 민주주의 사상가는 영국의 로크(J. Locke)이다. 그는 1960년 『시민정부』를 저술했는데, 이 책은 1장~19장까지 이루어진 고전적 명저이다. 이 책에서 살펴볼 수 있는 내용으로 자유평등의 독립적인 인간은 자연 상태로부터 출발하고 공동사회의 권력 기초이며,

신탁에 의한 권력 형성에 민중의 저항권을 주장했다. 또한 재산 소유를 기본적 자유에 포함시켰다. 정부의 권력 남용을 예방하는 길은 행정부와 입법부의 두 권리를 분리시키는 2권 분립에 있다고 했다.

그는 일생 동안 청교도 혁명과 명예혁명이 있었다. 이런 혁명의 사회적 격변 속에 『시민정부』란 책을 저술했다.

미국에서 독립혁명이 일어나고 프랑스에서 대혁명이 일어난 18세기 말경까지도 영국은 과두지배체제하에 있었다. 1832년 개혁법(Reform Bill)이 통과되었다. 이 개혁법은 J. 벤담과 J. 밀의 공리주의에 영향을 받았다.

남녀평등의 보통선거제가 실시된 것은 1929년이다. 영국은 왕의 존재를 그대로 인정하는 입헌군주제(立憲君主制)로 발전시켜 유럽 국가들에게 영향을 주었다. 또한 민주주의는 각 지역의 고유한 정치와 문화를 배경으로 각기 독특한 형태로 나타난다. 처음 만나는 민주주의 역사를 쓴 로저오스본(Roger Osborne)이 말하듯이 "민주사회는 수많은 삶의 표현이다. 그러므로 늘 현재 진행형일 수밖에 없다. 민주주의는 또 공동체적 창의체적 줄기찬 발로이다."라고 했다.

2) 프랑스 민주주의 발전사

프랑스는 영국의 민주주의 영향 아래 있었다. 1748년 『법의 정신』을 쓴 몽테스키외는 3권 분립(分立)인 입법, 사법, 행정의 독립을 주장했다. 1789년 프랑스 혁명은 봉건제도를 타파하고 평등 박애정신을 기초로 했다. 같은 해 8월 시민인권선언은 전 유럽의 최초 인권선언이었다.

그러나 프랑스 인권 선언 이후 1804년 나폴레옹이 즉위하자 프랑스는 절대 군주에서 헌정군주제로 넘어 왔다가 민주주의로 발전했으나 다시 황제독재로 후퇴했다. 민주주의 원리에 정치제도의 정착에는 실패했다.

그러나 프랑스혁명은 계몽주의 철학에 기초한 평등개념과 주권재민(主權在民)사상은 전 유럽에 전파시켰다.

생각해보면 로저 오스본의 말처럼 오늘 날 민주사회의 정치인들은 거짓말을 해야 하고 유권자들은 나중에 그 거짓말에 대해서 불평을 해야 한다는 사실을 알게 된다.

제아무리 인기가 높은 사회지도자라 해도 권불십년(權不十年)을 실감하기 마련이다. 그도 그럴 것이 불만은 모든 민주주의의 기본요소이다. 우리는 불만을 토로하고, 신음하며, 분노하고, 때로는 항의 서한을 보내거나 시위에 참여한다. 정부와 정치인들에 대한불만을 표출하는 것이 결국 우리가 누리는 민주주의 권리가 아니던가!

쉬어갑시다.

민주주의는 완벽을 꿈꾸지 않고 끊임없이 변화하고 적응한다. 누군가는 민주주의를 옹호, 이상화, 변용, 왜곡하고, 놀리고 조롱한다. 우리는 민주주의를 두고 계속 논쟁을 벌이지만 정의하기는 어렵다. 그러나 민주주의는 인류 최고의 업적이다. 민주주의는 개인적인 삶을 허용하고 우리를 하나로 결속시키는 공동의 삶이기 때문이다.

― 로저 오스본의 요약글 중

제임스 레이니 교수의 선행 이야기

학자, 정치가, 목사, 주한미국대사(1993~1997)를 지냈던 제임스 레이니는 임기를 마치고 귀국하여 에모리대학의 교수가 되었다.

그는 건강을 위해 매일 걸어서 출퇴근하던 어느 날 쓸쓸하게 혼자 앉아 있는 한 노인을 만났다. 레이니 교수는 노인에게 다가가 다정히게 인사를 나누고 말벗이 되어 주었다. 그 후 그는 시간이 날 때마다 노인을 찾아가 잔디를 깎아 주거나 커피를 함께 마시면서 2년 동안 교제를 나누었다. 그러던 어느 날 출근길에서 노인을 만나지 못하자 그는 노인 집을 방문하였다. 놀랍게도 노인이 전날 돌아가셨다는 깃을 알게 되었다. 곧 비로 장례식장을 찾이 조문하면서 노인이 바로 코카콜라 회장을 지낸 분임을 알고는 깜짝 놀랐다. 한 사람이 다가와 "회장님께서 당신에게 남긴 유서가 있습니다."라며 봉투를 건넸다. 유서 내용을 보고서 그는 깜짝 놀랐다. "당신은 2년 동안 내 집 앞을 지나면서 나의 말벗이 되어 준 친구였소. 우리 집 뜰의 잔디도 함께 깎아 주고 커피도 나누어 마셨던 나의 친구 레이니에게....고마웠어요. 나는 당신에게 25억 달러와 코카콜라 주식 5%를 유산으로 남깁니다."라는 유서였다.

너무 뜻밖의 유산을 받은 레이나 교수는 3가지 점에 놀랐다. 첫째는 전 세계적인 부자가 그렇게 검소하게 살았다는 것이고, 둘째는 자신이 코카콜라 회장이었음에도 불구하고 자신의 신분을 밝히지 않았다는 것이고, 셋째는 아무런 연고도 없는 지나가는 사람에게 그렇게 큰돈을 주었다는 사실이다. 그 후 레이나 교수는 받은 유산을 에모리대학 발전기금으로 내놓았다. 제임스 레이나교수가 노인에게 베푼 따뜻한 마음으로 매우 큰 부가 굴러 들어왔지만 학교를 위한 발전 기금으로 내놓았을 때, 그에게는 에모리대학 총장이라는 명예가 주어졌다.

눈에 보이지 않은 선행은 그에게 뜻하지 않은 행운을 주었다.

제3장

인류의 미래학자

미래학이란 무엇인가

미래학이란 용어는 1940년도 초부터 쓰기 시작했지만 연구가 본격적으로 된 것은 1960년 이후의 신학문 분야다.

미래학은 단정적인 미래의 역사가 아니라 앞으로 무수히 일어날 수 있는 가능의 학문이다. "미래학은 단수인 'future study'가 아닌 복수 'future studies'이다."라고 짐 데이토 소장은 말했다.

존 나이스빗의 "미래는 기회를 잡는 사람이 주도 한다."라는 말은 미래에 대한 지식이 있어야 경쟁사회에서 앞서 갈 수 있다는 것이다.

미래를 연구하는 데 몇 가지 방법이 있다.

① 저이 주의적 미래 예측: 하나의 사건의 근거를 가지고 전체를 예측하는 것이다. 컴퓨터나 휴대전화 같은 것
② 외삽 주의적 미래: 과거에 있던 사실을 근거로 미래를 예측하는 것
③ 급진주의적 미래예측: 어떠한 사건을 근거로 짧은 시간에 급진적으로 변하는 것

미래학자들의 시간의 개념을 가지고 연구하는 것으로 다음과 범위가 있다.

① 바로 가까운 시일 내의 미래 1년 안에
② 가까운 미래: 다음 해부터 5년 이내
③ 중간 미래: 지금부터 20년 내에

④ 아주 먼 미래: 50년 이후

그러나 미래를 형성하는 5가지로 예측하는 데 혼란이 없도록 한다는 것이다.

① 가치관 ② 지식 ③ 기술 공학 ④ 사회적 쟁점 문제 ⑤ 문화

우리는 생각해 보건데 과거에 예상했던 것들이 지금 그대로 온다는 사실에서 앞으로도 변화를 예측할 수 있다는 것을 알게 된다.
미래에 대한 지식은 개인과 국가 미래에 대해서 어떻게 전망할 것인가를 연구하는 학문으로서 그 중요성이 요구된다.

에릭 드렉슬러(Eric Drexler, 1955~)

에릭 드렉슬러는 나노기술의 선구자다. 과학에 전혀 무관심한 사람들은 이 나노기술이라는 단어를 들어 보지도 못했거나 흘러가는 말로 들어 보았을지도 모른다.

그는 MIT 공학박사이며 1988년 스탠퍼드대학교에서 세계 최초로 나노기술의 학문을 지도하기 시작했다.

나노(Nano)라는 말의 단어는 그리스어의 나노스, 즉 난쟁이에서 유래한 말이다. 1나노미터는 10억분의 1을 뜻하는데 원자 3~4개가 배열된 정도의 극히 미세한 크기이다. 보통 머리카락 굵기의 10만분의 1에 해당한다. 눈에 안 보이지만 전자현미경을 이용하여 볼 수 있다는 것이다. 이런 나노기술의 서막은 1986년 노벨물리학상을 수상한 IBM 취리 연구소에 근무하던 로러(Rohrer)박사와 비니히(Binning) 박사가 원자단위의 크기를 관찰할 수 있는 터널링 현미경인 STM 덕분에 원자를 직접 확인할 수 있는 것이었다. 이러한 나노기술은 물질의 최소단위로 알려진 원자 또는 분자의 세계로 진입하여 이 기술을 매우 광범위하게 결합시키면 각 분야에 엄청난 파급효과를 가져올 수 있다.

응용범위는 전자에서부터 IT분야, 통신, 재료, 기계, 의약, 농업, 국가안보, 신환경, 에너지 등에 큰 변화가 올 것이다. 특히 더 이상 오염된 물질을 배출하지 않아 지구를 대청소하는 효과도 있어 삶의 질을 높이고 장수할 수 있을 것으로 본다. 그러나 일부 종교단체에서는 성경에 나오는 요한 계시록이 모두 실현되고 있다고 하여 이 악마의 기술을 저지해야 한다고 주장하기도 한다.

이 나노기술의 선구자인 에릭 드렉슬러는 1986년 처음으로 그 저서에서 창조의 엔진(Engines of Creation)을 세상에 출간했다. 그 책에서 분자를 원료로 사용해서 유용한 거시물질의 구조로 조립해내는 분자 크기의 장치를 어셈블러(assembler)라고 이름 붙였다. 이 어셈블러는 아주 기본적인 입자의 분자를 재료로 사용해서 어떠한 물체도 만들어 낼 수 있다고 생각한다. 어셈블러 자체도 분자크기의 장치이므로 대부분의 어셈블러는 자신을 복제할 수 있는 능력의 자기증식이 가능하기 때문에 기하급수적으로 성장할 수 있다. 앞으로 30년 안에 고갈되리라는 석유의 대체에너지도 만들어 낼 수 있을 것이다.

그러나 그는 "인간의 힘으로 통재 불가능한 자기복재 때문에 군사 분야에 잘못 사용하면 엄청난 재앙을 불어 일으켜 세계 각국에 합의에 의해서만 개발해야 될 것이다. 이런 상태가 잿빛덩어리인 그레이구(Grey Goo)인 것이다.

이 나노기술이 파괴의 엔진이 되지 않도록 노력해야 할 것이다. 1996년 노벨 화학상을 받은 리처드 스몰리는 2001년 그는 드렉슬러를 비판하는 글을 발표하여 두 사람은 치열한 공방전을 벌이기도 했다.

그러나 발전하고 있는 과학의 속도는 과거에는 상상도 할 수 없는 것들이 속출한다고 보면 불가능한 것도 아니다. 20세기에 초기에는 플라스틱도 존재하지 않았던 것이 오늘날에는 아주 흔한 것처럼 썩지 않는 기적의 소재였다면, 오늘날 21세기에는 나노(NANO) 소재 시대라고 할 수 있을 것이다.

이 나노기술이 세계적으로 연구하기 시작하여 2000년 클린턴 미국 대통령이 국가나노기술구상을 발표하여 지금까지도 더욱 연구에 박차를 가하고 있는 것이다.

지구상의 모든 물질은 원자로 이루어졌는데 원자의 결합 방법이 달라지면 전혀 다른 구조와 특성을 가진 물질을 만들어 낼 수 있다.

이것을 성공하기 위해서는 분자 조립기가 개발되어야 한다. 이제는 인류의 역사는 생산의 시대에서 창조의 시대로 전환하는 것이다.

레이먼드 커즈와일(Raymond Kurzweil, 1948~)

레이먼드 커즈와일은 미국의 미래예측의 저명한 학자로 MIT에서 컴퓨터공학을 전공했다. 슈퍼 지능이 탄생한다는 것이다. Synthesizer[1] 읽기기계, 광학폰트 인식 시스템 등 수많은 발명을 해서 미국 언론으로부터 '에디슨의 후계자'라는 평을 받고 있다. 1999년 클린턴 대통령으로부터 과학기술 분야 최고 영예인 국가기술훈장을 받았고 2002년에는 '발명가 명예전당'에 등록되었다. 역대 3명의 대통령으로부터 계속 훈장을 받았다.

레이먼드 커즈와일은 월스트리트 저널과 포보스 잡지로부터 각각 '쉬지 않는 천재'와 '궁극의 사고 기계(Ultimate Thinking Machine)'라는 평가를 받았다. 또한 PBS는 과거 2세기 동안 '미국을 만든 혁명적인 위인' 16인 명단에 이름을 올렸다. 그는 세계에서 가장 권위 있는 기술혁신상인 MIT 레멜슨 상(MIT-Lemelson Prize)과 상금으로는 50만 달러를 받았다.

그가 저서한 5권의 중에 4권이 베스트셀러에 올랐다. 『21세기호모사피엔스』는 9개 국어로 번역되었다. 『The Singularity is Near: 특이성의 도래』, 『지능 기계시대』, 『노화와 질병』 등이 있다.

그의 미래예측에 여러 가지가 있는데 그 중에서 미래의 혁명은 정보기술을 통해서 이루어지고, 2020년이 되면 인간은 컴퓨터를 두뇌에 달고 다닐 수 있으며 거의 인간과 같은 기계를 만들 수 있다는 것

---

1) 각종 악기의 음색을 전자적으로 합성하여 연주할 수 있는 전자 악기.

이다.2)

2004년에 테리 그로스먼 의학 박사와 함께 쓴 『Fantastic Voyage』라는 책에서 유전학·생명공학·나노기술의 3단계 발전으로 21세기 중반에는 인간은 불멸에 가까운 장수를 할 수 있고, 영생도 가능하다는 것을 주장했다. 다른 과학자들은 그의 예측을 비난하기도 한다.

그는 2000여 편의 논문과 저술 속에서 인간수명을 연장하는 단계에서 첫째, 건강을 유지하려는 노력으로 질병과 싸우고 현재까지 의학적 발전을 감안하면 건강한 식사습관, 적절한 운동, 스트레스 해소, 뇌기능 유지를 위한 지적활동, 유해화학물질 노출차단 등의 실천과 암 예방의 적절한 영양공급이 필요하다고 한다. 둘째, 생명공학 혁명이다. 게놈 프로젝트가 처음 시작될 때는 그것은 환상에 불과하다고 비판했지만 현재는 유전자 지도를 완성하여 건강증진에 이바지하고 있다. 현재의 과학기술 속도로 발전하면 2020년 정도면 전 세계의 모든 인구의 DNA를 한 사람이 여러 차례 배열하는데 8시간이면 족하다는 것이다. 얼마 안 있다가 조작된 바이러스를 쥐에서 성공하듯이 사람에게도 성공할 수가 있는 것이어서 인간의 생명연장을 충분히 보장할 수 있다. 셋째 나노혁명으로 의학에 접목시켜 체내의 노폐물질이나 독성물질을 제거하는 것이다. 나노의학은 현재의 나노의학과 달리 나노 사이즈에 IT 기술이 접목된다. 2020년 말이 되면 나노 로봇은 혈관뿐만 아니라 뇌신경 세포까지 들어가 손상된 DNA를 수리도 할 수 있으며 노화를 과정을 역전시킬 것이다. 이처럼 과학은 무궁무진 발전할 수 있기 때문에 10년 후는 몇 천배의 능력을 가질 수 있다. 이런 발전은 이 3가지 교량인 유전학, 생명공학, 나노기술을 완성해야 한다는 것이다.

---

2) 뉴욕 타임스 보도.

제롬 글렌(Jerome Glenn, ?~?)

미국 미래 포럼인 제롬 글렌 회장은 미국 아메리칸대학교에서 철학을 전공하고 안티오크대학에서 미래학 석사과정을 밟았다. 이어 매사추세츠대 교육대학원에서 교육박사 학위를 취득했다. 1993~2003년까지 미래연구방법 편집자로 활동했으며 '미래국가'를 공동으로 출간해서 뉴욕 타임즈 등 여러 주요 신문에 미래학 관련 칼럼을 기고했다.

그는 2020년이 지나면 모든 사람들은 특수 콘택트렌즈와 특수 옷을 통해 24시간 사이버 세상과 연결될 것이라고 말했다. 그의 연구 분야는 24시간 실시간으로 인터넷에 연결된다는 뜻에서 이 장비를 '사이버 나우(Syber now)'라고 명명했다.

세상 사람들이 사이버 나우를 통해서 원 거리교육을 받고 원거리 의료 검진을 받으며 원거리 직장을 다니는 '시공간 초월의 시대'가 올 것이라는 것이다.

그는 UN 미래 폴럼 회장 겸 미래연구기구 회장으로 활동하고 있다. 그는 2010년 후는 미래변화를 예고하는 UN 미래 보고서(State of the Future) 작성에도 참석하고 현재 세계 5만여 미래연구기관과 협회를 통한 세계미래연구기구협회 초대회장이다.

그가 예측하는 미래에 대한 전망은 다음과 같다.

① 제3차 세계대전은 일어나지 않는다. 미국과 러시아 이외의 강대국들은 오히려 우주선을 공동으로 개발할 것이다.

② 죽은 아이의 체세포로 똑같은 아이를 만들 수 있다. 이런 말을 듣는 일부 학자들은 그를 미친 사람이라 했다.

③ 미래에는 2015년 안에 지구촌 생명체의 세포조직을 추적해서 생명채의 건강과 생각까지 모니터할 수 있는 기술이 나오며 완전히 새로운 생명체도 탄생할 것이다.

④ 일종의 게놈프로젝트3)의 합성어로 정상적인 기능이 가능하도록 모든 유전자를 갖고 있는 1세트의 염색체를 말한다. 생물의 모든 세포 속에 핵이 있고 핵 속에는 일정한 수의 염색체가 있으며 염색체에는 부모로부터 물려받은 유전 정보를 가진 핵산(DNA)이 있다. 사람의 DNA속에 있는 유전자 정보는 30억 개의 염기쌍으로 구성되었다. 그 가운데서 의미 있는 10만 개를 유전자라고 한다. 나머지는 의미 없는 정보로 간주한다. 게놈프로젝트란 바로 이 10만 개 유전자의 구조와 기능을 밝혀내는 것이다. 이 게놈프로젝트가 완성될 경우는 모든 질병을 치유하고 예방할 수 있어 120살 이상을 살 수 있고 인간도 복제될 수 있을 뿐만 아니라 컴퓨터 인공뇌를 주입시켜 스스로 판단하고 세밀하게 시술할 수 있는 기계공학의 도움을 받게 될 것이다. 예를 들면 꽃의 유전 형질을 사람의 인자에 삽입하면 향수를 뿌리지 않아도 향기를 발산할 수 있다. DNA 화학분자는 4개인데 이것을 조합하거나 인간의 유전 코드를 바꾸면 키, 얼굴 모양을 바꿀 수 있다는 것이다. 이런 기술이 현실로 되면 새로운 산업이 발생할 것이다.

⑤ 공산주의가 붕괴되었고 머지않아 자본주의가 소멸하면 '오픈소스 경제'가 올 것이다. 다시 말해 '집단지성'을 활용한 경제 시스템이

---

3) 유전자 'Gemes'와 염색체 'Chromosome'.

보편화되는 것이다.

⑥ 2025년에는 세계인구가 78억이나 될 것이다. 식량문제도 유전자 조작으로 인해 해결될 것이다. 에너지 문제도 2030년까지는 세계 에너지 수요가 현재보다 50% 증가할 것이다.

⑦ 세계가 하나가 되는 지구촌 공화국이 될 것이다. 20세기처럼 중앙 집권적인 국가 사회에서 21세기는 탈집중화가 될 것이다. 미래는 사이버 세상의 발달로 하나의 문화권으로 합치되어 바뀌게 될 것이다.

⑧ 미래는 인간과 기계의 기능이 하나로 합쳐져서 인공기능이 탄생한다.

⑨ 미래교육은 체험 교육이 될 것이며 사이버게임 형태로 이루어진다. 매일 학교에 가지 않고 원거리 조정 교육을 받을 수 있고 게임을 통한 단순한 지식 전달이 아니 문제해결의 능력을 길러준다.

⑩ 사이버 레저 원 거리 진료가 가능하고 고령화된 사회에서도 원격 조정으로 치료가 가능할 것이다.

⑪ 미래는 파괴와 지배가 아닌 창조와 공존 사회가 될 것이다. 20세기는 이미 IT 기술을 통해 정보산업화가 시작되었고 2025년에는 '사이버 나우(Syber now)'가 거대한 정보산업을 형성할 것이다. 미래는 우리가 컴퓨터를 이용하듯이 '사이버 나우(Syber now)'를 착용하는 사람들이 많이 있을 것이다.

쉬어갑시다.

UN 미래 포럼 회장인 제롬 글렌은 2020년 지구촌 10대 부상 산업을 발표했다. 그는 2012년 1월 30일~2월 3일 방한(訪韓)했는데, 2월 3일 가톨릭대학교 성모병원 강당에서 '미래형 인재가 되는 법'의 주제로 강연을 했으며, 2012년 9월 14일 서울시 종로구 회화동 소재 기술 '인문융합 창작소'에서도 강연을 했는데, 그의 지구촌 10대 부상산업 발표를 간추려 소개하면 다음과 같다.

1. 알지 미세조류4)를 CO_2와 폐수를 이용하여 바이오 염료를 만드는 균주(菌株), 스피루니나 등 건강식품을 만들어 생명을 연장하는 최대산업이 될 것이다.
2. 배양육(培養肉)의 고기를 각 가정이나 공장에서 배양해서 먹는 시기가 2017년에는 올 것이다.
3. 해수농업인 바닷물에서 농업을 하여 감자, 토마토, 쌀, 등을 생산하는 시기가 2018년이면 올 것이다.
4. 우주 태양광산업 시대가 온다.
5. 바이오 미미커리인 자연 모방 기술이 온다.
6. 나노공학 자동조립 시스템이 부상한다.
7. 합성(인공) 생명체(Synthetic biology)가 부상한다.
8. 바이오 프린트 시대가 온다.
9. 로버트가 사람을 대신 작업하는 시대가 온다.
10. 2020년까지 바이오 산업혁명 시대가 온다.

앞으로 5년 뒤인 2018년까지 예상은 공유(non-ownership)가 확산되어 인터넷처럼 누구나 사용할 수 있는 것이 된다. 이처럼 새로운 동력이 출현될 것이다.
그의 명언 하나 "지구의 미래는 아직 결정되지 않았으며, 미래는 짐작으로 알 수 있는 것이 아니다. 인간이 만들어 가는 것이다."

---

4) 그린골드라고 하며 35억 년 땅에 묻혀서 석유나 석탄이 되어 화석연료의 원료가 된 미생물로 혼히 플랑크톤이라고 한다. 플랑크톤의 알지 미세조류의 종류는 학계에 보고된 균주가 6천 종, 그 외 30여 만 종이 있다고 본다. 미세조류는 석유고갈 2025년 이후에는 새로운 바이오연료 기후변화의 대안이 될 수 있으며, 건강식품 화장품 의약제품의 원료, 비료나 사료 등 다양한 균주 종류가 있다

파비엔 구 보디망(Fabienne oux-Baudiment, 1960~)

2005년 세계미래학 회장에 선임된 파비엔 구 보디망은 프랑스에서 정치학, 경제정책 분석 등을 공부하고 로마 그레고리안 대학에서 미래학 연구로 박사학위를 받았다.

그는 인간의 수명이 2070년쯤 되면 평균 120세가 된다고 한다. 보통 사람도 평생에 결혼을 2~3번 이상하게 된다고 한다. 인간이 장수하면서 가족제도도 바뀌어 가는데 어떤 미래학자는 2030년 정도가 되면 120세가 될 수 있다고 한다. 학자들 간의 견해는 세월의 차가 많이 다르지만 과학과 의학의 발달로 인간의 수명은 날로 증가하는 것만큼은 틀림없다. 그러면 어떤 미래를 예측할 것인가?

① 한국에도 노령화가 속도가 붙어 1960년~1970년생들이 65세가 되면 악몽 같은 미래가 될지 살기 좋은 세상이 될지 미래도 예측하면서 지구의 온난화와 노령화에 대한 준비를 해야 한다고 보디망은 강조하고 있다.

② 가족들만으로는 노년에 올 질병을 부담하기가 어려워 국가가 새로운 차원에서 새로운 구조로 새로운 공간을 만들어 주는 제도 개선에 나서야 할 것이다.

③ 지금은 65세가 오면 노인 취급하지만 미래에는 80세는 넘어서 90세부터 노인네 취급을 받을 것이다. 사람이 70세까지 사는 것이 드

묽다는 '인생칠십고래희'라는 말은 먼 옛날 이야기가 될 것이다.

④ 국적 개념이 없어지는 다문화(multi-culture)가 될 것이다. 사람이 더 좋은 환경을 찾다 보면 난민(難民)이 많이 생길 것이며 이런 경우 지구의 온난화에도 한 몫을 하게 될 것이다.

⑤ 미래교육의 질이 바뀌진다. 창의성(creativity)을 중시할 것이다. 새로운 해법을 찾기 위해서다. 예를 들면 과학에 있어서도 학생들에게 물리, 화학, 생물, 지구과학 등으로 나누어서 교과서를 만들었던 것을 하나로 통합해서 서로 통합적 사고를 할 수 있는 공부 방식으로 해야 한다는 것이다. 서울대학교의 융합과학 기술대학원 같은 것을 생각할 수 있다. 학생들은 수업시간에 어항 속 같은 곳에서 지식만을 배우는 것이 아니고 발상법, 갈등 해소법, 창의력 마인드 등의 지혜를 배워야 한다.

⑥ 고령화 사회에서 살아가기 위해서는 무슨 일을 해야 할까?
사람의 평균 연령이 120세가 되면 우선 (1) 실버산업이 유망산업이 될 것이다. (2) 여행 산업이 인기가 있을 것이다. 젊었을 때 못 가본 곳을 찾아보고 싶은 것이다. (3) 작가업이다. 경험이 풍부해지고 삶이 완숙기에 드는 경험에서 통합된 지식을 갈구하기 때문이다. (4) 자영업자들이 많아진다. 노인들이 틈새시장을 노리면서 혼자 살기 위해서 세분화하고 전문화되기 때문이다. (5) 국가가 리더십을 가지고 복지 사업을 주도하면서 노인들이 공동체 사업을 하도록 하면서 생활을 즐길 수 있는 공간이 필요하다.

⑦ 파비엔 구 보디망 회장의 3가지 기초 교육 방법
• 올바른 정보 수집: 정보가 어디서 나왔는지 판단하면서 적합성을 알아본다.

• 과거의 역사적 고려에서 미래를 조망할 수 있는 사고(思考)의 지평을 넓히는 훈련이 필요하다.
• 휴머니즘에 바탕을 둔 공공도덕 교육이 필요하다.

심장병 전문의가 권하는 물 한잔

일정한 시간에 물을 마시면 몸에 미치는 효과가 극대화된다.
1. 취침 전 물 한잔은 혈압을 낮추어 주고 뇌졸중, 심장마비를 예방한다.
2. 목욕 전 물 한잔은 혈압을 낮추어 준다.
3. 식사 30분 전 물 한잔은 소화를 도와준다.
4. 아침에 눈뜬 후 물 한잔은 인체내부기관을 활성화시킨다.
5. 평소에도 노인들은 찬물보다는 따뜻한 물을 마시는 것이 몸에 좋다.
   특히 고기를 먹고 나서는 찬물보다는 따뜻한 물이 소화를 촉진시킨다.

짐 데이토(Jim Dator, ?~?)

미래학(Future study)이란 학문을 처음으로 개척한 선구자인 그는 미국 하와이대학 교수이며 미래 전략센터 소장이다.

2012년 현재 나이는 77세의 고령이다. 1970년 하와이 미래구상 2000년 프로젝트를 이끌며 나아가 아시아 태평양지역의 미래 형상화에 대한 연구를 했다. 1980년~1990년에는 세계미래학 소장으로 동유럽에서 북한 등 사회주의 국가를 순방했다. 그는 일본통이며 한국을 2008년 11월 10일 서울 역삼동에 있는 인터컨티넨털 호텔에서 강연회를 가졌었다. 그가 주장한 내용을 간추리면

① 1960년대에 비틀스를 중심으로 한 영국의 대중음악이 미국시장에 '브리티시 인베이전(Britsh Invasion)'이란 말을 만들어냈던 것처럼 이제는 '한국인 침입(Korean Invasion)'이 시작되고 있다고 한다. 미국 불버그 통신은 '삼성, 현대, LG' 등은 한국 최대의 수출 브랜드지만 실질적인 브랜드는 보아, 소년시대, 슈퍼주니어 등 K-pop 가수들이라고 말했다. 이 짐 데이토 소장은 '정보화' 다음에는 드림 소사이어티(Dream Society: 꿈의 사회)라는 해일이 밀려온다고 말했다. 이 드림 소사이어티는 꿈과 이미지에 의해서 움직이는 사회라고 정의했다. 경제도 '정보'에서 '이미지'로 넘어가는 상상력과 창조성이 국가의 핵심 경쟁력을 만들 것이다. 한국소설 신경숙 씨의 '엄마를 부탁해'는 미국 뉴욕타임스에 베스트셀러에 오르는 등 '문학한류도' 이어지고 있다. 워싱턴 근교인 버지니아 주 센터빌에 있는 한국식 찜질방이

성업 중인데 그 중 거의 절반이 한국인이 아니라는 것이다. 또한 한국가수 싸이는 세계를 흔들어 놓고 있다.

이처럼 드림 소사이어트의 시대는 상품을 파는 것이 아니고 그 상품에 담긴 이미지와 소리 그리고 꿈을 판매하는 것이다.

② 미래는 왜 Dream Society를 선택하는가?

1960년부터 미래학을 연구해온 짐 데이토는 "미래는 모방에서 나오지 않고 혁신으로 미래를 연다." 그리고 "미래는 단순히 예측하는 것이 아니라, 발명하는 것이다."라고 말한다. 또한 가능성이 있는 가설을 세우고 왜 그렇게 될 것인가라는 사실에 대해 데이터를 바탕으로 이론적으로 설명하는 것이다. 그것이 맞는가 하는 것은 시간이 결정한다. 그래서 미래는 예측이 아니라 발명해 나가는 것이다.

일본이 경제가 침체하는 것은 일본이 자기 길을 개척해 나가는 미래를 준비하지 못했기 때문이다. 과거를 생각해보면 1900년도는 조립라인의 발명이 대량생산으로 산업혁명을 가져왔고 20세기 부(富)를 이끌어 왔다. 이런 과정에서 정보화 시대는 새로운 도약의 시대가 왔다. 거기다가 인터넷의 발명으로 지구촌의 정보를 공유하고 있다. 앞으로 후기 정보화시대인 2000년대는 과거의 5천년 역사를 합한 것보다 훨씬 빠른 속도로 미래의 혁명이 올 것이다. 인간은 육체노동이나 힘이 드는 노동은 로버트가 다해낼 것이다.

③ 원하는 사람만이 일하는 핵가족 사회가 올 것이다.

앞으로는 치열한 경쟁이 사라지고 점점 남을 돕는 일을 더욱 적극적으로 할 것이며 지금 서구처럼 기부문화가 확산될 것이다. 개인 집에 대한 관념은 점점 사라지고 신 유목사회가 될 것이고 텐트를 치고 살기를 좋아하고 이리저리 돌아다니면서 여행하며 즐거운 나날을 보내고자 노력할 것이다. 부동산 재벌도 적어지고 인기를 잃어갈 것이다.

④ 미래의 교육 패턴이 바뀐다.

후기정보화 시대인 2000년 초반은 국가교육 목표가 창의성과 문화에 중점을 두게 된다. 명품을 살 때도 상품을 사는 것이 아니라 상품에 담긴 이미지를 구입하는 것에 만족감을 느낀다. 보통 노인들이 가끔 광고를 볼 때 왜 저런 광고가 나오는지 알 수가 없는 경우에도 이미지 광고 때문에 이해를 못하는 경우가 있다. 앞으로 교육도 교실 안에서만 하는 것이 아니라 여러 방면의 다양한 장소에서 이루어진다. 창의성 상상력 문화 예술 체육에 자신을 헌신하는 방법을 배운다. 노인도 가만히 않아 세월만 보내는 것이 아니라 평생교육에 종사해야만 생을 더 아름답게 누릴 수 있다. 사이버대학들이 주를 이루고 스타강사들이 미디어를 통해 혹은 어떤 장소에 가서 수업을 재미있게 하게 되는데 요즘도 회관에나 여러 집단 속에 소속되어 강의를 한다. 대학도 몇 개의 명문대나 특수 대학만 남고 점점 없어 질 것이다. 사이버를 통한 재택근무가 일상적이고 1인 혹은 2인 기업이 생긴다.

⑤ 우리가 준비해야 할 것은?

한국도 미래를 분석하고 예측할 수 있는 국가부서가 있어 전문성을 키워야 한다. 스스로가 미래를 내다보는 시각을 키우고 그 예측을 바탕으로 전략을 수립해야 한다. 미래는 정해있는 것이 아니라 가능성인 것이다. 대중이 공감하는 내용이라면 그것은 이미 현재진행형이지 미래의 것이 아니다.

존 나이스비트(John Naisbitt, 1929~)

존 나이스비트는 1929년생으로 아버지는 스코틀랜드, 어머니는 덴마크 사람이다. 미국 유타주 솔트레이크시티 부근의 조그마한 마을에 태어났다. 아버지는 버스 기사였고, 어머니는 재봉사였다. 그는 정식 박사학위는 없고, 대신 명예박사학위만 15개나 가지고 있다. 앨빈토플러[5]와 함께 미래학 분야에 양대 산맥으로 1982년 '메가트렌드'[6]라는 개념을 세계 최초로 정립한 미래학자다.

그는 하버드대, 코넬대, 유타대를 졸업하고 IBM과 이스트만 코닥의 고위 간부로 활동했으며, 존 케네디 정부 교육부 차관보와 린든 존슨 대통령 특별고문을 지냈다. 하버드대 교수와 모스코바 주립대학 교수를 역임한 바 있고 세계미래회의 이사이다.

그가 제시한 지식, 서비스 사회, 글로벌 경제, 분권화, 네트워크 조직 사회 등의 예측은 지금 대부분 실현되었다.

그가 쓴 『메가 트랜드(Maga Trand)』는 106주 동안 뉴욕 타임스의 베스트셀러 리스트에 계속되어 전 세계적으로 1천 4백만 부 이상 팔렸다.

① 그는 또한 '중국 전문가'로 2009년에는 Maga trand China(메가트랜드 차이나)를 출간했는데, 중국의 정치체제는 수직적 민주주의(Vertical democracy)라는 새로운 대안적인 정치형태며 중국이 급속

---

5) 제2권 56번 참고.
6) Mega Trend: 거대한 흐름 즉 세상을 변화시키는 거대한 흐름.

한 발전을 이룬 8가지 중 하나라고 하였다. 중국 텐진대 안에 '나이스빗 차이나 연구소'를 개설했다가 지금은 청두(成都)로 옮겼다. 한국에도 와서 초청 강연도 했는데 한국기업의 새로운 미래 경영 전략과 비전을 이야기했다.

② 21세기는 3F 즉, 감성(feeling), 가상(fiction), 여성(female)시대인데 주로 이 3F가 주도할 것이다.

그는 하루에 6시간 이상 신문을 읽고 분석하며 신문은 미래를 내다보는 도구이며 특히 경제에 주목하고 있다고 한다. 중국하면 모방을 떠올리지만 중국인은 그간 혁신(innovation)이 있었다. 이게 바로 다음의 메가트랜드다. 서구인들은 이것을 잘 모르고 있다. 다시 말하면 중국은 '모방에서 혁신이다'.

③ 아시아가 다시 태어나다.

고대 4대문명은 메소포타미아, 이집트, 인더스, 황하 문명인데 그 중에서 3개가 아시아 지역이다. 일찍이 정신적인 문화가 꽃피던 아시아는 물질이 세상을 지배하던 19~20세기까지 서양의 식민지화, 전쟁, 경제 속에서 가난과 후진성으로 서양에 훨씬 뒤쳐져 있었다. 하지만 1945년을 기점으로 20세기 아시아의 약진이 서양인을 자극하여 서양인들은 날로 아시아문화를 연구하기 시작하게 되었다. 일본이 세계 제2위 경제대국으로 떠오르자 얼마 있다가 중국이 2위를 가져가면서 세계 2, 3위가 아시아가 되었다. 2030년이 되면 중국이 미국을 앞지를 것으로 보는 사람들이 많다. 세계에서 인구가 제일 많은 중국은 해외에서 활동하고 있는 유명한 재벌, 과학자, 금융인들이 화교의 네트워크에 큰 활약을 한다. 인도는 IT산업의 고급인력이 인도로 회기해서 인도를 도와준다. 아시아의 큰 발전의 하나는 여성인력이다. 앞으로 여성들은 경제 인구로서 소비의 주체다. 거기에 더해 유교, 불교, 도교, 이슬람교 등의 뿌리가 튼튼한 정신문명은 미래의 메가 트렌드가 되는 것이다.

④ 유럽은 역사 테마공원이다.

미래에는 전 세계가 사이버를 통해서 하나로 통합해서 모든 인류가 사이버로 접속하는 인류 매트릭스의 시대가 온다. 그러나 이러한 사이버 접속을 거부하고 20세기 문화를 고수하는 보수주의자들이 세상과 등지고 살고자 하는 족속을 역사 테마파크로 여길 것이다. 이런 가능성이 있는 것이 유럽 연합 EU연합이다. 유럽 복지제도를 유지하기 위해서 높은 세금을 면제 받으려는 실직자로 남는 것이 더 낫다고 한다면 사회보장은 이루어 낼 수 없다. 유럽이 통합해서 억지 평준화를 만들어 내면 전체적으로는 손해를 보게 되니 과잉복지 모델은 수정해야 한다. 그렇지 않으면 역사테마가 된다.

⑤ 물질과 정신이 공존하는 바람직한 미래로 만들어야 한다.

과학이 발달하여 물질이 풍요로워지면 인간정신은 나태하기 쉽다. 그래서 정신에 도움을 줄 수 있는 수련 운동이나 종교 대체의학 생명공학의 발전으로 복제인간과 인조인간이 생길 것이니 많은 가치관이 재정립되어야 한다. 인간은 육체와 정신을 공존하는 사회가 진정한 유토피아의 건설일 것이다.

쉬어갑시다.

민주주의는 다수의 마음대로 하는 것이 아니라, 많은 사람들의 지지를 받아서 뽑힌 권력도 견제(牽制)받고 균형(均衡)을 유지할 수 있도록 스스로 시스템을 만들어 나가는 것이 본질이다.

— 프랜시스 후쿠야마

권력의 견제 장치를 해야 한다는 말이다. 부적절한 사람을 등용시켜 정부의 요직을 맡기게 되면 부패의 고리가 형성되어 나중에는 줄줄이 그 진상이 세상에 밝혀져 사회에 엄청난 파장을 몰고 온다.
그래서 정파와 관계없이 유능한 인재를 발굴해서 등용해야만 건실한 정부가 된다는 요지이다.

하인호(1939~2010)

　　하인호 교수는 1979~1981년 미국 피치버그 대학 유학 중에 미래 프로젝트에 참여하면서 미래학을 본격적으로 연구했다. 그 후에 미래학 연구를 하면서 강의를 해왔고, 1995년 국내에서는 처음으로 미래학 기관인 '한국미래학연구원'을 설립해서 기업을 대상으로 미래경영 자문을 해왔다. 하 교수는 피치버그 대학 박사학위 전공으로는 고등교육과 부전공으로는 미래학이다. 한양대학교에서 교수로 재직하다가 퇴임해 72세로 생을 마감했다.

　　미래학은 미래의 어느 시점에서 일어날 사건에 대한 단순한 진술이라고 할 수 없고, 많은 가능성 중에서 최적의 선택을 할 수 있도록 도와주는 예측(forecasting)의 과학이다. 데이터를 바탕으로 다양한 연구와 실험을 통해서 자료를 만들고, 그것을 기초로 하며 분석하는 진정한 과학적 학문이다. 따라서 미래학에 다루는 선택적인 미래일 뿐만 아니라 선택적인 미래를 가능하도록 돕는 것이다.[7]

*21세기의 중심으로 떠오르는 한국

① 2040년까지는 한국과 중국, 인도가 세계경제를 이끄는 국가로 쌍두마차를 끌고 갈 것이다. 하 교수는 21세기 아시아가 급부상하면서 아시아의 각종 종교연합이란 인류의 정신적 통합이란 기치아래

---

7) 하인호 교수의 요점정리.

불교, 유교(종교는 아니지만) 기독교, 이슬람교 단체들이 연합해서 정신문화 연합체를 구성한다.

② 24시간 사이버 직장
한국은 세계 최고령 국가 중 하나가 될 것이다. 2030년~2035년은 평균 수명도 120세로 연장되고 20세 이하는 20%에 불과할 것이라고 한다.

③ 시장이 세분화되고 개인의 기호에 따라 시장이 활성화된다.

*21세기 Two W (투더블유)권의 시대가 온다.

하 교수는 동양인의 관점에서 볼 때 투 '더불유권'이란 한반도와 중국을 이어 주는 해안선을 하나의 'W'와 인도차이나 반도와 인도를 이어주는 해안선을 또 하나의 'W' 보는 개념으로 한국에서 인도까지 연결하는 아시아 지역을 뜻한다. 중동이 개방하지를 않아 인도에서 회전해 버린다.

과거는 서양인 미국이 기회의 땅이었지만, 미래는 투 더불유권이 기회의 땅이 된다고 하는 것은 정신문화를 형성하는 사회로 발전시킬 수 있는 투 더불유권이 세상을 변화시키는 거대한 흐름인 메가트렌드의 중심이 한국이다. 아시아에서 중국은 세계의 공장으로 투자 열기가 가속화되고 인도는 IT 전문 인력으로, 한국은 IT 인프라가 세계 1위이며 첨단산업에 두각을 나타내고 있다. 반면, 일본은 1990년부터 경제가 퇴보되어 가고 세대교체가 본격적으로 이루어지면 2020년 이후는 경제가 회복될 것이다.

*한국이 발전 가능할 수 있는 장점 7가지

① 2015년에는 해외동포 거주국이 180개국이나 되는 점에서 우리 상

품이 해외로 많이 팔릴 수 있을 것이다.

② 한국어가 세계 공용어로 점차 확대되어 가는 추세로 가면서 언어 산업도 발전할 것이다.

③ 한류(韓流)가 동서양을 결합해서 글로벌문화로 성장해 본격적인 글로벌 활동을 전개할 것이다. 1960년도 미국, 영국을 강타한 히피족이 유행하듯이 2010년부터 아시아는 물론 유럽을 강타한 K-POP 등은 세계를 놀라게 하고 있다. 뿐만 아니라 IT, 연극, 체육, 미술, 영화 등이 본격적인 활동을 할 것이다.

④ 한국은 OECD 국가 가운데 국가별 수출에서 IT산업은 최고수준이다.

⑤ 한국은 현재 초고속 정보사회와 고학력사회로 진입하였으며 OECD 국가 가운데서 세계 초고속 인터넷 보급률은 상위권에 있다.

⑥ 한국은 고학력사회에 진입하여 근면한 국민성에 높은 교육률과 대학진학률은 일본이나 미국보다 더 높다는 점을 늘 수 있다.

⑦ 앞으로 직장은 재택근무로 바뀌면서 실업문제는 점차적으로 줄어질 것이다.

*하인호 교수는 1995년 국내 최초의 민간 연구소인 「한국 미래학 연구원」을 창설했다. 향년 72세로 2010년 12월 22일 그 생을 마감했다.

제4장

가려 뽑은 우리 속담

- 속담을 들어보면 그 나라의 민심과 국민성을 알 수 있다.
- 가난도 스승이다.
- 가는 년이 물 길어다 놓고 갈까
- 가는 말에 채찍질한다.
  (더 잘할 수 있도록 독려한다)
- 감기 고뿔도 남 안 준다.
- 갖바치 내일 모레 하듯 한다.
  (옛날 가죽신 만드는 사람이 약속을 어기는 것에서 나오는 말이다)
- 개꼬리 3년 두어도 황모되지 않는다.
  (타고난 태생은 어쩔 수 없다)
- 개미가 절구통 물고 간다.
  (사람이 합심하면 못할 것 없다)
- 게으른 놈과 거지는 사촌이다.
- 고래는 연못에서 살지 않는다.
- 광에서 인심난다.
- 구멍은 깎을수록 커진다.
  (잘못된 일이 더 커진다)
- 구멍을 보아 말뚝을 깎는다.
  (형편을 보아 가면서 준비한다)
- 기운이 세면 소가 왕 노릇 하지!
- 기와 한 장 아껴 쓰다가 대들보 썩는다.
- 꿀 먹은 벙어리 같다.
- 나무도 고목되면 오던 새도 아니 온다.
- 남의 논에 물대준다.
- 내일의 천자보다 오늘의 재상
- 내 물건이 좋아야 값을 받는다.
- 내 딸이 고와야 사위를 고른다.
- 다니던 길을 믿는다.
- 달도 차면 기운다.
- 대장장이 집에 식칼이 없다.
- 뚝배기보다 장맛이 좋다.
  (겉으로 보기와는 다른 진짜 맛)
- 마음이 있어야 꿈을 꾸지요.
- 먼저 온 자가 고기 먹고 나중에 오는 자가 국물을 마신다.
- 망치가 가벼우면 못이 뜬다.

(윗사람이 물으면 아랫사람이 오히려 대든다)
- 멧돼지 잡으려다 집돼지 잃는다.
- 모두에게 맞는 옷은 없다.
- 목수 많은 집이 기울어진다.
- 못생긴 며느리 제삿날 병난다.
- 못 입어 잘난 놈 없고, 잘 입어 못난 놈 없다.
- 무쇠도 갈면 바늘이 된다.
- 물과 불과 악처는 3대 재액
- 물은 건너보아야 알고, 사람은 지내봐야 안다.
- 바쁘게 찧는 방아에도 손 놀 틈이 있다.
- 범 없는 골에는 토끼가 스승이다.
- 병든 놈 두고 약 지으러가니 약국도 두건 썼더라.
- 부처님한테 설법한다.
  = 공자 앞에서 문자 쓴다.
- 불난 집에 부채질한다.
- 불 없는 화로, 딸 없는 사위
- 뿌리 없는 나무에 잎이 나랴!
- 뿌리 깊은 나무 가뭄 안 탄다.
- 비가 많이 온다고 풍년 들더냐!
- 사나운 새는 떼 지어 다니지 않는다.
- 사람은 옛 사람이 좋고, 옷은 새 옷이 좋다.
- 새도 가지 보고 앉는다.
- 새우 그물에 잉어가 걸렸다.
- 소가 크다고 왕 노릇할까!
  (덩치가 크고 힘만 있다고 장이 되는 것이 아니고 머리가 좋아야 일 처리를 잘한다)
- 여자 셋이 모이면 접시가 깨진다.
  (요즘은 여자 셋이 모이면 집안 망신을 시킨다)
- 여우가 밉다고 늑대를 부를까. 차라리 호랑이를 부르지.
- 울고 싶은데 뺨 때린다.
- 죄는 지은 대로 가고 덕은 쌓은 데로 간다.
- 지옥에도 부처가 있다.
  (절망 속에서도 길은 있다)
- 지게 지고 벌어 놓은 재산, 갓 슨 아들이 다 써 버린다.
  (아버지가 힘들게 모은 재산을 아들이 다 탕진 해 버린다)
- 책망은 몰래하고 칭찬은 알게 하라.

- 큰 북에서 큰 소리 난다.
- 포수 집 강아지 범 무서운 줄 모른다.
  (주인만 믿고 덤벼든다)
- 하루살이 불보고 덤비는 듯하다.
- 하룻강아지 범 무서운 줄 모른다.
- 한 섬 빼앗아 백 섬 채운다.
- 호랑이도 제 굴을 찾아온 토끼는 안 잡아먹는다.
- 효자 집에 효자 난다.
- 황소 뒷걸음치다가 쥐 잡는다.
  (생각밖에 얻은 좋은 수확)
- 봄날 일은 며느리 내보내고, 가을 거지 일은 딸 내보낸다.
  (가을의 햇볕은 봄날의 햇볕보다 강하지 않고 짧기 때문이다. 친딸을 더 생각한
  다는 말이다)
- 좁쌀 하나가 100번 굴러도 호박 한 번 구르는 것만 못하다.

명의 제지 돌팔이 의사가 사람을 죽이다.

옛날에 어느 명의가 자기 부친이 해수병(咳嗽病)에 걸려 있는데 이 명의의 제자는
이상하다고 생각했다. 고명하신 의사가 자기 아버지 해수병을 치료하지 않는가
생각하고 있었다. 그러자 스승이 멀리 출장을 가서 며칠 자리를 비우는 차에 제자
가 스승님의 부친의 해수병을 치료하고 스승님이 오시기를 기다리며 내심 기분이
좋아서 자랑하고 싶었던 것이다. 스승이 돌아오자 아버님의 병이 나아진 것을 보
고 오히려 제자에게 화를 내면서 왜 이런 처방을 해서 병을 낳게 했느냐고 야단을
쳤다. 이 병은 천천히 오랫동안 치료를 하고 있는 과정인데 한꺼번에 약을 써서
결국은 오래 살지 못하고 스승의 아버지는 세상을 떠나게 했다.
이 이야기는 약은 함부로 처방하는 것이 아니고 병에 따라 천천히 치료하는 것도
있음을 가리키는 것이다. 선무당이 사람 죽이는 격이 된 것이다. 의사는 이런 저
런 경험을 통해서 명의가 될 수도 있지만 스승에게 배움이 더 중요하다는 것이다.
그래서 말하지 않는가? "전쟁터에서 적을 죽이는 병사보다 의사가 더 많이 사람
을 죽인다고."

명의 제자 돌팔이 의사가 사람을 죽이다.

옛날에 어느 명의가 자기 부친이 해수병(咳嗽病)에 걸려 있는데 이 명의의 제자는 이상하다고 생각했다. 고명하신 의사가 자기 아버지 해수병을 치료하지 않는가 생각하고 있었다. 그러자 스승이 멀리 출장을 가서 며칠 자리를 비우는 차에 제자가 스승님의 부친의 해수병을 치료하고 스승님이 오시기를 기다리며 내심 기분이 좋아서 자랑하고 싶었던 것이다. 스승이 돌아오자 아버님의 병이 나아진 것을 보고 오히려 제자에게 화를 내면서 왜 이런 처방을 해서 병을 낳게 했느냐고 야단을 쳤다. 이 병은 천천히 오랫동안 치료를 하고 있는 과정인데 한꺼번에 약을 써서 결국은 오래 살지 못하고 스승의 아버지는 세상을 떠나게 했다.

이 이야기는 약은 함부로 처방하는 것이 아니고 병에 따라 천천히 치료하는 것도 있음을 가리키는 것이다. 선무당이 사람 죽이는 격이 된 것이다. 의사는 이런 저런 경험을 통해서 명의가 될 수도 있지만 스승에게 배움이 더 중요하다는 것이다. 그래서 말하지 않는가? "전쟁터에서 적을 죽이는 병사보다 의사가 더 많이 사람을 죽인다고."

제5장

중국고전

사서삼경(四書三經)과 사서오경(四書五經)

사서삼경에서 사서는 『논어(論語)』, 『맹자(孟子)』, 『대학(大學)』, 『중용(中庸)』이고, 삼경은 『시경(詩經)』, 『서경(書經)』, 『주역(周易)』이다.

사서오경에서 사서는 『논어』, 『맹자』, 『대학』, 『중용』이고, 오경은 『시경』, 『서경』, 『역경』, 『예기』, 『춘추』이다.

사서는 송(宋)나라 때 주희가 『논어』, 『맹자』, 『대학』, 『중용』을 편정한 것이다. 오경은 한(漢)나라 때 『시경』, 『서경』, 『역경』, 『예기』, 『춘추』를 오경이라 했다. 주로 공자 이전에 있었던 책인데 후에 공자가 손을 보았던 흔적이 있다.

저자가 중국 유학시절에 학생들에게 사서삼경이라고 했는데 그들은 사서오경이라고 말한 적이 있었다.

논어와 맹자는 제자백가에서 나와 있으므로 『대학』, 『중용』과 오경인 『시경』, 『서경』, 『역경』, 『예기』, 『춘추』에서 그들의 생애와 명언을 뽑아 놓았다.

십삼경(十三經)은 유교에서 가장 중요한 경서다. 『역경(易經)』, 『서경(書經)』, 『시경(詩經)』, 『주례(周禮)』, 『예기(禮記)』, 『의례(儀禮)』, 『춘추좌씨전(春秋左氏傳)』, 『춘추공양전(春秋公羊傳)』, 『춘추곡량전(春秋穀梁傳)』, 『논어(論語)』, 『효경(孝經)』, 『이아(爾雅)』, 『맹자(孟子)』의 13종이다. 이들의 경서는 각기 해당학파에 따라 별도로 발달한 것이지만, 후에 유교를 통괄적으로 파악하려는 의도가 생겨서 '13경'이란 이름이 되었다.

『시경(詩經)』

1. 『시경』 알기

『시경』은 유교 기본 경서인 오경(五經)의 하나로 중국 고대 시가를
모은 책이다. 지금으로부터 약 2천 5백여 년 전에 중국 각 지방에서
유행하던 노래의 가사들을 모아놓은 것으로 가장 오래된 시가집이다.

반고(班固)의 『한서예문지(漢書藝文志)』에 의하면 옛날 조정에서는
채시관(採詩官)이 시(詩)와 각 지방에 유행하던 시가(詩歌)를 모아 태사
(太師)에게 바치면 태사는 그것을 음악으로 만들어서 군주에게 준다.
임금은 이것을 보고 민심의 동향을 살펴서 정치의 잘못을 알아 올바
른 행정을 했다. 시를 수집하는 일은 위로는 채시관, 아래로는 농한기
에 자식이 없는 부인과 노인들도 수집하는 데 동참했다고 한다. 이
수가 무려 3천여 개나 되었는데 공자가 이중에서 305편을 모아 지금
의 『시경』이 되었다 한다. 이렇게 시를 추려낸다는 뜻을 가진 것이
산시(刪詩)설이다.

시의 구성은 주(周)나라 초기인 BC 11세기부터 춘추시대 중기인
BC 6세기까지의 시가 305편을 모은 것 중에 풍(風), 아(雅), 송(頌)의
3가지로 분류되었는데, 풍(風)은 각국의 민요이고, '雅'는 조정에서 사
용하는 종묘(宗廟)이거나 궁중 아악(雅樂)이며, '頌'은 주로 종묘의 제
사에 사용하는 장수 기원문 같은 것이다. 위로는 임금으로부터 서민
에 이르기까지 각계 각층에 다 있다. 시경은 교묘하게 비유를 해서
사람들을 풍자한 내용도 많다. 춘추시대와 같은 복잡한 국제관계를

원활하게 수습하기 위해서 어느 한 부분만 인용도 했는데, 소위 단장취의(斷章取義)하고, 격언이 시경으로부터 제공되기도 했다.

2. 『시경』의 명문·명언

(1) 我心匪鑒 不可以茹 (邶風 柏舟)
  아 심 비 감 불 가 이 여

내 마음은 거울이 아니라서 남의 속을 비추어 볼 수 없다.
내가 어찌 다른 사람의 마음을 비추어 볼 수 있으리오.
  이 시는 남편의 사랑을 받지 못하는 부인의 심경을 그린 것이다.

(2) 一日不見 如三月兮 (王風 采葛)
  일 일 불 견 여 삼 월 혜

하루를 못 본 것이 3개월 못 본 것 같다.
  남녀의 애정이나 남과 서로 못 만남을 표현하는 것. 一日 如三秋란 말도 여기에서 나왔다.

(3) 穀則異室 死則同穴 (王風 大車)
  곡 즉 이 실 사 즉 동 혈

살아서는 각 방을 사용하더라도 죽어서는 무덤을 함께 하리라.
남편의 죽음을 애석하게 생각하는 아내의 마음.
  穀: 살아 있는 동안
  살아 있을 때는 당신의 훌륭함에 감히 같이 살 수는 없지만 죽어서는 같은 무덤에 묻히고 싶어요.

(4) 與子偕老 琴瑟在御 莫不靜好 (鄭風 女曰鷄鳴)
  여 자 해 로 금 슬 재 어 막 불 정 호

그대와 함께 늙으리. 당신과 함께 늙을 때까지 살겠어요. 금슬이 옆에 있으니 조용하고 편안하지 않을 리 없지요.
  子: 남자의 뜻.
  偕老: 함께 늙다.
  偕: 함께 해
  혼인한 남자가 자신의 신부가 꽃처럼 예쁜 것을 노래함.
  강가에 있는 시골집에서 편안하게 부부 금슬이 좋은 노래다.

(5) 碩鼠碩鼠 無食我黍 (魏風 碩鼠)
  석 서 석 서 무 식 아 서

큰 쥐야 큰 쥐야 내 기장을 먹지 마라.
  碩: 클 석
  黍: 기장 서=麥

백성에게 세금을 징수하는 관원에게 하는 말.

과중한 세금을 부과해 백성들이 다른 나라로 이주하려는 심정의 노래.

(6) 如彼築室于道謀 (小雅)
　　여 피 축 실 우 도 모

저 집을 지으면서 길가는 사람과 상의하는 것과 같다.

목수도 아닌 엉뚱한 사람과 집을 짓는 데 상의하는 것은 무식한 소치이다. 식견도 없는 사람에게는 아무런 도움을 줄 수가 없다는 뜻이 있다.

(7) 無易由言 耳屬于垣 (小雅)
　　무 이 유 언 　이 속 우 원

말 성이 될 만한 말을 하지 마라. 타인의 귀는 근처 담에도 붙어 있다.

由言: 다른 것과 관련되어 있는 말

垣: 담 원

남의 말을 함부로 하지마라 소인배들이 듣고 전한다.

(8) 相疲投兎 尙或先之 (小雅 小弁)
　　상 피 투 토 　상 혹 선 지

다른 사람에게로 달려온 토끼를 보면 오히려 토끼를 먼저 탈출시켜라.

작은 짐승도 구원 요청이 오면 잡지 말고 놓아 주는 것이다.

지금도 국제관계에서 이런 탈출한 난민을 도와주는 경우도 마찬가지이다.

이 시는 유왕을 비방하는 것인데 태자를 키우는 태자부(太子附)가 지었다.

(9) 魚在于渚 或潛在淵 (小雅)
　　어 재 우 저 　혹 잠 재 연

물고기는 물가에 있기도 하고 혹은 깊은 못 속에 숨어 있기도 한다.

渚: 물가 저

潛: 잠길 잠

작은 물고기는 물가에서 눈에 띄지만 큰 물고기는 깊은 곳에 있어 보이지 않는 것처럼 현자는 가볍게 세상에 나타나지 않는 것이다.

(10) 君子屢盟 亂是用長 (小雅 巧言)
　　군 자 루 맹 　난 시 용 장

군자가 자주 맹약을 하면 난리가 더 커진다.

요즘은 대통령이나 수상이 공약을 지킬 것을 맹세하고 나서는 지키지 않고 신의를 저 버리는 것과 같은 것이다. 그러면 국민들은 불신한다.

군주로서 참언(讒言)에 농락당하는 것을 비방한 글이다.

(11) 老馬反爲駒 不顧其後 (小雅 巧言)
　　노 마 반 위 구 　불 고 기 후

늙은 말을 오히려 망아지라 하는데 그 후에 있을 일은 돌아보지도 않는구나.

駒: 망아지 구.

젊음이 있으면 다음에 늙음도 온다. 소견 좁은 젊은이에게 주는 말이다.

군주가 친척 사이를 옳게 다스리지 못하여 불화한 관계로 앞으로 어떤 불운이 닥칠 것을 경계한 노래다.

(12) 他山之石 可以功玉 (小雅 巧言)
　　　타 산 지 석　가 이 공 옥

남의 산에 있는 돌이 나의 구슬을 다듬는 데 쓰이는 듯, 남의 하찮은 언행이라도
자기의 지덕(知德)을 닦는 데 도움이 된다.

(13) 天之方蹶 無然泄泄 (大雅 板)
　　　천 지 방 궐　무 연 예 예

하늘이 곧 움직여 무너지려고 하니 그렇게 꾸물대지 마시오.

나쁜 정치를 하면 곧 천벌이 내릴 것이라는 예시이다.

蹶: 무너질 궐

泄泄: 꾸물거리다

범백(凡伯)이 여왕(厲王)을 비방한 노래라 전한다.

쾌도난마(快刀亂麻)

북제서(北齊書)에 나온 말로 남북조시대의 고환(高歡)은 북제(北齊)의 창시자다. 여러 아들 중 한 아들에게 왕위를 계승하려고 하는데, 누가 가장 훌륭한가를 시험해 보기로 했다. 그 방법은 헝클어진 삼타래를 하나씩 주어 풀어내도록 했다. 다 풀어내는 데 열을 올리고 있는 중, 한 아들 고양(高洋)이 한칼로 헝클어진 삼타래를 싹둑 잘라 버렸다. 고환이 이를 목격하고 놀랐다. 아들 고양이 난자수참(亂者須斬)해야 한다고 말했다. 그 뒤 아들 고양이 문선제(文宣帝)가 되었는데, 폭군이 술자리에서 술김에 사람을 죽이기 때문에 중신들은 사형수를 문선제 옆에 두었다 한다.
이 뜻은 두 가지로 쓰이고 있다.

1. 백성을 참혹하게 다스린다.
2. 어려운 일을 시원스럽게 처리한다.

지금은 오히려 제2의 뜻으로 많이 쓰인다.
서양사에서는 Ockham's Razor(오캄의 면도날)이란 말이 있다. 오캄의 이름을 따서 붙이게 되었다.
이 오캄의 면도날은 불필요하게 복잡한 언명(言明)을 제시하지 말라는 뜻이다. 단순한 것일수록 뛰어나다는 뜻이 되기도 한다.
어떤 사실에 두 가지 이상의 가설이 있을 때, 이 중 가장 단순한 사실을 선택하고, 나머지는 배제하는 사고의 하나다. 지동설 지지자들이 천동설을 부정하는 데도 사용한다.

『서경(書經)』

1. 『서경』 알기

　『서경』은 유가(儒家)의 기본 경전으로, 옛 성왕들의 정치 기록의 집대
성인 역사서이다. 오경(五經)의 하나로 처음에는 다만 서(書)라고 불리다
가 한(漢)대에 이르러서는 『상서(尙書)』라고 불리었으며 송(宋)나라 이후
에 『서경』이라 불렀다.

　『서경』은 본래 하(夏), 은(殷), 주(周)나라의 사관(史官)이나 사신(史臣)
들이 쓴 3천여 편이 있었으나 공자가 백여 편으로 정리했다고 하는
것이 전해온 주장이지만 확실치는 않다. 현재의 『서경』은 58편인데,
그중 33편은 금문(今文)이고 예서체(隷書體)로 되었다. 나머지 23편은
동진(東晋)시대의 매색(梅賾)이 쓴 것은 위고문(僞古文)이라고 해서 버
리는 사람도 있지만 훌륭한 기록도 많이 있어 다 버려서는 안 된다는
논리가 지배적이다

　고문상서(古文尙書)는 노나라의 경제(景帝) 때 공왕(恭王)이 공자의
옛 집터를 헐었을 때 발견한 것으로, 진나라 문자로 쓰인 것을 『고문
상서』라고 한다.

　『서경』은 『우서(虞書)』, 『하서(夏書)』, 『상서(尙書)』, 『주서(周書)』로
분리되었고, 요순(堯舜)시대부터 진나라 목공(穆公)시대까지 정치사 및
정교(政敎)를 기술한 것이다.

　『서경』은 중국 고대의 역사를 아는 데 있어서 가장 귀중한 사료이다.
그 문체는 전(典), 모(謨), 훈(訓), 고(誥), 서(誓), 명(命)의 6가지 나누어져

있으며 전(典), 모(謨), 훈(訓) 등은 훈계하는 말과 격언이 많이 있다.

2. 『서경』의 명문·명언

(1) 明試以功 (舜典)
명 시 이 공

명확히 알려면 그 공을 보면 안다.

> 사람의 인물을 확실하게 알려면 그 삶이 행한 행적을 보면 잘 알 수 있다. 이런 제도의 한 가지로 요즘은 정부 고위직을 임명할 때의 청문회가 있다. 그런데 한때 우리나라에서는 추천한 인물들을 보면 과거의 행적이 일반국민이 볼 때는 낙제 점수를 받은 사람들이 많다. 그 공적의 행적은 오히려 보통 시민보다 훨씬 못 미치고 있다는 점이 아직은 아쉬운 점이 많다.
>
> 이후로는 더 나아질 것이라고 기대하면서…….

(2) 闢四門 明四目 達四聽 (舜典)
벽 사 문   명 사 목   달 사 청

네 곳의 문을 열고, 사방의 눈을 밝히고, 사방을 듣는 귀를 통하도록 했다.

闢: 열 벽

> 사방의 문을 열고, 현명한 인제를 널리 기용하면서 눈과 귀를 어디서나 보고 들을 수 있도록 하는 것이다. 정실 인사나 보은 인사를 택하는 일도 없어야 한다. 그래야만 국정을 잘 운용할 수 있다는 것이다. 나라일꾼을 선출하는 정실 인사는 위나라 조조(曹操)처럼 도덕적으로 타락한 사람을 추천해서는 안 된다는 것이다.

(3) 不虐無告 不廢困窮 (大禹謨)
불 학 무 고   불 폐 곤 궁

힘이 없는 자를 학대하지 말고, 가난한 사람을 버리지 마라.

> 몸이 약한 노인, 과부, 고아, 병자, 어린아이 들을 학대하지 말고 가난한 사람을 버리지 마라. 순(舜)임금의 말이다.

(4) 任賢勿貳 去邪勿疑 (大禹謨)
임 현 물 이   거 사 물 의

일단 현명한 자를 임명했으면 의심하지 말고, 간사한 자를 내치는 데 주저하지 마라.

邪: 간사할 사.

> 처음에 잘 살펴보고 임명했으면 의심하지 말고 맡겨라. 간사하고 부정한 행위를 한 자는 주저하지 말고 내쳐라.

(5) 疑謀勿成 (大禹謨)
의 모 물 성

계획된 일이 의심스러우면 실행하지 마라.

> 대업을 계획할 때는 의심스러운 일이 있으면 하지 말아야 한다. 하다가 중단하는 일이 없어야 한다. 얼마나 국가의 혈세를 낭비할 것인가를 위정자는 알아야 한다. 그러기까지는 사전 검토와 여론 수렴이

있어야 하고 전문가와 소통을 해야지, 불통이 된다면 독재자의 멍에를 뒤집어 쓸 수 있을 것이다.

(6) 罔違道 以千百姓之譽 罔咈百姓以從己之欲 (大禹謨)
<small>망 위 도 이 천 백 성 지 예 망 불 백 성 이 종 기 지 욕</small>

정치의 정도에 위반하면서까지 억지로 백성의 호감을 사려고 생색을 내지 말지어다.

罔: 그물 망, 굴레, 無나 不의 뜻

咈: 어길 불, 아니 불

정치의 도의에 어긋나면서까지 백성들의 호감을 얻으려고 하는 정치는 길거리의 약장사와 같은 것이니 백성을 속이는 것이 아닌가! 후에 다 국민들이 평가하고 역사에 기록이 길이 남을 것이다.

(7) 罔水行舟 (益稷)
<small>망 수 행 주</small>

물이 없는 곳에 배를 띄운다.

罔=無=不

억지 부리지 말고 가능한 일을 하라는 우임금이 순임금께 하는 말이다.

(8) 元首明哉 股肱良哉 庶事康哉 (益稷)
<small>원 수 명 재 고 굉 양 재 서 사 강 재</small>

나라 임금님이 현명하면 신하들도 어질어 모든 일들이 편안할 것이다.

股肱: 팔 다리 같은 신하를 가리킨 말

임금님이 밝고 투명한 정치를 하면 신하들도 이질게 되이 모든 일이 편안할 것이다. 윗물이 교와야 아랫물도 맑은 법이다. 그 물에 노는 물고기라는 말이 돼서는 안 된다.

(9) 民惟邦本 本固邦寧 (五子之歌)
<small>민 유 방 본 본 고 방 녕</small>

백성은 나라의 근본이요, 근본이 든든하면 나라가 바로 선다.

백성이 나라의 근본이다. 백성이 있어야 나라가 있다. 나라가 안정하려면 백성을 평안하게 할 의무가 있다. 어느 때나 수상이나 대통령도 백성을 무시하며 군림해서는 안 된다.

(10) 人惟求舊 器非求舊惟新 (盤庚上)
<small>인 유 구 구 기 비 구 구 유 신</small>

사람은 옛 사람이요, 그릇은 옛 것을 구함이 아니고, 새것을 쓰는 것이다.
사람은 오랜 사람일수록 좋고, 그릇은 새 그릇을 구한다.

(11) 惟木從繩則正 后從諫則聖 (說命上)
<small>유 목 종 승 즉 정 후 종 간 즉 성</small>

나무는 먹줄을 따르게 되면 반듯하고. 임금은 간언을 따르면 성스러워진다.

繩: 줄 승

后: 임금 후

諫: 간할 간

나무는 먹줄 대로 따르면 반듯하게 자르고 임금은 신하들이 간언을 따라야 훌륭한 임금이 된다. 간언을 잘 들어야 민의를 반영할 수 있기 때문이다.

(12) 非知之艱 行之惟難 (說命中)
　　　비 지 지 간　행 지 유 난

알기가 어려운 것이 아니라, 행동하는 것이 어렵다.

　알았으면 실천해야 하고 행동으로 옮겨야 한다.

(13) 時哉弗可失 (泰誓上)
　　　시 재 불 가 실

시기를 놓쳐서는 안 된다.

　무왕의 말이다.

　좋은 기회를 놓치지 않아야 한다. 기회는 늘 오는 것은 아니기 때문이다.

(14) 五福: 一曰壽, 二曰富, 三曰康寧, 四曰攸好德, 五曰考終命 (洪範)
　　　오 복　일 왈 수　이 왈 부　삼 왈 강 녕　사 왈 유 호 덕　오 왈 고 종 명

오복이란 첫째는 수명이요, 둘째는 부자로 사는 것, 세 번째는 건강하고 마음이 편
안해야 하며, 넷째는 도덕을 좋아하면서 즐기고. 다섯째는 천수를 다는 것이다.

(15) 人無於水監 當於民監 (酒誥)
　　　인 무 어 수 감　당 어 민 감

사람은 물에서 거울로 삼지 않고, 마땅히 백성에서 거울로 삼아야 한다.

　물에 비치는 모습 보다는 백성들에게서 참다운 자기의 모습과 능력을 알아 보아야 한다. 이 주고(酒誥)
　편에서는 술을 삼갈 것을 그 취지로 했기 때문에 주고(酒誥)라고 했다.

『역경(易經)』

1. 『역경』 알기

　『역경』은 오경(五經)의 하나이며, 유교의 경전이다. 주역(周易) 또는
역(易)이라고 하는데 '易'은 본래 점치는 데 사용했으며 점복(占卜)을
위한 원전이다. 『역경』은 복희씨(伏犧氏)가 처음 8괘(八卦)로 나누는
것을 신농씨(神農氏)가 64괘로 나누고 주(周)의 문왕(文王)이 괘(掛)에
대한 사(辭)를 계(繫)하여 역(易)란 이름이 생기고 나서 아들 주공(周公)
이 효사(爻辭)를 지은 뒤에 지었고, 공자가 다시 10익(翼)을 지었다고
하나 다른 설이 분분하다. 이렇게 점차로 『역경』이라고 부르면서 인
간 처세의 지혜의 지침이나 교훈서가 되었다. 인간이 살아가는 데 길
흉을 예시해보는 것인데, 흉(凶)을 물리치고 길(吉)한 일을 잡는 처세
이며 나아가서는 우주론적 철학이다.

　'주역'이라는 말은 주나라의 역(易)이란 말이고 주역이 출현하기 전
에도 하(夏)나라 때 연산역(連山易)이나, 상(商)나라의 귀장역(歸藏易)이
라는 역서가 있었다 한다. 역(易)이라는 뜻은 변역(變易)이란 말인데
'바뀐다', '변한다'이다. 이러한 원리는 천지만물이 끊임없이 변화하는
자연 현상의 원리를 해설하는 것이다.

　더 나아가 역(易)에는 이간(易簡), 변역(變易), 불역(不易)의 3가지 뜻
이 있다. 즉, 이간은 자연 현상이 끊임없이 변하면서 평이하다는 우주
만물의 덕이라는 뜻이다. 변역은 천지 만물이 가만히 멈추어 있는 것
같으나 변화하고 그 속에서 양(陽)과 음(陰)의 기운이 변화한다는 현

상으로 설명하고, 불역(不易)이란 모든 현상은 변화는 하나 그런 현상은 항구불변의 법칙에 따라서 변하지만, 그 법칙 자체는 변치 않는다는 것이다. 그러나 시대에 따라서 해석도 여러 가지로 다른 점이 있다. 송대(宋代) 정이천(程伊川)의 역전(易傳)과 주자의 전의본(傳義本)은 서로 다른 해석을 하고 있다. 주역(周易)의 형성은 8괘와 64괘, 그리고 괘사(掛辭), 십익(十翼)으로 되어 있는데, 이것을 전(傳)이라 한다.

2. 『역경』의 명문·명언

(1) 非禮弗履 (大壯 象傳)
　　비 례 불 이
예의가 아니면 행하지 않는다.

　不=非
　군자는 난폭하지 않고 겸손하며 예의에 벗어나지 않는다.

(2) 男女正 天地之大義也 正家而天下定矣 (家人 象傳)
　　남 녀 정 천 지 지 대 의 야 　 정 가 이 천 하 정 의
　남녀가 각각 바른 위치를 지키고 협력함은 하늘과 땅의 가장 올바른 도리이며, 집안을 올바르게 다스려야 비로소 천하가 안정된다.

(3) 損上益下 民悅无疆 (益 象傳)
　　손 상 익 하 민 열 무 강
위를 깎아 내리고 아래를 더해주니 백성들은 더할 나위 없이 기뻐한다.

　无=無
　悅: 기쁠 열
　疆: 끝, 한계
　군주가 백성들을 고루고루 전체를 부유하게 하는 정책에 무한이 기뻐한다는 것이다. 요즘 말로는 분배를 잘하여 국민 복지향상에 힘을 쓴다는 논리에 해당하겠다.

(4) 日中則昃 月盈則食 (豊 象傳)
　　일 중 즉 측 월 영 즉 식
해가 중천에 뜨면 기울고, 달이 차면 기운다.

　昃: 기울 측
　盈: 찰 영
　천지자연의 현상이지만 흥망성쇠(興亡盛衰)를 뜻하는 말이다.

(5) 君子以作事謀始 (訟象)
　　군 자 이 작 사 모 시

군자가 일을 할 때는 처음에는 신중을 기해야 한다.

처음에 일을 할 때는 그 일이 성공할지 실패할지 사전에 신중이 검토하여 착오가 없도록 해야 한다는 것이다.

(6) 生生之謂易 (繫辭上傳)
생 생 지 위 역

생기고 또 생기는 것을 역이라 한다.

대자연은 변하는 모습을 보면 양(陽)은 음(陰)을 낳고, 음(陰)은 양(陽)을 낳는데 이런 변화를 역(易)이라 한다. 세상은 이런 음(陰)과 양(陽)의 변화 속에서 흥망성쇠의 이치에 살아간다.

(7) 見善則遷 有過則改 (益 象傳)
견 선 즉 천 유 과 즉 개

선함을 보면 곡 실행하고 과오를 보면 곧 고친다.

사람이 선을 행한 것을 보면 곡 따라서 실행하고 남의 잘못을 보면 즉시 고쳐야 한다.

(8) 窮卽變 變卽通 通卽久 (繫辭下)
궁 즉 변 변 즉 통 통 즉 구

역(易)은 궁하면 변하고 변하면 곧 통하며, 통하면 오래간다.

무슨 일이건 궁하면 반드시 변화가 생기고, 변화가 생기면 반드시 통하는 길이 생기기 마련이다.

(9) 善不積 不足以成名 (繫辭下)
선 불 적 부 족 이 성 명

선을 쌓지 않으면 명성을 얻기에 부족하다.

선은 계속 쌓아 나아가야 비로소 명성을 얻는 것이다.

각종 선거를 앞두고 있으면 여기저기에서 선심을 써서 이름을 알려 자기들을 지지해달라고 하고는 선거기간이 지나면 언제 보았느냐한 듯이 사람을 일회성 선거용으로 쓰고 버리는 일이 많다. 뿐만 아니라 할 수도 없는 일을 선거공약에 내놓고는 나중에는 그런 공약은 한 일이 없다고까지 한다. 이런 행동은 선을 쌓은 것이 아니며 오명(汚名)을 쌓은 것이다.

(10) 困窮而通 (繫辭下)
곤 궁 이 통

궁하면 통한다.

군공에 빠지게 되면 고생 끝에 길이 열린다는 뜻이다.

(11) 安而不忘危 (繫辭下)
안 이 불 망 위

현재는 안전하다고 하지만 언제 위험한 일이 일어날지 모른다는 것을 잊지 마라.

군자는 항상 안전하다고 생각할 때 위험을 생각하고 미리 주의를 하라는 경고의 말이다.

기적만 바라보는 사람

어리석은 사람은 기적을 바라보고, 현명한 사람은 기적을 창조한다.

어서 일어나세요.

지금 누워 있으면 기회는 오지 않는다. 의자에 앉아서 공부하면 기회를 창조한다.

『예기(禮記)』

1. 『예기』 알기

　『예기』란 예(禮)에 관한 이론을 기록해 놓은 책이며 오경(五經)의 하나이다. 주(周)나라 말기에서 진한대 나라에 이르기까지의 예(禮)에 관해서 유학자들이 이론을 모아 저술한 책이다. 이 예(禮)는 유가사상의 근본을 이루고 있다. 당시의 사회, 제도, 풍습 등을 밝힌 가장 좋은 사료이다. 또한 예(禮)는 중국 고대사의 총합이라 할 수 있다. 『예기』의 편찬자는 대덕(戴德)이 정리한 것으로는 『대대례(大戴禮)』85편이고, 그 조카인 대성(戴聖)이 구강태수(九江太守)였는데 이것을 정리하여 『소대례(小戴禮)』49편을 편술한 것이 오늘날의 『예기』이다. 이는 주로 예법(禮法), 의례(儀禮), 예제(禮制), 국가의 제도 등에 경문(經文)에 관한 구체적인 내용을 담고 있다.

　이 49편은 주(周)나라에서부터 진(秦), 한(漢)시대까지 여러 가지 사람들이 제각기 기술한 내용이 다르기 때문에 논조가 다르다는 것이 특징이다.

　훗날 송대(宋代)에 주희(朱熹)가 『대학』과 『중용』도 『예기』 속에 있는 것을 분리시켜 5경으로 만들었다.

2. 『예기』의 명문·명언

(1) 愛而知其惡 憎而知其善 (曲禮上)
　　애 이 지 기 악　중 이 지 기 선

사랑은 하되 그 악함을 알고, 미워하되 그 선함을 알아야 한다.

憎: 미워할 증

사람마다 사랑과 미움이 교차되는 것이다. 사랑하면서도 한 구석은 미움이 있고, 미워하지만 사랑하는
마음은 있는 것이다.

(2) 禮不踰節 (曲禮上)
　　예 불 유 절

예의는 너무 과분하면 안 된다.

踰: 넘을 유

예의를 너무 지나치게 하면 그것은 아부하는 것이 되어 오히려 상대방에게 빈축을 산다.

(3) 鸚鵡能言 不離飛鳥 猩猩能言 不離禽獸 (曲禮上)
　　앵 무 능 언　불 리 비 조　성 성 능 언　불 리 금 수

앵무새가 아무리 말을 잘해도 날아다니는 새에 지나지 않는다. 원숭이가 말을 잘
한다 해도 짐승에 지나지 않다.

猩: 원숭이 같으면서 말을 들을 줄 알고 술을 좋아한다고 한다.

짐승은 사람처럼 예의가 없는 것이 차이가 있다. 인간도 말만 잘한다 해도 예의에 벗어나면 금수와 다
름이 없다. 말만 잘 하고 실천이 없는 것도 마찬가지다.

(4) 臨喪不笑 哭日不歌 (曲禮上)
　　임 상 불 소　곡 일 불 가

상을 당해선 웃지 않고, 곡하는 날에는 노래 부르지 않는다.

이것은 예나 지금이나 동서고금을 막론하고 지켜야 할 예의인 것이다.

(5) 狐死 正丘首 仁也 (檀弓下)
　　호 사　정 구 수　인 야

여우가 죽을 때는 머리를 자기가 살던 곳으로 머리를 향한다. 이것이 인이다.

狐: 여우 호

丘: 언덕 구

짐승도 죽을 때는 자기의 살던 근본을 찾는데, 사람이야 잊을 수 있겠는가!

호사수구(虎死首丘): 수구초심(首丘初心)이라고도 한다.

(6) 大上貴德 其次務施報 (曲禮上)
　　대 상 귀 덕　기 차 무 시 보

上: 옛날

施: 베풀 시

옛날에는 덕을 귀중하게 여겼고 그 다음은 베풀고 보답하는 것에 힘썼다.

인간이 살면서 항상 덕을 귀중하게 여기면서 살고 있다. 그 다음은 베풀고 보답하며 사는 것이 훈훈한 사회를 조성할 수 있는 것이다. 우리는 살면서 얼마나 베풀며 보답하고 살고 있는지 반성해 보아야 한다.

(7) 不登高 不臨深 不苟訾 不苟笑 (曲禮上)
불 등 고 불 임 심 불 구 자 불 구 소

높은 곳에 오르지 않고 깊은 곳에 가지 않으며 구차하게 남의 나쁜 말을 하지 않으며 남을 비웃지 않는다.

訾: 눈 흘길 자, 헐뜯을 자

위험한 행동을 삼가라는 말이며 남의 말을 함부로 하고 다니지 않으며 남을 비웃지 말라는 도덕적인 태도를 말한 것이다.

(8) 不俱戴天之仇 (曲禮上)
불 구 대 천 지 구

하늘에서 같이 살 수 없을 만큼 큰 원수지간.

이 세상에서 가장 큰 원수를 말함.

仇: 원수 구

(9) 君子之愛人也 以德 細人之愛人也 以姑息 (檀弓上)
군 자 지 애 인 지 이 덕 세 인 지 애 인 지 이 고 식

군자가 사람을 사랑할 때는 덕으로 하고 소인을 사랑할 때는 세심한 관용으로 한다.

姑: 시어미 고

姑息: 구차하게 편안함을 취하는 것.

(10) 苛政猛於虎也 (檀弓下)
가 정 맹 어 호 야

가혹한 정치는 호랑이보다 무섭다.

於: ~보다 더

가혹한 정치 즉, 세금 폭탄이나 매사에 구속하고 언론이 통제되는 독재정권은 호랑이보다 더 무섭다는 것.

(11) 公事不私義 (曲禮下)
공 사 불 사 의

공적인 일은 사적으로 논하지 않는다.

공적인 문제를 사적인 장소에서는 말하지 않는다.

(12) 樂所以脩育也 禮所以脩外也 (文王世子)
악 소 이 수 육 야 예 소 이 수 외 야

음악이란 내면을 다스리고 禮는 외면을 다스린다.

인간 교육의 기본인 음악은 내면의 마음을 다스리고, 예법은 밖의 행동이나 거동을 닦는 것이니라. 修=

脩: 닦을 수

(13) 玉不琢 不成器 人不學 不知道 (學記)
옥불탁 불성기 인불학 불지도

옥은 갈아서 다듬지 않으면 그릇이 될 수 없고, 사람은 배우지 않으면 도리를 모른다.

琢: 쫄 탁

옥은 다듬어야 좋은 그릇이 되고, 사람은 배워야 도리를 안다.

(14) 學然後知不足 敎然後知困 (學記)
학 연 후 지 부 족   교 연 후 지 곤

배우고 나서야 비로소 자기가 부족함을 알고, 가르쳐본 후에야 괴로움을 안다.

배우고 나니 자기가 얼마나 부족했나를 스스로 알게 되고, 남을 지도해보고 나서야 지식이 얼마나 부족
했던가를 괴로워하게 된다는 뜻이다.

(15) 擇師不可不愼也 (學記)
택 사 불 가 불 진 야

스승을 선택하는 것은 신중해야 된다.

잘못된 스승을 택하면 장래가 잘못될 수가 있기 때문이다.

(16) 治人之道 莫急於禮 (祭統)
치 인 지 도   막 급 어 례

인간을 다스리는 것 중에서 예보다 급한 것은 없다.

예치주의 정치를 해야 한다.

(17) 樂者 德之華也 (樂記)
악 자   덕 지 화 야

음악은 덕의 꽃이다.

음악은 인간성의 순수하고, 화려하고, 아름답다.

인생은 "B와 D 사이에 C가 있다"고 했다.

B(birthday) C(choice, challenge, chance,) D(death, dream)
내가 태어나 주어진 인생. 그 시간을 과연 어떻게 살아야 할 것인가?
그것은 나만의 몫입니다. 내가 정한 선택에 따라서 도전이라는 과정을 통해 기회
를 잡으면 내 인생의 길로 한걸음씩 행진해 갑니다. 그러다가 내 무덤의 묘지명이
됩니다. 그러나 인생이 D로 끝나는 죽음 death의 의미를 꿈이라는 Dream으로
바꾸어 더욱더 앞으로 희망을 향해 가야 하지 않을까요!

『좌전(左傳)』

1. 『좌전』 알기

『좌전』이란 이름은 『춘추좌씨전(春秋左氏傳)』의 약칭이다. 혹은 『좌씨춘추(左氏春秋)』라고도 한다. 『춘추곡양전(春秋穀梁傳)』, 『춘추공양전(春秋公羊傳)』과 더불어 『춘추삼전(春秋三傳)』이라고 한다. 『춘추(春秋)』는 중국 최초의 편년체 역사책이고 춘추시대 노(魯)나라의 역사를 토대로 공자가 정리한 것으로 오경(五經)의 하나이다.

사마천(司馬遷)의 사기보다는 전의 것으로 추정된다. 연대는 노(魯)나라 은공(隱公) 원년부터 BC 772~애공(哀公)까지 국제관계가 혼란했던 상황에서 현인(賢人), 철학가, 명사들의 교훈적인 말들을 골라 소개를 하고자 한다. 『춘추』의 저자는 공자가 지은이라고 전해져 있는데 편찬자는 좌구명(左丘明)이라는 것이 일반적이다. 『춘추좌씨전』은 『춘추』의 자세한 『주해서(註解書)』로서 『춘추』에 기록된 사건들을 비교적 상세하게 산문체로 제공했다. 한서(漢書)의 예문지(藝文志)에는 옛날의 왕자에는 세세(世世)로 사관(史官)이 있어 임금의 거동을 글로써 나타냈는데 이것은 언행을 삼가고 법도를 밝게 하자는 데서 비롯된 것이다.

좌사(左史)는 언어를 기록하고, 우사(右史)는 일을 기록하는 것을 춘추(春秋)라고 하고, 말의 기록을 상서(尙書)라 했다.

그런데 왜 '춘추'라고 부르게 되었는가? 이것에 대해서는 진(晉)나라 두예(杜預)가 『춘추좌씨전』의 서(序)에 사관의 기록은 왕의 재위한 해 날짜를 명백히 적었는데 한 해가 춘하추동이 있어 그 첫 글자를 써서 '춘추'라 했다는 것이다.

2. 『좌전』의 명문·명언

(1) 信不繼 盟無益也 (桓公 12年)
　　신 불 계　맹 무 익 야

믿음이 지속되지 않으면 맹세도 무익하다.

　신의가 없는 맹약은 아무 쓸모가 없다는 말이다. 국제 간에도 과거에 지키기로 한 약속을 어기는 것도
　국제 간에 신임이 떨어진다.

(2) 城下之盟 (桓公 12年)
　　성 하 지 맹

성(城)아래서 맺은 조약이다.

　원전(原典)은 대패자 위성하지맹이환(大敗者 爲城下之盟而還)이다.
　전투에서 城(성)아래서 맺은 조약은 굴욕적일 수밖에 없다.
　항복 직전에 맺은 정도의 조약이나 협약일 것이므로 굴욕적은 외교를 두고 하는 말이다.

(3) 噬臍莫及 (莊公 6年)
　　서 제 막 급

후회해도 때는 이미 늦다.

　噬臍莫及: 후회막급(後悔莫及), 배꼽을 물려고 해도 입에 닿지 않는다는 뜻에서 일이 잘못된 뒤에 후회
　하여도 소용이 없음을 비유한 말
　噬: 씹을 서
　臍: 배꼽 제

(4) 國將興 聽於民 將亡 聽於神 (莊公 10年)
　　국 장 흥　청 어 민　장 망　청 어 신

나라가 장래에 흥하려고 할 때는 백성들의 의견을 수렴하고 나라가 장차 망하려고
할 때는 신(神)의 명령을 듣는다.

　평소에 백성들의 소리에 귀를 기울이고 망할 위험이 있을 때는 신(神)에 의지하고 맡기는 수밖에 없다.

(5) 一鼓作氣 (莊公 10年)
　　일 고 작 기

한 번 북을 쳐서 그 기세로 끝장을 낸다.

　한 번 북을 치면 전투를 알리는데 그때 기세를 잡아 끝장을 낸다는 뜻이다.
　원전은 一鼓作氣 再而衰 三而竭. 첫 번째 북을 치면 용기가 나는데 응전을 해오지 않았고, 다시 북을
　치니 적의 용기가 약해졌으므로 응전해오지 않았고, 세 번째일 때는 용기가 다해 없어졌다.

(6) 毀家紓難 (莊公 30年)
　　훼 가 서 난

가산을 모두 털어서 국가의 난을 구제한다는 뜻이다.

毁: 헐 훼

紓: 느슨할 서

원전은 自毁其家 以紓楚國之難(자기 집 가산을 털어 초나라의 난을 구하는 것)

(7) 脣亡齒寒 (僖公 5年)
순 망 치 한

입술이 없으면 이가 시리다.

이웃 나라가 위태로워지면 자기 나라도 위태로워진다. 이웃집이 불붙으면 자기 집도 위험하다.

(8) 滅此朝食 (成公 20年)
멸 차 조 식

잠깐 동안 적을 물리치고 아침 식사를 하겠다.

원전 余姑揃滅此而朝食(여고전멸차이조식): 내가 잠깐 동안 적을 물리치고 아침을 먹겠다.

揃: 자를 전

적을 빠른 시간 내에 전멸시키겠다는 의지를 표현한다.

(9) 從善如流 (成公 8年)
종 선 여 류

선(善)을 따르기를 물이 흐르는 것 같이 하라.

원진 종선여류 신재(從善如流 直哉) 좋은 일를 따르는 것이 물의 흐름과노 같다. 이는 참으로 좋은 일이다.

남의 좋은 충고나 정확한 의견을 수렴하는 것은 무슨 일에나 발전을 가져오는 것이다.

(10) 怨豈在明 不見是圖 (成公 16年)
원 개 재 명   불 견 시 도

원망이 어찌 밝은 곳에만 있겠는가! 보이지 않는 원한을 대비해야 한다.

원한은 잘 드러나는 곳에만 있지 않는다. 눈에 보이지 않는 곳에 있으니 조심하라.

(11) 菽麥不辨 (成公 18年)
숙 맥 불 변

콩인지 보리인지 구별 못한다.

(원전) 주자유형이무혜 불능변숙맥 고불가입(周子有兄而無慧 不能辨菽麥 故不可立: 成功 18年)

주자에게는 형이 있었지만 지혜가 없어서, 콩과 보리도 분간을 못해서 임금으로는 세울 수 없다는 데서 나온 고사다.

菽: 콩 숙

무능하고 무식해서 어떤 직책을 맡길 수 없음을 지칭하는 말이다.

(12) 俟河之淸 人壽幾何 (襄公 8年)
사 하 지 청   인 수 기 하

황하의 물이 맑아지기를 기다리다가는 사람 수명이 얼마 남았겠는가!

俟: 기다릴 사

百年河淸： 河淸難俟

황하의 물이 맑아지기를 기다리다가는 사람 수명이 다하겠다. 즉 해야 할 일은 빨리 해야 하는데 도대체 얼마나 기다려야 하는지 사람 목숨 다하겠다.

(13) 大上有立德 其次有立功 其次有立言 (襄公 24年)
대 상 유 입 덕　기 차 유 입 공　기 차 유 입 언

가장 큰일은 덕을 세우고 그 다음은 공을 세우는 일이며 그 다음은 훌륭한 말을 남기는 것이다.

사람이 일생 동안 할 일 중에서 가장 큰일은 도덕을 바로 세우고, 다음은 큰 사업에 공을 세우는 것이고, 다음은 사람에게 훌륭한 말을 남기는 것이다.

(14) 玩火自焚 (隱公 4年)
완 화 자 분

불놀이하다가 자기 자신을 태운다.

무모한 일로 남을 해치려다가 결국은 자신이 해를 입는다.

솔개의 일생

약 70년을 살 수 있는 솔개는 40년 정도 되었을 때 생의 갈림길에 서게 된다고 한다. 사냥의 1호 무기였던 날카로운 발톱이 안으로 접히면서 딱딱하게 굳어간다. 긴 부리도 가슴 쪽으로 구부러진다. 깃털은 두꺼워지고 무거워 날기조차 힘들다. 솔개는 두 갈래 길에서 선택해야 한다. 하나는 미래로 서서히 죽어가는 것이요, 다른 하나는 새로운 삶을 살기 위해 몸부림치며 자기 스스로 고통의 터널을 통과해야 하는 것이다.

살기로 목숨을 건 150여 일 동안 둥지 속에서 자신을 변화시키는 것이다. 낡은 자신의 부리를 바위에 쳐서 깨부순다. 그 자리에는 새로운 부리가 나면 자기 부리로 수명이 다한 발톱과 깃털을 하나씩 뽑아내야 하는 것이다. 완전히 새로운 발톱과 깃털로 탈바꿈하는 데는 5개월이나 걸린다. 이 새로운 생명이 성장하면 다시 30년은 더 살 수 있다는 것이다.

변화란 새롭게 태어난 것이다. 자신을 변화하여 더 높은 하늘을 날고 싶은 사람도 이 낡은 껍질을 벗겨내는 아픈 과정을 겪어야 한다.

『효경(孝經)』

1. 『효경』 알기

　『효경』이란 중국 전통의 유가 경전인 십삼경(十三經)의 하나로 효도를 주된 내용으로 한 책이다.

　『효경』을 누가 저술했느냐는 확실치 않다. 공자가 저술했다는 설이 있고, 공자의 70여 제자들이 모여서 남긴 글이라는 설이 있다. 이 중에서 증자(曾子)를 따르는 문파들의 학자들이 집록(輯錄)했을 거라고 하는 것인데, 『효경』 본문에 공자와 증자의 이야기가 많이 나오는 것에서 공자 자신이 자기의 글을 경(經)이라고 올려놓은 부분이 있다. 여기서 공자가 저술했다고 보기보다는 증자의 학통상으로 보아서 증자의 문파들이라고 보는 것 같다. 연대도 춘추시대 말에서 전국시대로 저술 연대로 본다.

　근본은 제7장 삼재(三才)에서 보여주듯이 '夫孝天地經也 民之行也'이다. '효(孝)'란 하늘의 법도이며, 땅의 의리이며 사람들의 행실인 것이다. '효(孝)'라는 윤리를 사람들의 절대적인 규범으로 내세우고 있는 것을 보면 공자는 부모와 자식 사이의 끊을 수 없는 정을 바탕으로 설명했고, 사람에게는 '효(孝)'라는 윤리가 있기 때문에 하늘과 땅 사이에 어울려 삼재(三才)라고 부르는 것이 자연스럽고 중요한 존재가 된 것이다. 이 효(孝)의 사상은 충(忠)의 사상과 함께 윤리학의 기반으로 발전되었다. 한대(漢代) 유학의 변화로부터 송대(宋代) 신유학의 발전 이후에 중국학술사의 이해에 도움이 된다. 그 후에 당대(唐代)부터 명

대(明代)에 이르기까지 수많은 학자들의 주석서가 많이 나왔다. 이 책에서는 부모에 대한 효를 바탕으로 가정의 질서는 물론이고 치국(治國)의 근본이며 천, 지, 인 삼재(三才)를 관찰하고 모든 인간에 동일하게 적용하는 최고의 덕목이며 윤리규범이다.

2. 『효경』의 명문·명언

(1) 夫孝德之本也 教之所由生也 (開宗明義)
　　부 효 덕 지 본 야　교 지 소 유 생 야

무릇 효는 덕의 근본이며 교화는 효도에 나온다.

효도한다는 것은 인간의 감정의 자연 발생적으로 드러나기 때문에 모든 도덕의 근본인 동시에 교육의 근원이다.

(2) 子曰: 天地之性 人爲貴 人之行莫大於孝 (聖治)
　　자 왈　천 지 지 성 인 위 귀 인 지 행 막 대 어 효

천지의 성품 중에서 사람이 가장 귀하다. 사람의 행실 중에서 효도보다 더 큰 것은 없다.

莫: 없을 막

이 세상에서 가장 귀한 것이 사람이다. 천부인권론에 해당하는 말이다. 인간의 모든 행위 가운데 효도보다 더 큰 것이 없다.

(3) 五刑之屬三千 而罪莫大於不孝 (五刑)
　　오 형 지 속 삼 천 이 죄 막 대 어 불 효

5가지 형벌에 속하는 종류가 3천 가지인데 불효보다 더 큰 죄는 없다.

수많은 형벌 중에 불효가 가장 크다.

(4) 孔子曰: 移風易俗 莫善於樂 安上治民 莫善於禮 (廣要道)
　　공 자 왈　이 풍 이 속 막 선 어 락 안 상 치 민 막 선 어 례

풍속을 바꾸고 개선하는 데는 음악보다 더 좋은 것은 없다.

위를 편안하게 모시고 백성을 편안하게 하는 데는 예의 보다 더 좋은 것은 없다.

노래는 풍속을 개선하고 마음을 곱게 만드는 데는 음악이 좋고, 예의는 고위층 사람들에게 예의를 표하고, 고위층도 백성들을 다스리는 데는 예의로 존중하며 다스리는 것이 제일 좋다.

(5) 在上不驕高而不危 (諸侯)
　　재 상 불 교 고 이 불 위

남의 위에 있어도 교만하지 않으면 지위가 높아도 위태롭지 않다.

벼 이삭이 잘될수록 고개를 숙이듯이 지위가 높을수록 겸손해야 한다는 의미이다.

『전국책(戰國策)』

1. 『전국책』 알기

　『전국책』이란 전국시대(BC 475~222)의 정치, 군사, 외교 등의 책략을 기록한 책이다. 그 당시에 활약하며 유세(遊說)를 했던 선비나 유객(遊客)들의 언론활동 및 권모술수를 모아서 정리한 내용의 책이다. 33편으로 구성되어 있으며 전한(前漢)시대의 유향(劉向)이 편찬했다.

　내용으로는 전국시대의 서주(西周), 동주(東周), 진(秦), 제(齊), 초(楚), 연(燕), 조(趙), 위(魏), 한(韓), 송(宋), 위(衛), 중산(中山)의 12개국을 나라별로 나누어 486장으로 정리했다.

　춘추시대에서 초한에 일어나 대략 240년간의 활동사항을 기술했으며 당시의 역사서로는 국어(國語)와 함께 믿을 만한 책이다.

　『전국책』은 왕조 중심의 내용이 아니라 설객(說客), 책사(策士), 모사(謀士)들의 이야기 중심으로 언론과 사술(詐術)인 것이 대부분이다. 대개는 진(秦), 초(楚), 연(燕), 조(趙), 위(魏), 한(韓)을 중심으로 형성되었으나 그밖에 작은 제후국들도 수록되었다. 이 나라들이 효율적으로 통치하고 군사, 외교를 능률적으로 수행하여 전쟁에서 승리하고 천하를 얻는 책략들이 담겨져 있다. 여기서 권모라는 의미를 누구를 속인다는 행위로 한정되어서는 안 되고 국가 간에 외교정책으로 보아야 한다. 외교관을 사기꾼으로 보지 않는 것과 같은 맥락으로 보는 것이다. 여기에는 설득력이나 응대사령(應對辭令) 속에서의 흥정술, 인간관계, 부하들의 머리를 이용하는 방법 등이 있다. 이 책을 통해서 사회활동을 원활하게 할 수 있는 방법도 학습할 수 있다.

2. 『전국책』의 명문·명언

(1) 行百里者半九十 (秦策)
행 백 리 자 반 구 십

백 리를 간 사람은 구십 리를 반으로 생각한다.

90리나 왔는데도 반으로 생각하는 것은 거의 다 왔을 때가 지치기 마련인데 이것을 극복하는 자가 승리할 수 있다는 일종의 채찍과 격려의 말이다.

(2) 麒麟之衰也 駑馬先之 (齊策)
기 린 지 쇠 야 노 마 선 지

하루에 천리를 가는 준마도 노쇠하면, 평소 느리게 가던 말도 이를 앞서 간다.

駑: 둔할 노
麒麟: 천리 가는 준마

사람이나 짐승도 늙으면 옛날에 가지고 있던 능력을 발휘하지 못한다. 영웅이나 호걸도 늙어 병들면 젊은 사람들을 못 당한다.

(3) 狡兔有三屈 (齊策)
교 토 유 삼 굴

교활한 토끼는 3개의 굴이 있다.

토끼는 3개의 굴을 이용해 도망갈 굴을 마련해 놓고 있어 쉽사리 다른 동물에 먹이가 되지 않는다.
狡(교): 교활할 교

(4) 轉禍爲功 (齊策)
전 화 위 공

계략으로 화를 돌려 공으로 만들었다.

轉: 구를 전

맹상군(孟嘗君)의 식객 중에 한사람이 맹상군의 첩과 밀통하는 자가 있었다. 식객 놈이 주인여자와 밀통을 했으니 죽여 없애 버리라고 하자 맹상군은 그 식객을 위(衛)나라로 보내 어려운 협상을 시키는데 이용하여 성공하자 제(齊)나라 사람들은 맹상군을 전화위공(轉禍爲功)이라 하였다는 데서 나온 말이다.

(5) 長鋏歸來乎 食無魚 長鋏歸來乎 出無車 長鋏歸來乎 無以爲家 (齊策)
장 협 귀 래 호 식 무 어 장 협 귀 래 호 출 무 거 장 협 귀 래 호 무 이 위 가

장검아 돌아가자 고기 하나도 없구나. 장검아 돌아가자 출타할 수레가 없구나, 장검아 돌아가자, 살 집이 없구나.

鋏: 집게 협, 칼 협

제(齊)나라에 풍훤(馮諼)이라는 사람이 너무 가난하여 맹상군(孟嘗君)의 식객으로 들어와 맹상군의 하인들이 그를 무시하는 것을 보고 하루는 맹상군이 풍훤을 불러 잘하는 것이 무엇이냐고 묻자 그는 아무것도 잘하는 것이 없다고 했다. 매일 그에게 채식의 거친 음식만 대접하자 "장검아 돌아가자 생선 토막

하나도 없구나."하고 타령을 하니 하인들이 풍훤이 고기를 안 준다고 투정을 한다고 하자, 맹상군은 그를 식객으로 승격시켜 주도록 했는데, 또 지나친 요구를 하는데 외출할 때 수레가 없다고 하자, 맹상군은 수레를 내어 주라고 했다. 그 뒤 또 다시 또 요구를 하는데 이제는 거처할 집 타령을 했다. 노부모를 모실 집까지 마련해 주었다는 이야기다. 맹상군의 아량이 대단한 이야기이다.

나중에 맹상군이 위기에 몰렸을 때 큰 역할을 했다는 것이다.

맹상군의 식객은 3등급이 있었다는데 ① 대사(代舍): 수레를 타고 다닐 수 있다. ② 행사(幸舍): 반찬에 생선이 오르는 정도 어객(魚客) ③ 전사(傳舍): 제일 말단으로 끼니나 해결하는 정도라 할 수 있다.

(6) 猿獼猴錯木據水 則不若魚鼈 麒麟歷險乘危 則不如狐狸 (齊策)
원 미 후 착 목 거 수 즉 불 약 어 별 기 린 역 험 승 위 즉 불 여 호 리

나무를 잘 타는 원숭이도 나무에서 내려와 물속에 들어가면 물고기에게 못 당하며, 명마인 기린도 험준한 길을 달릴 때는 여우와 너구리만 못 합니다.

猿: 원숭이 원

獼: 원숭이 미

猴: 원숭이 후

鼈: 자라 별.

狐狸: 여우와 너구리

사람에게는 제각기 장단점이 있는데 사람에게 장점을 살려서 일을 맡겨주면 잘할 수 있는 것이다. 오히려 서툰 일만 시키면 처리를 못하게 되니 지시를 하는 윗사람은 개개인의 장점을 잘 파악해야 한다. 이 이야기는 맹상군이 마음에 안 드는 한 식객(食客)이 있어 내쫓으려고 하는데 노연(魯連)이 맹상군에게 "나무에 잘 오르는 원숭이도 물속에 들어가면 물고기에게 맥을 못 추고, 명마인 기린도 험준한 산길에서는 여우와 너구리만 못하는 것입니다. 그를 내친다면 버림받고 외국으로 가서 언젠가는 그 원한을 품기 위해서 돌아 올 것입니다. 지금 대감께서 하시려는 일은 가장 보통 사람들이 하는 것입니다." 이런 말을 들은 맹상군은 그 식객을 추방하지 안했다는 고사다.

(7) 士爲知己者死 女爲說己者容 (詔冊)
사 위 지 기 자 사 여 위 설 기 자 용

선비는 자기를 알아주는 사람을 위해죽고, 여자는 자기를 사랑하는 사람을 위해 치장한다.

자기를 알아주는 사람을 위해서 사나이는 목숨을 바쳐 충성을 다하고 여자는 자기를 사랑하는 사람 때문에 매일 치장을 한다는 이야기이다. 이 이야기는 진(晉)나라 예양이가 지백(知伯)의 총애를 받았는데 지백을 미워했던 조양자(趙襄子)가 지백의 해골을 변기(便器)로 사용했을 정도였다. 예양(預讓)은 자기를 총애했던 지백을 죽인 원수가 조양자임을 알고 그 원수를 갚기 위해서 탄식하면서 하는 말이 "선비는 자기를 알아주는 사람을 위해 목숨을 바치고 여자는 자기를 사랑하는 사람을 위해 치장을 한다."는 말에서 나온 것이다. 조양자를 죽이려고 변장을 했으나 그 뜻을 두 번이나 이루지

못하고 결국 사전에 발각되어 조양자 앞에서 죽기 전에 하는 말이 "明主不掩人之義 忠臣不憂死以成名": 현명한 군주는 남의 의로운 행위는 막지 않고, 충신은 이름을 위해서 죽음도 두려워하지 않는다." 그러면서 부탁한 말이 당신의 옷을 내게 주어서 그 옷을 찌를 수 있게 해달라고 해서 조양자는 이번에도 예양의 말을 들어 주었다. 예양은 칼로 조양자의 옷을 3번 찌르고 자살했다는 고사다.

(8) 不忘前事 後事之師 (趙策)
불 망 전 사 후 사 지 사

지나간 일을 잊지 않는 것은 후사의 스승이다.

지난날의 경험을 바탕으로 다음날의 일을 잘할 수 있는 길잡이가 될 수 있다는 것을 이르는 말이다.

(9) 成大功者 不謀於衆 (趙策)
성 대 공 자 불 모 어 중

큰 공을 이루는 자는 대중과 결탁하지 않는다.

큰 사업을 하고자 하는 사람은 단독적으로 결정하는 것이지 여러 사람의 말에 쏠리지 않는다.

(10) 三人言 以成虎 (魏策)
삼 인 연 이 성 호

세 명이 말하면 없는 호랑이도 만든다.

터무니없는 유언비어다. 우리사회에서 종종 있는 일이다. 검증되지 않는 말의 유언비어(流言蜚語)는 확대 재생산되어 선량한 사람을 자살에 이르게 하기도 한다. 서민을 농락하고 정치용 선거장까지 나타나는 안타까운 일도 발생한다. 일반 대중은 기억 하려고도 않고 또 그들의 말장난에 넘어 간다.

(11) 井中求火 (韓策)
정 중 구 화

우물 속에서 불을 구한다.

우물 속에서 어떻게 불을 구할 수 있겠는가! 전혀 사리에 맞지 않는 일을 말한다.

(12) 怒於室者色於市 (韓策)
노 어 실 자 색 어 시

집에서 화난 사람이 시장에서 얼굴을 붉힌다.

집안에서 기분 나쁜 사람이 많은 사람이 있는 시장에서 아무에게나 마구 망나니짓을 한다는 비유의 말이다.

色: 성낸 얼굴빛

(13) 爲鷄口無牛候 (韓策)
위 계 구 무 우 후

닭의 입이 되더라도 소꼬리는 되지 않는다.

거창한 것의 남의 뒷자리보다는 차라리 작더라도 선두에 서라는 말이다.

(14) 尾生之信 (燕策)
미 생 지 신

미생(尾生)이라는 사람의 믿음이란 뜻이다.

고지식하여 유통성이 없는 것을 말한다.

*원전 출처는 장자(莊子)의 도척편(盜跖篇)과 회남자(淮南子)의 설림훈편(說林訓篇)에서도 볼 수 있다.

*원문은 信如尾生 與女子期於梁下 女子不來 水至不去 抱柱而死(신여미생 여여자기어양하 여자불래 수지불거 포주이사)

*노(魯)나라 미생(尾生)이라는 사람이 있었는데 자기가 사랑하는 여자와 다리 아래서 만나기로 약속하고 기다렸으나 여자는 오지 않고, 갑자기 비가 많이 와서 물이 밀려와 끝내 자리를 떠나지 않고 기다리

다가 결국은 다리 교각을 끌어안고 죽었다는 고사다. 우리나라 정치인 한분이 이 문구를 이용하여 화제가 되기도 했다. 한비자(韓非子)의 '돼지설'에 맞서 한 말이다.

(15) 伯樂一顧 (燕策)
백 락 일 고

백락이 한 번 말을 보다.

백락(伯樂)은 말을 잘 감정하는 사람인데 말을 한 번만 쳐다보아도 그 말의 값은 껑충 뛰었다는 고사에서 나왔다. 전문가가 한 번 보기만 해도 값이 좌우되는 것이다.

(16) 漁父之利 (燕策)
어 부 지 리

양 편이 싸우는 동안 제 삼자만 이익을 보는 것.

조(趙)나라가 연(燕)나라를 공격했을 때 유세가(遊說家)인 소대(蘇代)는 연(燕)나라를 위해서 조(趙)나라 혜(惠)왕의 설득에 나섰다. 소대가 조(趙)나라 혜왕(惠王)에게 말하기를 "오는 도중에 역수(易水)를 건너다보니 모래밭에서 조개와 도요새가 서로 싸우고 있었는데 그때 어부가 지나 가다가 발견하고서 그 두 놈을 잡아 가더라는 이야기를 했다. 이처럼 조(趙)나라와 연(燕)나라가 서로 싸운다면 백성들만 고달파집니다. 그러니 "싸움을 거두어 주십시오."하자 이 말을 들은 조(趙)나라 혜왕(惠王)은 연(燕)나라를 공격을 중지했다는 이야기에서 유래한다.

『대학(大學)』

1. 『대학』 알기

　공자(孔子)의 제자인 증자(曾子, 기원전 506~436)가 지었다고 하나 확실하지는 않다. 대개는 공자가 찬술한 것을 증자(曾子)가 정리하고 문인들이 수정, 보완한 것으로 추정된다. 그리고 머리말과 본서의 3편 5장은 주희(朱熹)가 썼다 한다.

　『대학』은 본래 『중용』과 함께 『예기』 중의 일편이었다. 송대(宋代)에 와서 단행본으로 분리 독립되었다. 주자가 사서(四書)의 하나로 함으로써 세상에 알려졌다.

　대학의 내용은 정치의 목적을 '치국평천하(治國平天下)'에 두고 이것을 실현하기 위해서는 수신제가(修身齊家)를 통해서 할 수 있다는 것이다. 『대학』은 대인(大人), 즉 군주 또는 위정자를 위한 학문으로 삼강령(三綱領)과 이것을 실현하는 팔조목(八條目)으로 구성되었다. 『대학』은 덕(德)으로 들어가는 문이라고 평하고 있다.

　이 책은 진실한 학문의 수양을 지향하는 사람에게 있어서는 필독서다. 그러므로 이 책 속에는 명문·명언이 많이 있다. 『대학』을 통해서 유학(儒學)에 입문하려면 『논어』, 『맹자』를 읽고 나서 끝으로 『중용』을 읽는 것이 순서다. 『대학』은 과정의 전체를 잡는 책이라면 『중용』은 이론적 핵심을 확인하면서 정리해 나가는 책이라 할 수 있다.

2. 『대학』의 명문·명언

(1) 大學之道 在明明德 在親民 在止於至善 (經一章)
대학지도 재명명덕 재친민 재지어지선

대학의 도는 밝은 덕을 밝히는 데 있으며 백성을 친하게 하여 지극히 좋은 경지에 이르게 하는 것이다.

이것은 군주 또는 위정자가 지녀야 할 목표를 밝히는 것이다.

(2) 格物致知 (經一章)
격물치지

만물은 제각기 이치를 가지고 있는데 그 이치를 연구해가면 어느 때인가는 만물의 밖과 안의 정조(精粗)를 밝힐 수 있다.

『대학(大學)』의 팔조목인 격물(格物), 치지(致知), 성의(誠意), 정심(正心), 수신(修身), 제가(齊家), 치국(治國), 평천하(平天下)에서 팔조목을 가리키는 가장 철학적인 조목이다.

쉽게 말하면 만물은 제각기 이치를 가지고 있는데 그 이치를 연구해가면 어느 땐가는 만물의 밖과 안의 정조(精粗)를 밝힐 수 있다는 뜻이다.

이 격물치지(格物致知)에 관한 논의는 주희(朱熹)가 고본대학(古本大學)을 개정하여 대학장구(大學章句)를 지으면서 순서를 바꾸고 1자를 고치고 4자를 삭제하고 134자를 새로 지어 경(經) 1장과 전(傳) 10장으로 구성된 대학장구(大學章句)를 만들었는데 논의의 핵심은 전 5장의 격물치지보망장(格物致知補亡章)이었다

이 말은 본래의 뜻이 밝혀지지 않아 후세에 그 해석을 놓고 학파가 생겨났다. 그 중에서 대표적인 것이 주자학파(朱子學派)인 주희와 양명학파(陽明學派)인 왕양명(王陽明)이다.

주자(朱子)는 '格'을 이르다의 뜻인 '至'의 뜻으로 해석하여 모든 사물의 이치를 끝까지 연구하면 앎에 이른다고 하는 이른바 '성즉리설(性卽理說)'을 확립했고, 양명학(陽明學)은 사람의 참다운 양지(良知)를 얻기 위해서는 사람의 마음을 어둡게 하는 물욕을 걷게 되고 주장히여 格을 물리쳐야 한다는 뜻으로 풀이한 '심즉리설(心則理說)'을 확립했다. 즉, 주자(朱子)의 격물치지(格物致知)가 지식 위주인 것에 반해 왕명학은 도덕적 실천을 중시하고 있어서 오늘날 주자학을 이학(理學)이라 하고, 양명학을 심학(心學)이라고 한다.

(3) 物有本末 事有終始 知所先後 則近道矣 (經一章)
물유본말 사유종시 지소선후 즉근도의

모든 사물에는 근본과 끝이 있고 일에는 시작과 끝이 있다. 선후를 잘 분별하면은 道의 지름길이다.

무슨 일이든지 일의 근본과 끝이 있고, 시작과 끝이 있으며 일의 선후의 순서가 있다. 이런 것들을 잘 지키면 道로 가는 지름길이 된다는 것이다.

(4) 其本亂而末治者否矣 (經一章)
기 본 란 이 말 치 자 부 의

근본이 흔들리면 끝이 잘 다스려질 수가 없다.

무엇이든 근본이 잘 서야 흔들리지 않듯이 학문, 가정, 국가, 사회 전반에 걸쳐 기초가 없으면 그 다음

단계를 이어갈 수가 없다는 것이다.

(5) 苟日新 日日新 又日新 (傳二章)
구 일 신 일 일 신 우 일 신

진실로 나날이 새로워지도록 힘써 나갈지어다.

오늘은 어제보다, 내일은 오늘보다 나날이 더 발전하도록 정성들여 힘써 나갈지어다.

(6) 無所不用其極 (傳二章)
무 소 불 용 기 극

무슨 일이든 최선을 다하지 않는 것이 없다.

무슨 일을 하든지 최선을 다하라는 것이다. 범이 토끼 한 마리를 잡을 때도 최선을 다한다.

(7) 誠其意者 毋自欺也 (傳六章)
성 기 의 자 무 자 기 야

그 뜻에 정성을 다하는 이는 자기를 속이지 않는다.

진실성이 있는 사람은 자기를 속이지 않는다. 자기 자신을 속이면 더 이상 속일 것이 없다.

毋: 無나 不의 뜻.

欺: 속일 기

(8) 君子 必愼其獨也 (傳六章)
군 자 필 신 기 독 야

군자는 반드시 혼자 있을 때 신중해야 한다.

군자는 홀로 있거나 다른 사람들이 있거나 항상 양심을 속이지 않고 신중하여야 한다.

(9) 富潤屋 德潤身 心廣體胖 (傳六章)
부 윤 옥 덕 윤 신 심 광 체 반

부유함은 집을 윤택하고, 덕은 몸을 윤택하게 한다. 마음이 넓어지고 몸이 편안하다.

胖: 갈빗살 반, 풍부하고 편안하다.

돈이 있으면 집이 윤택하지만 덕이 있으면 마음이 너그러워지며 몸을 윤택하게 한다.

(10) 心不在焉 視而不見 聽而不聞 食而不知其味 (傳七章)
심 부 재 언 시 이 부 견 청 이 불 문 식 이 부 지 기 미

마음이 딴 곳에 있으면 보아도 보이지 않고, 들어도 들리지 않고, 먹어도 그 맛을 모른다.

마음이 중심에 있어야 판단력을 가질 수 있다는 것이다. 옛날 우리 속담에도 호랑이에게 물려가도 정신만 있으면 살 수 있다고 했듯이 올바른 정신을 가지고 있어야 사물을 판단할 수 있다. 학생들의 수업태도에도 적용될 수 있다.

(11) 好而知其惡 惡而知其美者 天下鮮矣 (傳八章)
_{호 이 지 기 악   악 이 지 기 미 자   천 하 선 의}

좋아하면서도 그 단점을 알고, 싫어하면서도 그 아름다운 점을 아는 자가 천하에
드물더라.

鮮: 고울 선, 적을 선

사람이 아무리 좋아해도 단점은 있는 것이요, 그 사람이 아무리 싫어도 장점은 있는 것인데 그것을 세
상 사람들은 잘 모르더라.

(12) 人莫知其子之惡 莫知其苗之碩 (傳八章)
_{인 막 지 기 자 지 악   막 지 기 묘 지 석}

사람들은 자기 자식의 단점을 잘 알지 못하고, 자기가 기르는 싹이 자라나는 것은
모르더라.

碩: 클 석

苗: 싹 묘

자기 자식을 맹목적으로 예뻐하고 그 단점도 모르고 기르는 부모님들이 많다. 자식의 단점을 바로 보고
잡아주어라. 사람들은 자기가 가꾼 싹이 많이 자란 것도 모른다. 이는 무관심에서 욕심만 앞서 있다는
표현이다.

(13) 其家不可教 而能教人者無之 (傳九章)
_{기 가 불 가 교   이 능 교 인 자 무 지}

자기 집안도 교육시킬 수 없는 자가 남을 교육시킬 수 있는 사람은 없다.

자기 집안의 교육도 제대로 못 시키면서 남을 교육시킬 수 있냐는 것이다. 여기서 교육이란 글공부만을
이야기하는 것이 아니고, 집안교육을 잘 다스리는 광범위한 교육을 말한다.

(14) 德者本也 財者末也 (傳10章)
_{덕 자 본 야   재 자 말 야}

덕은 근본이며 재물은 끝이다.

덕이 첫째란 말이고 재물은 말단이다. 인간의 첫째는 덕목이고 덕이 있으면 재물도 모인다. 위정자들의
재산 모으기에 별 편법을 다 써도 국민들은 무감각에 이를 정도가 된 우리 사회를 돌아보면서 반성해보
는 말이기도 하다.

(15) 言悖而出者 亦悖而人 (傳十章)
_{언 패 이 출 자   역 패 이 인}

말이 잘못 어긋나게 입에서 나가면 또한 그대로 어긋나서 들어오는 것이다.

말이 잘못 나가면 부메랑처럼 그대로 되돌아온다. 오는 말이 고아야 가는 말도 곱다는 것처럼 도리에
어긋나지 않도록 말을 조심하라는 뜻이다.

(16) 貨悖而入者 亦悖而出 (傳十章)
_{화 패 이 입 자   역 패 이 출}

재물이 도리에 어긋나게 들어오면 역시 어긋나게 나가는 것이다. 부정하게 들어오

는 돈은 또한 부정하게 나간다.

悖: 어그러질 패

(17) 生財有大道 (傳十章)
생 재 유 대 도

재물을 모으는 데도 대도가 있다.

재산을 모으는 데도 도의에 맞도록 해야지 부정한 방법으로 술책을 쓰지 않도록 하며, 장사는 재물을
모으는 데도 세목을 만들어 경영을 잘해야 한다는 뜻이다.

사람들의 이야기

인생을 종종 축구경기에 비유한다.
25세까지는 연습기간,
50세까지는 전반전,
75세까지는 후반전,
100세까지는 연장전이라고 한다.

『중용(中庸)』

1. 『중용』 알기

중용에서 '中'은 어느 한쪽으로 치우치지 않는다는 것이다. '庸'은 영구불변을 뜻한다. 이것은 매사를 처리함에 있어서 치우치지 않고 기울이지도 않으며, 지나침도 모자람도 없는 방법이나 태도를 가리킨다. 다시 말해서 중용은 극단적인 논리가 아니고 또한 중간주의도 아니다. 전체주의와 개인주의를 모두 포괄하여 공통분수주의를 존중하고, 요즘 말하는 진보주의와 보수주의를 전부 수용하여 실용주의를 채택한다. 흔히 잘못 생각하여 중간주의를 생각하는 소위 양쪽의 극단을 배제하고 절충하여 중간만을 취하는 논리가 아니다. 또한 타협이나 절충주의도 아니다. 중용의 핵심은 도덕적 중심체를 세워서 대립하는 양극단을 모두 포괄해서 지나침도 모자람도 없는 가장 알맞은 상태로 변화하는 상황논리며 발전의 법칙이다. 인간의 욕심이 매번 도덕적 본성의 명(命)을 듣게 하는 것이 중요한 도를 실천하는 길이다.

이를 위해서 성(性), 도(道), 교(敎)라는 개념으로 천도와 인도와의 관계를 설명한다. 성(性)은 하늘이 준 사람 속에 있는 하늘의 속성이다. 도(道)는 하늘이 부여한 성(性)을 따르는 것이다. 효도와 자식사랑, 형제간의 우애, 가정의 화목, 이웃 사랑이 도(道)이다. 교(敎)는 도(道)를 마름질하는 것인데, 도(道)를 구체화하는 교훈, 예절, 법칙, 제도 등으로 구체화된 것을 말한다.

중용의 주요내용은 성(誠), 중용, 중화(中和)이다. 성(誠)은 진실무망(眞實無妄)이고 성(誠) 그 자체는 우주자연의 기본원리이며 성(誠)의 작용이 인간 사회를 자연의 섭리와 합치게 하여 이상사회를 이끄는 것이다. 이와 같이 정성이 지극함에 이를 때 중용의 도는 이루어진다. 중용은 치우치거나 기대지 않고 평상의 이치다. 영어로 표현하면 중용은 'middle'이 아니고 'equilibrium(균형잡기, 평형)'라고 할 수 있다. 중(中)은 알맞은 것, 화(和)는 평화롭게 행하는 것이다.

『중용』은 무엇 때문에 지었는가? 자사(子思)께서 도(道)의 학문이 그 전통을 잃게 될까 근심하여 지은 것이다. 인간의 본성은 천부적(天賦的)인 것이기 때문에 인간은 그 본성을 따르지 않으면 안 된다. 따라서 그 본성을 쫓아 행동하는 것이 인간의 도(道)이며, 도를 닦기 위해서는 궁리(窮理)가 필요하다. 이 궁리를 교(敎)라고 한다. 『중용』은 이 궁리를 연구한 책이다.

『중용』은 공자의 손자인 자사(子思)의 저작이라 하지만 확실치는 않다. 『중용』은 『예기』에 있는 '중용편'과 '대학편'을 송대(宋代)에 주희(朱熹)가 분리해서 각각 독립시킨 책이다.

2. 『중용』의 명문·명언

(1) 天命之謂性 率性之謂道 修道之謂敎 (1章)
천 명 지 위 성   솔 성 지 위 도   수 도 지 위 교

하늘의 명(明)을 성(性)이라 한다. 성(性)에 따르는 것을 도(道)라 한다. 도(道)를 닦는 것을 가르침이라고 한다.

하늘의 천이란 대 우주를 지배하는 즉, 천지에 널리 행하여지고 있는 천리(天理)이다. 그 천리가 인간에게 전해지면 이것을 인성이라 한다. 하늘이 사람에게 주신 것을 성(性)이라 하고, 성(性)에 따르는 것을 도(道)라 한다. 즉 인성(人性)이 자연에 순종하는 것을 도(道)라고 한다. 도(道)를 닦는 것을 가르침이라 한다. 가르침이란 단순히 지식을 넓히고 견문을 넓히는 것만은 아니다.

(2) 置中和 天地位焉 萬物育焉 (1章)
치 중 화   천 지 위 언   만 물 육 언

중화를 이루면 천지의 위(位)도 바르게 되며 만물이 모두 정상적으로 발육을 하게 된다.

알맞게 평화롭게 환경을 조성해주면 만물은 정상적으로 자란다.

(3) 子曰: 道不遠人 人之爲道而遠人 不可以爲道 (13章)
자왈 도불원인 인지위도이원인 불가이위도

공자의 말씀이 '도'는 사람들에게 멀지 않다. 사람이 도를 행하는데 인정(人情)에 벗어난 것이라면 참다운 도가 아니다.

중용의 도가 인간생활과 밀접한 것임을 밝히고 있다. 도는 사람이 누구나 마땅히 걸어야 할 큰 길이며 곧 본성에 따르는 법도인 것이다.

(4) 凡事豫則立 不豫則廢 (20章)
범사예즉립 불예즉폐

모든 일이 사전에 준비를 하면 그 일이 성취되고 미리 준비가 없으면 그 일은 실패한다.

(5) 誠者 天地道也 誠之者 人之道也 誠者 不勉而中 不思而得 從容中道 聖人
성자 천지도야 성지자 인지도야 성자 불면이중 불사이득 종용중도 성인
也. (20章)
야

진실됨이란 하늘의 道요, 하늘의 운행이 정상적으로 4계절이 밤과 낮이 진행되는 친도의 운행이다. 진실해지려고 힘은 사람의 道니, 진실한 사람은 힘쓰지 않아도 善에 맞게 되며 생각하지 않아도 선을 얻게 되어 유유히 道에 맞게 되니 이는 곧 성인이다.

이 문장은 중용의 제2의 주제라고 할 수 있는 성(誠)에 대한 해설이다. 그러면 중용에서의 誠이란 무엇인가? 주자(朱子)는 진실무망(眞實無妄)함을 誠이라 하며 이는 천리(天理)의 본연(本然)이리고 해석하고 있다. 진실무망이라 함은 진실되어 조금도 망념된 점이 없다는 말이다. 즉 진실됨이다. 천리의 본연이란 하늘의 이치의 본래적인 모습이다.

이 문장은 제일 첫 머리에 있는 天命之謂性……에 호응하는 문장이다.

(6) 博學之 審問之 愼思之 明辨之 篤行之 (20章)
박학지 심문지 신사지 명변지 독행지

널리 배우고, 자세히 묻고, 신중히 생각하고, 명확하게 분별하고, 독실하게 행할 것이다.

博學之: 배움의 확장이 자기분야에 대한 정확한 시각을 갖게 해준다. 넓은 시각으로 사물을 볼 수 있는 기본을 닦아야 한다는 말이다.

審問之: 물어보려거든 깊이 구석구석 물어보아라. 물음의 깊이의 넓이가 대답의 질을 높인다.

愼思之: 명확하고 확실한 판단을 얻을 때까지 숙고해야 실행의 단계에 진입할 수 있다.

明辯之: 명확하게 판단해야 행하는 바가 잘 된다.

篤行之: 실행은 독실하게 하라. 정확한 판단 뒤에 실행 단계에 진입하라.

이 5가지에 몰입 이론에 근거하여 어떤 분야든 끝까지 파고들어 그 원리를 깨치고 바닥을 보는 것을 선비됨의 자세라고 생각했다. 우리 조선의 선비들도 자기 경험의 핵심이었고 중용에서는 이렇게 끝을 맺는다.

(7) 人一能之 己百之 人十能之 己千之 果能此道也 雖愚必明 雖柔必强 (20章)
   인 일 능 지 기 백 지 인 십 능 지 기 천 지 과 능 차 도 야 수 우 필 명 수 유 필 강

남이 한 번에 능히 그 일을 할 수 있으면 나는 백 번이라도 해서 그 일을 해내고,
남이 열 번을 해서 그 일을 해내면 나는 천 번이라도 해서 완성할 것이다. 과연
이 도를 능히 한다면 비록 어리석은 사람일지라도 반드시 현명해질 것이며, 비록
연약한 사람일지라도 반드시 강해질 것이다.

   이런 과정을 꾸준히 되풀이하여 노력을 거듭하면 비록 우둔한 사람도 현명해지고, 또 비록 유약한 사람
   도 꾸준히 쉬지 않고 계속 정진하면 반드시 강한 정신력을 지탱할 수 있다는 말이다.

(8) 唯天下至性 爲能盡其性 能盡其性 則能盡人之性 (22章)
   유 천 하 지 성 위 능 진 그 성 능 진 그 성 즉 능 진 인 지 성

오직 천하의 지극한 진실이야말로 능히 그 본성을 다할 수 있으며 그 본성을 다할
수 있으면 능히 사람의 본성을 다할 수 있다.

(9) 君子之道 闇然而日章 (33章)
   군 자 지 도 암 연 이 일 장

군자의 도는 어두운 듯해도 밝아온다.

   군자의 도는 어두운 곳에서도 쌓여 속으로 지니고 있어도 그 덕은 밖으로 흘러 나아간다.

   闇: 숨을 암, 어두울 암

『소학(小學)』

1. 『소학』 알기

『소학』은 글자 그대로 어린이용 교육 서적이다. 송(宋)나라 주자(朱子)가 제자인 유자징(劉自澄)에게 소년들을 가르칠 수 있는 책을 편집해서 주자가 교열하고 가필한 것으로 보고 있다.

내외(內外) 2편으로 나누어져 있는데 내편(內篇)은 입교(入敎), 명륜(明倫), 경신(敬身), 계고(稽古) 항목이 있고, 그 아래 각각 세목으로 나누어져 있다. 외편(外篇)은 가언(嘉言), 선행(善行)의 항목 중에서 일상생활의 일들, 사람을 대하는 예의, 예절, 충신과 효자 도덕규범 등의 인간이 마땅히 지켜야 할 기본자세 등을 교육하고 있다.

『소학』은 『근사록(近思錄)』으로 갈 수 있는 과정의 기본서이고, 『근사록』은 『사서』로 가는 기본서이다. 따라서 『소학』은 『예기』에서나 『사서』에서 인용한 부분이 많다. 가끔 앞에 논어, 맹자, 대학 등에서 나온 글의 인용이 많다는 것을 자주 예문에서 발견할 것이다.

2. 『소학』의 명문·명언

(1) 博學不敎 內而不出 (內篇入敎 禮記內)
　　박 학 불 교　내 이 불 출

넓게 배우고 가르치지 않으면 내면의 것을 밖으로 드러내지 않는다.
　널리 배워 연구한 것을 즉시 남에게 지도하려 하지 않는다. 더욱더 간직해두고 완숙해지거든 남을 지도하라.

(2) 飽食暖衣 逸居而無敎 則近於禽獸 (內篇 入敎)
포 식 난 의 일 거 이 무 교 즉 근 어 금 수

배부르게 먹고 따뜻하게 옷 입고, 안일하게 살면서 아이들을 가르치지 않으면 금
수와 가깝게 된다.

먹을 것 다 먹으면서 아이들을 교육시키지 않으면 짐승이나 같은 것이다.

(3) 爲人子禮 恒言不稱老 (內篇 明倫)
위 인 자 예 항 언 불 칭 로

자식이 된 사람이 평소에 늙었다는 말을 하지 않는다.

자식이 부모 앞에서 항시 늙었다고 한다면 부모는 더 늙었는데 수명에 대해서 불안감을 조성하여, 부모
는 어서 죽으라는 말로 들린다.

(4) 在上不驕 高而不危 (內篇 明倫)
재 상 불 교 고 이 불 위

윗자리에 있으면서 교만하지 않으면 높은 자리에 있어도 위태롭지 않다.

높은 자리에 있으면 쳐다보는 사람이 많고 그만큼 기대감도 있는데, 지위를 이용하여 교만하면 많은
사람들에게 손가락질 받아 위험하게 된다. 높은 자리에 있을수록 겸손해야 한다.

(5) 尊客之前 不叱狗 (內篇 明倫)
존 객 지 전 부 질 구

귀한 손님 앞에서는 개도 꾸짖지 않는다.

손님에 대하여 존경하는 마음으로 대하는 태도에서 꾸지랄 일이 있으면 손님이 가고 나서 꾸짖는 것이
손님에 대한 예의이다.

(6) 傷其本 枝從而亡 (內篇)
상 기 본 지 종 이 망

뿌리가 상하면 가지도 죽는다.

공자의 말씀 중 하나인데 근본을 단단히 해야 한다는 말이다.

(7) 愛而知其惡 憎而知其善 (內篇敬身)
애 이 지 기 악 증 이 지 기 선

사랑하면서도 그 악함을 알고, 미워하면서도 그 선함을 알아라.

사람이 사랑하면서도 그 사람이 나쁜 점이 있으면 그것을 잘 알고 있어야 한다. 미워하더라도 그 사람
에게는 좋은 점이 있으면 그것을 그냥 지나치지 말아야 한다.

(8) 愛子 敎之以義方 (內篇 敬身)
애 자 교 지 이 의 방

자식을 사랑하면 의로운 방법으로 가르쳐라.

자식에게는 의를 행하는 도리를 가르쳐라.

義方: 5가지 도리

(9) 當官之法 唯有三事 曰淸 曰愼 曰勤 (外篇 嘉言)
　　당 관 지 법　유 유 삼 사　왈 청　왈 신　왈 근

관직을 맡아 행하는 법에는 오직 3가지가 있다. 청렴하고, 신중하며, 근면해야 하는 것이다.

　관직에 있을 때는 오직 3가지가 있는데 첫째는 결백해야 하고, 두 번째는 일을 신중하게 처리하고, 셋째는 직무에 충실해야 한다.

(10) 婚娶而論財 夷虜之道也 (外篇 嘉言)
　　혼 취 이 논 재　이 노 지 도 야

혼인 시에 재물을 논하는 것은 오랑캐의 도이다.

　처갓집 재산으로 왈가왈부 논하는 것은 남방족인 이(夷)와 북방(北方: 노(虜))의 미개인이나 할 도리이다. 오랑캐족이나 이런 말을 한다.

娶: 장가들 취

虜: 오랑캐 노

(11) 伊川先生曰: 人有三不幸 少年登高科 不幸 席父兄弟之勢
　　이 천 선 생 왈　인 유 삼 불 행　소 년 등 고 과　불 행　석 부 형 제 지 세

　　爲美官 二不幸 有高才能文章 三不幸也 (外篇 嘉言)
　　위 미 관　이 불 행　유 고 재 능 문 장　삼 불 행 야

이천선생이 말하기를: 사람에게는 3가지 불행이 있다. 어린 나이에 과거 시험에 급제하는 것이 첫째 불행이요, 아버지의 권세를 빌어 벼슬하는 것이 둘째 불행이요, 높은 글재주가 있어 문장에 통달하는 것이 셋째 불행이다.

　왜 이런 엉뚱한 말이냐고 할 줄 모르겠지만 학문이 원숙되기 전에 검철도 없이 벼슬자리에 올라 미숙함을 드러낼 수 있다는 것을 염려해서 나오는 말이다. 아버지의 배경으로 벼슬자리에 올라 무슨 일을 어떻게 처리할 수 있을지 윗사람들의 눈치나 보는 덕이 부족한 사람으로 보기 때문이다.

(12) 明道先生曰: 正路之蓁蕪 聖門之蔽塞 (外篇 嘉言)
　　명 도 선 생 왈　정 로 지 진 무　성 문 지 폐 색

명도선생께서 이르기를 정상으로 가는 길은 잡초가 무성한 길이며, 성인으로 가는 문은 장벽이다.

　올바른 길로 가는 길은 잡초가 쌓인 무성한 길이며, 성인으로 가는 수행의 길도 장벽이다 함은 얼마나 어려운 길인가! 이것을 뚫고 가야 하는 길이 성인의 길이다.

蓁: 우거질 진

蕪: 거친 풀 무

塞: 막힐 색

(13) 學校禮義相先之地 而月使之爭 殊非敎養之道 (外篇 善行)
　　학 교 예 의 상 선 지 지　이 월 사 지 쟁　수 비 교 양 지 도

학교는 우선 예의를 가르쳐야 한다. 매월 학생들로 하여금 시험을 보아서 학생들을 경쟁하도록 몰아치는 것은 교양의 도리가 아니다.

　이천선생의 말로 학교는 예의를 우선으로 지도해야 하는 장소인데, 매월 성적을 경쟁시키는 장소가 되

는 것은 원래의 교육의 취지와 목적이 아니다. 이런 교육은 참 교육의 올바른 도리가 아니다. 요즘도 어느 교육 단체에서 외치는 참교육과도 통하는 길인 것 같다.

(14) 平生之志 不在溫飽 (外篇 善行)
평 생 지 지　부 재 온 포

평생의 뜻이 결코 배부른 것에 있는 것이 아니다.

일평생의 뜻은 따뜻하게 지내고 맛있는 음식을 먹고 사는 것에만 있는 것은 아니다.

溫: 따뜻할 온.

飽: 배부를 포

(15) 自不亡語始 (外篇 善行)
자 불 망 어 시

거짓말을 않는 것으로부터 시작하라.

정치인들의 선거공약만 잔뜩 늘어놓고서 당선되고 나서는 나는 그런 공약한일 없다고 하거나, 상대방의 당이 못 하게 방해를 해서 실행하지 못했다고 한다. 자기의 능력으로는 도저히 못할 공약으로 시민을 속이고 있는 것이다. 가난한 사람들에게 최면 거는 거짓 희망 대신 지금의 아픈 현실을 일깨워 주어야 한다. 사마광(司馬光)의 말이다.

『손자병법(孫子兵法)』

1. 『손자병법』 알기

　『손자병법』은 중국의 춘추시대 고대 병법서이다. 『사기(史記)』에는 손자(孫子) 13편으로 나와 있으나 『한서(漢書)』, 『예문지(藝文志)』에는 『오손자병법(吳孫子兵法)』 82편이라 기재되었다.

　『오자(吳子)』와 병칭되는 병법 칠서(七書) 중에서 가장 훌륭한 병서를 보통 『손오병법(孫吳兵法)』이라 한다. 저자는 춘추시대 오(吳)나라 합려(闔閭)를 섬기던 명장 손무(孫武)인데 손자를 높여 부르는 것이다. 보통 '子'를 넣어 높여 부르는 호칭이다. 현재 전해지는 것은 13편이지만 당초의 것은 아니고, 삼국시대 위(魏)나라의 조조(曹操)가 82편 중에서 골라 삭제하고 정수만을 추려 13편 2책으로 만들었다고 한다.

　예전에는 손무의 후손으로 전국시대 진(晉)에서 벼슬한 손빈이 쓴 병법서로 추정하기도 했지만, 1972년 산둥 성에서 전한시대의 묘에서 손자와 손빈 병법, 이 두 가지가 출토되어 별개의 책인 것으로 판명되었다.

　병(兵)의 설명은 간결하고 요약해서 잘 설명했다. 국가의 대사, 생사의 땅, 국가존망의 갈림길에서 국책을 결정하고 장군을 선출하는 데부터 작전 전투에 걸쳐 잘 명시되었다.

　그러나 비호전적인 사상이 배어 있다. 전쟁은 최후의 방법이며, 할 수 없는 경우에 취할 수 있는 병법서라고 할 수 있다.

　손자병법은 크게 두 가지 원칙이 있다. 하나는 승산 없는 싸움은 하지 말자. 두 번째는 싸우지 않고 이겨라. 요즘 말로 하면 상생(相生)하는 'win-win'정책인 것이다.

이 병법은 현대인에게 인간사회를 살아가는 지혜를 배울 수 있다. 인간관계의 참고서며 경영전략의 교과서가 될 수 있다.

1. 『손자병법』의 명문·명언

(1) 兵者 國之大事 死生之地 存亡之道 不可不察也 (始計篇)
병자 국지대사 사생지지 존망지도 불가불찰야

兵이란 국가의 큰일이다. 전쟁터는 군사의 생사가 달려 있는 땅이며 나라의 존망이 달려 있으니 잘 보살펴야 한다.

故經之以五事 教之以七計 而索其情 一曰道 二曰天 三曰地 四曰將 五曰法
고 경지이오사 교지이칠계 이색기정 일왈도 이왈천 삼왈지 사왈장 오왈법

고로 5가지 원칙과 7가지 계략으로 비교하여 그쪽의 상황을 찾아내야 한다. 첫째는 지도자의 통솔력, 둘째는 날씨 파악, 셋째는 지형의 조건, 넷째는 장군의 통솔력, 다섯째는 법이다.

道者 令民與上同意也 故可與之死 可與之生 而不畏危也
도자 영민여상동의야 고가여지사 가여지생 이불외위야

지도자는 온 국민의 동의를 얻어야 한다. 그러므로 생사를 같이 한다는 일체감을 갖게 되면 어떤 위험도 두려워하지 않을 것이다.

(2) 知彼知己 百戰百勝 (謀攻篇)
지 피 지 기 백 전 백 승

상대방을 알면 백 번 싸워도 이긴다.

이 교훈은 전쟁뿐만 아니라 사업경영에도 많이 응용할 수 있는 글이다.

(3) 善戰者 能易不可勝 (軍形篇)
선 전 자 능 이 불 가 승

잘 싸우는 자도 충분히 이길 수 없다.

전쟁을 잘해서 이기는 자도 언젠가는 지게 된다. 운동선수도 아무리 현재는 잘해도 언젠가는 지는 것과도 같은 것이다.

국가 간에도 서로 전쟁을 하지 않고 상생하자고 하는 win-win 정책으로 외교방법도 손자병법의 하나라고 보면 된다.

(4) 以迂爲直 以患爲利 (軍形篇)
이 우 위 직 이 환 위 리

迂로서 直을 삼고 患으로서 利를 삼는다.

여기서 迂는 거리적으로나 시간적으로 돌아가는 길보다는 돌아가는 방법을 내세워 확실하게 목적 달성
을 할 수 있음을 의미한다. 인간관계를 시간을 가지고 풀어 나아가는 과정을 중시한다.
迂: 멀우
급할수록 돌아가라는 뜻이다.

(5) 始如處女 後如脫兎 (九地篇)
시 여 처 녀 후 여 탈 도

처음에는 처녀처럼 나중에 불리할 때는 토끼처럼 도망간다.

(6) 避實擊虛 (虛實篇)
피 실 격 허

상대방의 전력이 튼튼하고 허술한 점이 없을 때는 공격을 피하고, 적이 허술한 점
이 있을 때는 틈을 타서 공격한다는 의미다.

(7) 兵聞拙速 (作戰篇)
병 문 졸 속

전쟁이 자전 중에서 가장 중요한 것 중 하나는 적을 공격할 때는 공격할 수 있는
기회를 놓치지 말아야 한다.

기회를 잡으면 속전속결로 서리해야 한다. 그래야 아군의 사기에 도움이 클 뿐만 아니라 군비축의 식량
도 절략이 된다.

(8) 兵形象水 水之行 避高而趨下 兵之形 避實而擊虛 (虛實編)
병 형 상 수 수 지 행 피 고 이 추 하 병 지 형 피 실 이 격 허

군대의 형태는 물의 성질을 본받아야 한다. 물이 가는 것은 높은 곳은 피하고 낮은
곳으로 내려가는데 군대의 형태는 단단한 곳은 피하고 빈곳을 무찌른다.

물의 성질은 ① 물은 담는 그릇에 따라 여러 형태로 바꾸며 유연성이 있는 것처럼 유연성을 발휘하라.
② 물은 상하로 흐르듯 상대방의 저항을 피해 때로는 낮은 곳으로 물러설 수도 있다. ③ 때로는 많은
물은 엄청난 에너지를 이용할 수 있다.

(9) 多算勝 少算不勝 (始計篇)
다 산 승 소 산 불 승

승산이 많으면 이길 수 있고, 이길 승산이 적으면 일단은 물러서는 것이다.

算(산)은 승산을 뜻한다.
기업 투자의 원리도 마찬가지로 보는 것이다. 어떤 일도 착수하기 전에 확신이 설 때 시작하는 것이
바람직하다. 모든 일에는 사전계획을 계산해보고 다시 점검해보는 좋은 교훈이 되는 글이다.

(10) 百戰百勝 非善之善者也 不戰而屈人之兵 善之善者也 (謀攻篇)
    백 전 백 선 비 선 지 선 자 야 부 전 이 굴 인 지 병 선 지 선 자 야

백전백승하는 것이 최선책이 아니다. 싸우지 않고도 적을 굴복시키는 것이 최고의
용병술이다.

　　백전백승보다는 서로 싸우지 않고 이긴다면 인명 피해도 없고 군비도 손실이 없으니, 이것이 최고의
　　용병술이 아니겠는가!

(11) 鳥起者伏也 獸駭者覆也 (行軍篇)
    조 기 자 복 야 수 해 자 복 야

새가 날아가면 복병이 있고, 산짐승이 놀라서 뛰어 달아나면 적군이 매복되어 있다.

　　전쟁에서는 처한 장소나 환경을 잘 이용하라는 뜻과 매사에 조심하라는 의미이다.

　　駭: 놀랄 해

『사기(史記)』

1. 『사기』 알기

사마천(司馬遷)은 전한(前漢)시대의 역사가이다. 성은 '사마(司馬)'이며 이름은 '천(遷)'이다. 사마천은 주(周)나라 역사가 집안의 사마(司馬) 가문의 후손이다. 아버지는 천문, 달력, 기록을 맡아 처리하는 부서의 장관급이다. 아버지 사마담(司馬談)의 태사령(太史令)의 벼슬을 물려받아 태사령으로 복무했다. 처음에는 『사기』라고 부르지 않고 『태사공서(太史公書)』라고 불렀다. 그는 자기 친구인 이릉(李陵) 사건에 연루되어 친구를 변호하다가 한무제(漢武帝)의 노여움을 사서 궁형(宮刑)[1]을 받게 되었다. 그러나 그런 형을 받으면 자살하는 경우가 있었으나 아버지의 간곡한 부탁한 『사기』를 완성하라는 것 때문에 목숨을 버리지 않았다.

『사기』는 130권으로 되어 있다. 태고의 전설시대부터 하(夏), 은(殷), 주(周) 삼대 왕조부터 춘추전국시대를 지나 진(秦)의 통일과 멸망, 기원전 2세기 한대(漢代) 초기에 이르기까지 약 3천 년을 기록한 역사서다.

내용은 『좌전(左傳)』, 『국어(國語)』, 『세본(世本)』, 『전국책(戰國策)』 등을 손질한 것이다. 『사기』보다는 『좌전』이 먼저이기 때문에 이것을 많이 참고하였다. 본기(本紀) 12권, 서(書) 8권, 표(表) 10권, 세가(世家) 30권, 열전(列傳) 70권으로 되어 있다. 본기(本紀)는 제왕의 흥망성쇠를, 표(表)는 세가(世家) 연표를, 서(書)는 예악, 제도 등을, 세가(世家)는 춘추전국

---

1) 남자의 생식기를 거세하는 것.

시대의 제후와 한나라 왕족들의 흥망성쇠를, 열전(列傳)은 유림전, 자객전, 인간사회를 기록했다.

사마천의 나이 42세쯤 역법을 개정하여 태초력(太初曆)을 기원전 104년 한무제(漢武帝) 태조 원년에 완성했다.

2. 『사기』의 명문·명언

(1) 擧鼎切臏 (秦記)
　　거 정 절 빈
솥을 들어 올리려다 종지뼈를 끊었다.
　힘은 없는데 무거운 솥을 들어 올리다가 종지뼈를 절단 냈다는 것은 힘이 모자라면서 혹은 능력은 없으면서 과중한 임무를 맡겨 망치는 경우를 말한다.
　臏: 종지뼈 빈

(2) 以衡石量書 (始皇帝)
　　이 형 석 량 서
저울로써 문서의 무게를 단다.
　왕에게 올라온 상소문을 무게를 달아서 판결을 내린다. 처리해야 할 문건이 너무 많음을 비유한 말이다.
　衡: 저울대 형
　石은 120근을 말한다.

(3) 劍一人敵 不足學 (項羽紀)
　　검 일 인 적 부 족 학
칼은 한 사람의 적을 상대하는 것이니 배울 필요가 없다.
　한 사람보다는 차라리 많은 사람을 상대로 하는 기술을 배워라.

(4) 大行不顧細謹 大禮不辭小讓 (項羽紀)
　　대 행 불 고 세 근 　대 례 불 사 소 양
큰일을 행할 때는 사소한 일은 돌보지 않고, 크게 예를 갖출 때는 사사로운 사양을 삼간다.
　顧: 돌아볼 고
　큰일을 할 때는 사사로운 일은 삼가고 오로지 큰일에만 전념해야 한다.

(5) 養虎自遺患也 (項羽紀)
　　양 호 자 유 환 아
호랑이를 길러 스스로 후환을 남긴다.
　遺: 끼칠 유

"호랑이 새끼 때는 모르고 기르지만 자라고 나면 본성이 나와 오히려 사람을 해친다."는 뜻에서 제거하지 못하고 놓아두었더니 나중에는 화를 입는다.

(6) 力拔山兮氣蓋世 (項羽紀)
역 발 산 혜 기 개 세

힘으로는 산을 뽑아 올릴 수 있고, 기상은 세상을 덮는다.

해하(垓下)의 싸움에서 항우가 이긴 기상을 詩에서 쓴 글이다.

(7) 時難得而易失 (齊太公世家)
시 난 득 이 이 실

좋은 시기는 얻기 어려우나 잃기는 쉽다.

좋은 시기를 얻을 수 있는 기회는 쉽게 올 수 있으나, 그것을 오랫동안 유지하기는 어렵다는 것이다. 방심하는 사이에 잃어버리는 수가 있다. 계속 유지하려면 거기에 대한 많은 노력을 해야 한다.

(8) 戰者逆德也 爭者事之末也 (趙世家)
전 자 역 덕 야   쟁 자 사 지 말 야

전쟁은 덕을 거역하는 것이요, 다툼은 모든 일에 종말이다.

전쟁은 덕을 위반하는 행위이며, 서로 다툼은 만사의 끝이다.

(9) 千金之子不死於市 (越世家)
천 금 지 자 불 사 어 시

부잣집 아들은 시장 바닥에서 죽지 않는다.

부잣집 아들은 어디서나 자중하고 몸가짐을 잘해서 함부로 시장 바닥에서 나가 죽지 않는다. 죽는 자리도 체통이 있다.

(10) 王侯將相 寧有種乎 (陳涉世家)
왕 후 장 상   영 유 종 호

왕후장상이라도 그 씨는 같더라.

왕후장상이라지만 씨는 특별하지 않고 보통사람이더라. 진(秦)나라 때 만리장성을 구축하는 데 억압에 반대하면서 군중봉기를 일으킨 진승이 군중 앞에서 선동하는 소리다. 우리와 뭐가 다른가. 사람은 다 평등함을 부르짖는 소리다.

(11) 當斷不斷 反受其亂 (齊悼惠王世家)
당 단 부 단   반 수 기 란

처단할 때 처단하지 않으면 오히려 해를 초래한다.

무슨 일이던 결단을 내려서 처단하지 않고 그 시기를 놓치면 오히려 해가 돌아온다. 고름도 더 놓아두면 생살이 썩어간다.

(12) 以暴易暴兮 不知其非義 (伯夷傳)
이 폭 역 폭 혜   부 지 기 비 의

폭력으로 폭력을 몰아내고도 그 잘못을 모른다.

폭도들을 제거하기 위해 또 포학하게 보복을 해서 도리에 크게 어긋남을 깨닫지 못한다. 은(殷)나라를
정복한 주(周)나라의 무왕(武王)을 비판하는 말이다.

(13) 貪夫循財 (伯夷傳)
탐 부 순 재

탐부는 재물을 따라 죽는다.

循: 쫓을 순

탐욕스러운 사람은 재물을 목숨보다 중하게 여긴다. 재물 가지고 죽고살고 자살까지 하는 사람들을 종
종 볼 수 있다.

(14) 趨舍有時 (伯夷傳)
추 사 유 시

나아가고 들어가는 데는 때가 있다.

사람이 들어가고 물러가는 데는 시기가 있다. 오래 그곳에 머물러 있어 후회하기 전에 물러나 다음 사
람에게 양보해야 한다. 특히 관료직이나 정권이 그렇다.

舍: 집 사, 포기할 사, 버릴 사

趨: 달릴 추

趨舍: 진퇴

(15) 負笈從師 (蘇秦傳)
부 급 종 사

책 상자를 짊어지고 스승을 따라간다.

먼 길을 떠나 유학가는 것을 말한다.

笈: 책상자 급

(16) 將門必有將 相門必有相 (孟嘗君傳)
장 문 필 유 장 상 문 필 유 상

장군 가문에는 반드시 장군이 나오고, 재상 가문에는 반드시 재상이 나온다.

가문의 훌륭함은 속일 수 없다. 그 씨에 그 아들이다.

(17) 若錐之處於囊中 其末立見 (平原君傳)
약 추 지 처 어 낭 중 기 말 입 견

날카로운 송곳이 자루 속에 들어 있는 것과 같아 그 날카로운 끝이 당장 드러난다.

錐: 송곳 추

지혜가 있는 선비는 자루 속에 송곳처럼 언젠가는 그 날카로운 재능이 밖으로 솟아나온다. 즉, 때를
만날 수 있는 기회가 있다는 것을 의미한다.

(18) 古之君子 交絶不出惡聲 (樂毅傳)
고 지 군 자 교 절 불 출 악 성

옛 군자는 절교를 해도 험담을 하지 않는다.

비록 절교는 했어도 군자는 상대방에게 험담을 하지 않는다.

(19) 貞女不更二夫 (田單傳)
정 여 불 경 이 부

정절을 지키는 여자는 남편이 죽어도 다시 시집가지 않는다.

정조가 있는 여자는 남편이 죽어도 다시 남편을 얻지 않는다.

(20) 委肉當饑虎之蹊 (荊軻 자객전)
위 육 당 기 호 지 혜

굶주린 호랑이가 다니는 길목에 고기를 버려둔다.

굶은 호랑이는 당연히 고기를 탐낸다는 뜻에서 화를 자초한다는 뜻이다.

委: 맡길 위

饑: 주릴 기

蹊: 지름길 혜, 건너갈 혜

(21) 敗軍之將 不可以言勇 (淮陰侯傳)
패 전 지 장   불 가 이 언 용

전투에 패한 장수는 무용에 대해 말할 자격이 없다.

전투에서 패한 장군이 전쟁에 대해서 말할 자격이 없으니 나서지 마라.

(22) 諺曰: 桃李不言下自成蹊 (李將軍傳贊)
언 왈   도 리 불 언 하 자 성 혜

복숭아 자두나무는 누가 말하지 않아도 그 밑에 저절로 길이 생긴다.

蹊: 지름길 혜

아름다운 꽃향기에 취해 사람들이 스스로 모여들듯이 덕이 있는 사람 밑에는 저절로 사람들이 존경하여 모여들기 마련이다.

(23) 所持者狹而所欲者奢 (滑稽傳)
소 지 자 협 이 소 욕 자 사

들고 온 선물은 보잘것없으면서 바라는 것은 크다.

선물은 적으면서 바라는 것은 크다. 분에 넘치는 요구를 바라는 말에 쓴다.

(24) 衣食足而知榮辱 (貨殖傳)
의 식 족 이 지 영 욕

의식이 풍부하면 영욕을 알게 된다.

요즘도 돈이 많은 사람들이 벼슬이라도 해볼까 생각하게 되는데 벼슬과 돈은 다르다는 것을 알았으면 한다. 벼슬길을 돈 버는 길로 보지 말지어다.

(25) 泰山不辭土壤 故能成其大 河海不擇細流 故能就其深 (李斯列傳)
태산불사토양 고능성기대 하해불택세류 고능취기심

태산은 작은 흙덩이도 사양하지 않기 때문에 그 높음을 유지할 수 있었고, 강이나 바다는 가는 물줄기조차도 가리지 않고 다 받아들이기 때문에 그 깊음을 유지할 수 있었다.

이것은 소인의 말 혹은 작은 일도 더 나아가서는 지구상에 어떤 인종도 구별하지 않고 다 받아들인다는 뜻으로 사용할 수 있는 말이다. 그래서인지 반기문 UN 사무총장도 이 말을 명언으로 인용한다고 한다.

『근사록(近思錄)』

1. 『근사록』 알기

송(宋)나라 때 신유학(新儒學)의 생활 및 학문의 지침서이다. 책 제목은 『논어』의 "切問而近思 仁在其中矣"에서 "절실하게 물어보고, 현실 가까이에서 생각하면 仁이 그 가운데 있다."라는 구절에서 '近思'에다 '기록한다'는 '錄'을 합쳐서 『근사록』으로 만든 것이다.

1175년 주희(朱熹)가 친구 여조겸(呂祖謙), 주돈이(周敦頤), 정호(程顥), 장재(張載) 4학자들과 더불어 공동 편집한 것이다.

내용은 622조의 항목을 14권으로 분류되었는데 각 권의 편명은 후대의 학자들이 붙인 것이다. 도체(道體), 위학(爲學), 치지(致知), 존양(存養), 극기(克己), 가도(家道), 출처(出處), 치체(治體), 정사(政事), 교학(敎學), 경계(警戒), 변이단(辨異端), 관성현(觀聖賢)이 있다. 이런 항목에서 볼 수 있듯이, '수신제가치국평천하(修身齊家治國平天下)'의 큰 틀의 교훈에 목적을 두고 있다.

채모(蔡模)의 '근사록집주(近思錄集註)' 등의 많은 해설서가 나왔다. 그 자료는 주자의 선배인 주렴계(周濂溪), 정명도(程明道), 정이천(程伊川), 장횡거(張橫渠)의 저술에서 채택했다.

2. 『근사록』의 명문·명언

(1) 人心不同如面 (道體類 程伊川)
인 심 부 동 여 면

사람의 마음은 여러 얼굴처럼 같지 않다.

천만 사람의 얼굴이 다르듯이 마음도 제각기 다르다.

(2) 被以文辭而已者陋矣 (爲學類)
피 이 문 사 이 이 자 누 의

문장을 쓰고 외우기만 하는 것은 좁은 학문이다.

학문은 도리 즉, 도덕을 마음 속 깊이 터득하고 물리를 아는 것이며 그 배운 학문을 응용해서 밝은 사회
를 만드는 데 있다. 무조건 남이 써 놓은 글만 암기하고, 미사여구(美辭麗句)만 늘어놓는 글을 쓰고
진실을 담는 내용이 없다면 빛 좋은 개살구에 불과하다.

陋: 좁을 누

(3) 經所以載道也(경소이재도야) (爲學類 程伊川)
경 소 이 재 도 야

경서는 道를 담아두는 책이다.

사서오경(四書五經)과 같은 책은 도덕을 가득히 담아 두고 있으니 우리가 자기 몸을 처신하고 살아가는
데는 가장 중요한 필독서다.

(4) 不學 便老而養 (爲學類)
불 학 편 노 이 양

늘 배우지 않으면 늙고 쇠약해진다.

便: 즉, 곧

나이 먹었다고 학문을 게을리 하고 움츠리고 집안에만 앉아있으면 노화가 빨리 온다. 요즘 노인들도
컴퓨터로 여러 가지 정보도 교환해 보고 들어 보아야 사회에 뒤 떨어지지 않고 노화도 빨리 오지 않는다.
자기의 사고를 되새겨 보면 노인의 올바른 사고는 더욱 빛나게 된다. 고인 물은 썩는다는 말이 있듯이
문명이 준 혜택을 포기할 수는 없지 않는가! 구태의연(舊態依然)한 사고는 발전을 방해하고 우리 사회
에서 버림받는 노인이 되기 쉽다.

(5) 有意近名 則是僞也 (爲學類)
유 의 근 명 즉 시 위 야

이름을 날리기 위해 뜻을 두면 거짓 학문이 된다.

학문의 목적이 입신출세를 위해서 한다면, 그것은 진정한 학문이 아니다.

(6) 學原於思 (致知類 程伊川)
학 원 어 사

학문은 사고하는 데 근본을 둔다.

배우기만 하고 생각하지 않으면 진정으로 얻는 것이 없어 위험하다고 말할 수 있다. 생각해야 자기 것
으로 소화가 될 수 있고 실용될 수 있다.

(7) 濯去舊見 以來新意 (致知類-張橫渠)
탁 거 구 견 이 래 신 이

구태의연(舊態依然)한 사고는 버리고 새로운 뜻을 가져라.

낡은 사고에 구애 받지 않고 새로운 생각을 해보자는 뜻이다.

濯: 씻을 탁

(8) 愼言語以養其德 節飮食以養其體 (存養類)
신 어 언 이 양 기 덕 절 음 식 이 양 기 체

언어를 조심하여 그 덕을 기르고 음식을 절제하여 몸을 길러야 한다.

愼: 삼갈 신

보통 하는 말이지만 사소한 말도 잘못하면 들을 때 귀에 거슬리고, 음식을 욕심내어 많이 먹지 않도록 절제해야 한다. 과식으로 몸을 해칠 수가 있다.

(9) 擇勢而從 則惡之大者 (出處類)
택 세 이 종 즉 악 지 대 자

권세를 택하여 따르면 매우 큰 악이다.

권세를 따라 다니면서 아부하면 아주 나쁜 악인 것이다. 자기 힘으로 못 하고 남의 권력에 아부해서 치부하겠다는 것은 곧 부정을 의미한다.

(10) 差若毫釐 繆以千里 (治體類)
차 약 호 리 무 이 천 리

가는 털끝만한 차이가 천리 차이를 낸다.

繆: 얽을 무

毫釐: 가는 털.

처음은 털끝 차이가 나중에는 엄청난 차이가 난다.

(11) 嗜欲深者 其天機淺 (警戒類 莊子)
기 욕 심 자 기 천 기 천

욕심이 깊은 사람은 양심이 얕다.

욕심 많은 사람은 그 욕심만큼 반비례해서 그 천성의 양심이 얕다.

『채근담(菜根譚)』

1. 『채근담』 알기

'채근(菜根)'의 본뜻은 채소 뿌리의 변치 않는 음식이란 뜻인데 채근을 먹을 수 있다면 모든 일을 다 성취할 수 있다는 의미에서 송(宋)나라 왕신민(王信民)의 말에서 유래하였다. 물질에 마음을 빼앗기지 않고 가난한 생활에도 만족을 아는 생을 보낼 수 있다는 철학이 담겨 있다. 따라서 이 책은 자연의 이치와 정(情)에 바탕을 두고 평범한 생활 속에서 처세의 도를 설명하고 있다.

『채근담』은 잠언집인데 명(明)나라 때 쓰인 고전이다. 전집과 후집으로 나누는데 전집은 225, 후집은 135개이다. 합쳐서 360개의 짧은 문장으로 이루어졌다. 전집은 주로 현실을 살아가는 처세의 지혜를 설파하고 후집은 풍요롭고 한가함이나 즐거움을 다룬 것이 많다.

저자는 홍응명(洪應明), 자 자성(自誠), 호 환초도인(環初道人)이다. 명(明)나라 만력(萬曆)시대 인물이며 과거시험에 합격하여 관직에 있다가 물러나 오로지 도교(道敎)와 불교(佛敎)에 심취했다. 저자는 유, 불, 도의 가르침을 융합하여 처세의 길을 열어 놓았다.

중국에서는 전통적으로 유교와 도교라는 큰 두 사상이 있었다. 그러나 유교와 도교만으로는 중국인의 마음을 파고들 수가 없었다. 이런 결여된 마음을 보안한 것이 인도에서 온 불교였다. 이것을 기반으로 해서 독자적인 전개를 이룬 '선(禪)'인 것이다.

『채근담』은 인생의 지침서이면서 원숙한 경지나 세상 물정에 밝은 처세의 도를 피력하고 있다. 그 중에서 인간관계를 잘 이끌어가는 지혜를 설명하는데 "지(智)로 일을 하면 모가 나고, 너무 정(情)으로 노를 저으면 뜻하지 않는 방향으로 흘러가게 된다."고 하여, 너무 한쪽으로 치우치지 않게 하는 경계심을 가지고 있다. 그래서 도(道)를 얻으려면 엄격한 자세를 필요로 한 것이다.

『채근담』의 효용성은 과학이 발달한 현대에서도 변함이 없다. 읽을수록 그 맛이 깊고 각자 자기의 입장에 따라 얻은바가 많다. 엄격한 현실과 고루한 사람 간에도 적절한 조언을 이끌어낼 수 있다. 염세적인 사람에게는 위안과 격려를 받을 수 있고, 분노를 품고 있는 사람들에게는 안락을 찾을 수 있는 책으로 권하고 싶다.

2. 『채근담』의 명문·명언

(1) 棲守道德者 寂寞一時 (前集1)
　　서 수 도 덕 자　적 막 일 시
도덕을 지키는 자는 일시적으로는 매우 적막하다.

　도덕을 지키면서 삶을 살아가는 사람은 일시적으로는 내난히 군공 하시만 나중에는 영원히 빛나는 넉의 도리를 가진 사람으로 추앙받을 것이다.
　棲: 살 서

(2) 徑路窄處 留一步與人行 (前集13)
　　경 로 착 처　유 일 보 여 인 행
좁은 길을 갈 때에는 한 걸음 물러서서 다른 사람에게 길을 양보한다.

　徑: 지름길 경
　窄: 좁을 착
　좁은 길에서는 가던 길을 멈추고 오는 사람에게 양보하자는 배려가 곧 삶을 편안하게 사는 것이다. 요즘은 좁은 길에서 상대방에서 오는 차를 양보하며 손을 한 번 들어 고마움을 표시하는 것도 마찬가지일 것이다.

(3) 攻人之惡 毋太嚴 要思其堪受 (前集23)
　　공 인 지 악　무 태 엄　요 사 기 감 수
　攻: 공격할 공
　毋: 하지 말 무
　남의 잘못을 지나치게 엄하게 하지 말고 그 충고를 감당할 수 있을 만큼 적당히 해주는 것을 잊지 말아라. 남의 잘못을 너무 지나치게 엄하게 해서는 안 된다. 상대방의 실수를 스스로 알 수 있도록 하면 되는 것이다.

(4) 處世不必邀功 無過便是功 (前集)
처 세 불 필 요 공 무 과 변 시 공

세상을 살면서 반드시 공을 세우려 할 필요는 없다. 과오가 없는 것이 곧 공(功)이다.

邀: 맞을 요

세상을 살면서 반드시 공을 세우려 하지 말고 잘못이 없도록 노력하는 것이 바로 공이다. 요즘은 남이
세운 공도 도둑질해서 자기 것으로 만들려는 지도자도 있다.

(5) 居卑而後 知登高之爲危 (集32)
거 비 이 후 지 등 고 지 위 위

낮은 지위에 있어봐야 높은 곳에 오르는 것이 위험한지를 알 수 있다.

낮은 지위에서 살아보아야 높은 지위에 오르는 것이 얼마나 어렵고 위험한지를 알 수 있다.

(6) 施人毋策其報 (前集89)
시 인 무 책 기 보

남에게 베풀고 나서 그 보답을 바라지 말라.

남에게 은혜를 베풀고 나서 그에 대한 대가를 요구하지 말라. 주었으면 은혜를 베푼 것으로 끝나라.
왜 바라면서 주는가. 대가성이 없다고 하지 않는가!

(7) 冷眼觀人 冷耳聽語 (前集206)
냉 안 관 인 냉 이 청 어

냉철한 눈으로 사람을 살피고, 냉철한 귀로 남의 말을 듣는다.

남을 볼 때는 냉정한 눈으로 잘 보고, 남의 말을 들을 때도 냉정한 귀로 잘 들어보고 판단하는 것이
나중에도 후회나 실수가 없다

(8) 猛獸易伏 人心難降 (後集65)
맹 수 이 복 인 심 난 강

맹수를 굴복시키기는 쉬우나 인심을 꺾기는 어렵다.

사나운 짐승은 무섭지만 물리칠 수 있어도 사람의 마음을 항복시키기는 어렵다는 말로 사람의 강한 의
지는 쉽사리 꺾지 못한다는 말이다.

(9) 伏久飛必高 開先者謝獨早 (後集76)
복 구 비 필 고 개 선 자 사 독 조

오랫동안 엎드려 쉰 새는 반드시 높이 날을 수 있고 빨리 피는 꽃은 지는 것도 또
한 빨리 진다.

오랫동안 날지 않고 비상의 준비를 하는 새는 하늘을 날 때는 멀리 날아간다. 일찍 출세한 사람은
쉽게 몰락할 수 있다는 말이다.

謝: 시들 사

(10) 病可以保身 (後集 119)
병 가 이 보 신

병이 있음으로써 몸을 보전한다.

병이 있음으로써 사람은 오히려 건강을 유지하기 위해서 노력한다.

(11) 花看半開 酒飮微醉 (後集 122)
화 간 반 개 음 주 미 취

다 핀 꽃보다 반쯤 피었을 때가 보기 좋아 보이는 것은 곧 꽃이 필 수 있는 기대감
이 있으며, 술은 약간 취했을 때가 좋다.

활짝 핀 꽃보다는 피어나는 꽃을 보는 여유이다. 약간 술을 마시고 그 진미를 알 수 있는 있는 마음에서
가 진정한 풍취가 있는 것이 아닐지!

(12) 魚得水逝 而相忘乎水 鳥來風飛 而不知有風
어 득 수 서 이 상 망 호 수 조 래 풍 비 이 불 지 유 풍

물고기는 물속을 헤엄치면서도 물을 잊어버리고 새는 바람을 타고 날아도 바람이
있음을 알지 못한다.

逝: 갈 서, 헤엄치다의 뜻이다.

윗글에서 '相忘乎水'는 장자(莊子)에서 나오는 말인데 물이 말라 있으면 물고기는 서로 물거품을 내며
적셔주는 것은 넓은 강이나 호수에서 살 때를 잊고 사는 것만 같지 못하다'라고 했다.

이렇게 외적인 것만 생각하면 별 말은 아니지만 내적 부분인 인격이나 인품을 강조한 것이다.

(13) 露冷黃花 煙迷衰草 悉屬舊時爭戰之場 盛衰何常 强弱安在
노 냉 황 화 연 미 쇠 초 실 속 구 시 쟁 전 지 장 성 쇠 하 상 강 약 안 재

이슬은 국화에서 싸늘하고 안개는 마른 풀에 감도나니 이것은 모두다 옛날의 싸움
터라. 흥망성쇠가 항상 같을 것인가! 강 한자와 약 한자가 어디 있겠는가!

황화: 국화

衰草: 마른 풀

세월이 지나면 전쟁터에도 국화가 피나니.

덧없는 세상에서 싸우고 이기는 것, 흥망성쇠(興亡盛衰)도 모두가 찰나일 뿐, 사랑하며 살아가는 시간도
모자란데 시간이 지나면 모두가 일장춘몽(一場春夢)인 것을! 인간은 싸우며 살아가야 한다는 글이다.

『한서(漢書)』

1. 『한서』 알기

사마천(司馬遷)의 『사기』에 뒤이어 정사체(正史體), 즉 기전체(紀傳體)의 사체(史體)를 정립시킨 『한서』를 『전한서(前漢書)』라고 한다. 『후한서(後漢書)』는 남북송의 범엽(范曄)이 편찬하였으며, 120권이며 25사 중하나다. 이것은 같은 시대의 역사인 동관한기(東觀漢紀)를 범엽이 모방해서 개정한 책이다. 『사기』는 2대에 걸쳐 있지만, 『한서(漢書)』는 저술 과정이 찬술조명(撰述詔命), 즉 황제의 명령으로 책을 저술한 것이라고는 하지만 사찬사서(私撰史書), 즉 개인이 저술한 성격을 띠고 있다.

이 『한서』를 저술한 반고(班固)의 아버지인 반표(班彪)는 광무제(光武帝)에게 능력을 인정받았으며, 말년에는 망도장(望都長)에 임명되어 명망을 얻었던 분이다. 광무제가 52세로 세상을 떠난 후에 사임을 하고 특히 수사(修史)에 뜻을 두고 『사기』의 뒤를 이어 저술한 후전(後傳) 65편을 남겼다고 한다. 아버지는 『사기(史記)』의 속사(續史)로서 수사에 뜻을 두었으나 아들인 반고는 단대사(斷代史)인 『한서』를 저술했다.

아버지가 세상을 떠나자 낙향하여 부친의 수사를 계속하고 있던 중 사개국사(私改國史)라고 밀고하여 압수되는 수모를 받았으나 후일에 동생인 반초(班超)가 명제(明帝)에게 상소하여 무죄로 출옥하여 저술을 계속하였다. 그 뒤 팔표(八表)와 천문지(天文志)는 반고가 죽자 누이동생인 반소(班昭)가 화제(和帝)의 명을 받아 완성되었다.

체제는 대체로 사기를 따르고 「십이제기(十二帝紀)」, 「팔표(八表)」, 「십

지(十志)」,「칠십열전(七十列傳)으로 구성되었다.

2. 『한서』의 명문·명언

(1) 夫農 天下之大本也 (文帝紀)
부 농 천 하 지 대 본 야

무릇 농업은 천하의 근본이다.

농업은 백성들의 식량을 제공해주기 때문에 천하의 으뜸이다. 지금도 농촌에서 행사가 있을 때마다 이런 큰 현수막 등을 볼 수가 있다.

(2) 夫運籌帷幄之中 決勝千里之外 (高帝紀)
부 운 주 유 악 지 중 결 승 천 리 지 외

작전은 막사 안에서 세우고, 승리는 천리 밖에서 판가름 난다.

작전은 막사 안에서 참모들과 세우고, 결정적인 승리는 천리 밖에 있는 전장 터에서 결정된다.

籌: 투호 살 주
帷: 휘장 유
幄: 휘장 악

(3) 酒百藥之長 (食貨志)
주 백 약 지 장

술은 백약 중에 으뜸이다.

술은 많은 약 중에서 가장 좋은 뛰어난 약이다. 적당히 마시면 약주란 말이 있듯이 혈액 순환이 잘 되고 몸에 이롭다는데, 그러나 너무 과하게 마시면 몸에 해롭다는 것은 전부터 지금까지 들어온 이야기다.

(4) 多多益辨 (韓信傳)
다 다 익 변

많을수록 더 잘 처리할 수 있다.

한고조(漢高祖)가 한신에게 얼마만큼의 장병을 거느릴 수 있느냐고 묻자 한신이 대답하기를 많으면 많을수록 좋다는 데서 나온 고사다.

(5) 使羊將狼 (張良傳)
사 양 장 랑

양으로 하여금 늑대의 대장을 시킨다.

순한 양이 늑대의 밥이 될 텐데 어찌 그들의 대장이 될 수가 있는가! 이 말은 약한 자를 강한 자들의 장을 세워 지휘하도록 한다는 데서 나온 말이다. 사회에서도 낙하산 인사란 말이 나올 수 있는 사람들에게도 쓸 수 있다.

그 분야에 경험도 없는 자를 세워 그 사람의 지휘 아래 두면 그 부하들이 그를 신임하겠는가! 약하지만 훈련을 거듭하면 강한 자로 얼마든지 훌륭한 지도자를 세울 수 있다고 하는 변명도 있겠지요. 정치는 훈련하는 곳이 아니다.

(6) 鄙諺曰: 前車覆後車戒 (買誼傳)
　　비 언 왈　전 거 복 후 거 계

비언이 말하기를 앞에 가는 수레가 전복되면 뒤에 가는 수레가 조심한다.

　앞 사람들의 실패를 거울로 삼아 후에 가는 사람들이 그것을 보고 경계심을 가지고 교훈으로 삼는다는
　것이다. 전임자들이 실패한 경험으로 후임자는 전임자의 전철을 밟지 말아야 한다는 뜻으로 쓴다.

(7) 不如絶薪去火 (枚乘傳)
　　불 여 절 신 거 화

끓는 물을 식히려면 타고 있는 땔감을 밖으로 꺼내 놓아라.

　끓는 물을 식히려면 먼저 타고 있는 땔감을 먼저 꺼내야 한다는 말은 일에는 거기에 알맞은 방법을 강
　구하라는 말이다.

　薪: 땔 나무 신

(8) 臨淵羨魚 不如退而結網 (董仲舒傳)
　　임 연 선 어　불 여 퇴 이 결 망

연못가에서 물고기를 탐내는 것은 물러가서 그물을 손질하는 것만 못하다.

　모든 일에는 욕심만 낼 것이 아니라 방법을 가지고 실행하라는 주문의 말이다.

　羨: 탐낼 선

(9) 遺子黃金滿籯 不如一經 (韋賢傳)
　　유 자 황 금 만 영　불 여 일 경

자식에게 많은 재산을 남겨 주는 것은 경서 한 권을 권하는 것만 못 하다.

　籯: 찰 영

　자식을 위해서는 많은 황금을 주는 것보다는 좋은 책을 읽히는 것만 못 하다. 좋은 책을 자식에게 주는
　것은 마음에 양식이기 때문입니다.

(10) 使賣劍買牛 賣刀買犢 (龔遂傳)
　　 사 매 검 매 우　매 도 매 독

검을 팔아 소를 사고 칼을 팔아 송아지를 사게 했다.

　싸움을 하는 험악한 사람보다는 평화롭게 사는 풍속으로 살아가는 농사일을 하게 했다.

　犢: 송아지 독

(11) 文籍雖滿腹 不如一囊錢 (趙壹傳)
　　 문 적 수 만 복　불 여 일 낭 전

서책이 비록 뱃속에 가득 차 있을지라도 실천하지 않으면 한 주머니의 돈만 못 하다.

　책을 많이 읽었을지라도 배운 것을 실천하지 않으면 아무 소용이 없을 것이다.

　囊: 주머니 낭

(12) 萬人逐兎 一人獲之 (袁紹傳 後漢書)
　　 만 인 축 토　일 인 획 지

만인이 토끼를 몰아서 토끼를 잡는 자는 한 사람이다.

　여러 사람이 토끼몰이를 했지만 잡는 사람은 결국 한 사람이다. 한 사람만으로는 토끼를 잡을 수 없다.

결국은 여러 사람의 노력에 의하여 생긴 결과다. 여러 사람의 공로를 한 사람이 차지해서 말할 때 쓴 구절이다. 또는 공로는 한 사람으로 돌아갔다는 말로도 쓸 수 있다.

逐: 쫓을 축

(13) 不入虎穴 不得虎子 (班超傳 後漢書)
불 입 호 혈   부 득 호 자

호랑이 굴에 들어가지 않으면 호랑이 새끼를 잡지 못한다.

큰일을 하려면 위험을 각오해야 한다.

하늘은 두 가지를 다 주지 않는다. 날카로운 이빨을 준 자에게는 뿔을 주지 않았다. 날개를 준 자에게는 발은 두 개만 주었다.

穴: 구멍 혈

『명심보감(明心寶鑑)』

1. 『명심보감』 알기

『명심보감』은 글자 그대로의 뜻이 말하듯이 '마음을 밝혀주는 보배의 거울'이다. 소년들의 유교 학습을 위해서 중국 성현들의 명언(名言), 금언(金言), 격언(格言), 명구(名句), 잠언(箴言)을 취사선택한 것이므로 이 『명심보감』만 잘 읽어도 여러 권의 좋은 고전을 읽은 것이나 마찬가지이다.

원본은 1393년 명(明)나라의 범립본(范立本)이 편찬한 것으로 한국에는 그보다 61년 뒤인 1354년(단종2년) 청주에서 처음 간행되었다는데, 원본보다는 초략본이 널리 유포되었다. 이것이 고려 충렬왕 때 예문관 제학(藝文館提學)을 지낸 추적(秋適)이 편찬한 것이라고 와전되었다.

책의 내용은 유가(儒家), 도가(道家), 잡가(雜家)에 이르기까지 우리가 살아가는 일상의 삶에 어떤 것이 바른 길로 인도하는지 제시해줄 수가 있고, 인격을 함양하고 자신을 함양하는 보배로운 참 거울이 될 것이다.

선(善)을 강조하는 계선편(繼善篇)에서 시작하여 부행편(婦行篇) 등 20편으로 편성되었고, 그 뒤에 50편을 증보하여 현재의 『명심보감』은 25편이다.

『명심보감』에는 공자부터 상당히 많은 책과 저자들이 등장하는데, 맹자가 빠진 것은 이상하다.

『명심보감』의 명언은 여러 중국고전을 취사선택했으므로 중복이 있을 수 있음을 알아야 한다.

2. 각 편(篇)별로 가려 뽑은 『명심보감』의 명문·명언

*第一篇 繼善篇: 선하게 살자.

(1) 子曰: 爲善者 天報之以福 爲不善者 天保之以禍
　　　자왈　위선자　천보지이복　위불선자　천보지이화

공자께서 말씀하시기를 "선을 행하자는 하늘이 복으로써 갚으며, 악(惡)한 일을 하는 자에게는 하늘이 이를 화로써 갚는다."라고 했다.

　사람은 항상 선을 베풀면 하늘은 훗날에 좋은 일이 있을 것이고, 악하다고 생각하거나 남에게 피해를 주면 화로 갚는다.

(2) 漢昭烈 將終 勅後主曰: 勿以善小而不爲 勿以惡小而爲之
　　　한소열　장종　칙후주왈　물이선소이불위　물이악소이위지

한(漢)나라 소열제인 유비가 죽을 때 후주인(아들 유선(劉禪))에게 자신을 이어갈 다음 임금에게 글을 내려서 말했다. "좋은 일은 조그마한 것이라도 반드시 시행하고 나쁜 일은 조그마한 일이라도 반드시 하지 않을 것이다."

　일이 크고 작든간에 좋은 일은 행하고 나쁜 일은 하지 말라는 것이다.

(3) 馬援曰: 終身行善 善猶不足 一日行德 惡自有餘
　　　마원왈　종신행선　선유부족　일일행덕　악자유여

마원(馬援)은 후한(後漢) 평제 때 사람인데 광무제를 도와 디벳족을 징벌하고 베트남의 반란을 평정하고 흉노족을 토벌하는 데 많은 공을 세웠던 복파장군(伏頗將軍)이다.

　猶: 오히려 유

　마원이 말하기를 "한 평생이 다 가도록 좋은 일을 행하여도 좋은 일은 오히려 만족하지 못한 것이요. 단 하루라도 나쁜 일을 행한다면 나쁜 것은 남아 있을 것이다.

　항시 좋은 일은 행하여도 부족하지만, 나쁜 일은 단 하루 조금만 행하여도 남아 있으니 조심하라.

*第二篇 天命篇: 하늘의 명

(4) 子曰: 順天者存 逆天者亡
　　　자왈　순천자존　역천자망

공자가 말씀하시길 하늘의 이치를 따르면 살고, 하늘의 섭리에 거역하는 사람은 망한다.

　인간은 도리에 벗어나서는 살 수가 없다. 하늘의 도리를 져 버리지 말아야 한다.

(5) 莊子曰: 種瓜得瓜 種豆得豆 天網恢恢 疎而不漏 (第二篇 天命篇)
장자왈 종과득과 종두득두 천망회회 소이불루

오이를 심으면 오이를 얻을 것이요, 콩을 심으면 콩을 얻을 것이다. 하늘의 그물은
넓고 넓어 그 사이가 듬성듬성하지만 밖으로 새어 나가는 일이 없을 것이다.

瓜: 오이 과
恢: 넓을 회
疎: 트일 소
漏: 샐 루

씨앗을 뿌리면 뿌리는 대로 그 씨앗이 나온다. 하늘은 넓고 넓어 재어 볼 수 는 없지만 인간은 그 안에
가두어져 있다.

*第四篇 孝行篇: 효를 행하자.

(6) 詩云: 父兮生我 母兮鞠我 哀哀父母 生我劬勞 欲報深恩 昊天罔極
시운 부혜생아 모혜국아 애애부모 생아구로 욕보심은 호천망극

시경(詩經)에 이르기를 "아버지가 나를 낳으시고 어머니는 나를 기르시니 애달프
고 애달프도다. 부모님이시여 나를 낳아 기르시느라 힘쓰고 힘쓰시었네. 그 깊은
은혜를 갚고자 한다면 넓은 하늘 끝까지 다하여도 한이 없다.

天罔極: 천망극
昊: 하늘 호
鞠: 기를 국
劬: 수고로울 구
劬勞日: 생일 날, 즉 어머니가 고생한 날

인간이 태어났을 때나 길러질 때도 부모에 의지하며 자라는데 그 은공을 알고 효도를 해야 한다는 글이다.

*第五篇 正己篇: 몸가짐을 바르게 하자.

(7) 景行錄云: 大丈夫 當容人 無爲人所容
경행록운 대장부 당용인 무위인소용

『景行錄』에 이르기를 사내대장부는 마땅히 남을 용서할 수 있을지언정 남에게 용
서를 받는 사람이 되어서는 안 된다.

正己: 몸가짐을 바르게 하다.

사나이는 남을 용서하는 아량을 가질 수는 있으되, 남에게 비굴하게 그 잘못을 비는 일이 없도록 사전
에 조심하고 행동하라는 뜻이다.

(8) 子曰: 萬事從寬 其福自厚
자왈 만사종관 기복자후

공자가 말씀하시기를 "모든 일이 너그러움을 따르면 그 복은 스스로 두터워질 것
이다."

從: 따를 종

寬: 너그러울 관

너그럽게 일을 하고 남을 용서하면 그것도 복을 행하는 것이니 나중에 그 복이 스스로 더 두터워져서 다시 돌아올 것이다.

(9) 太公曰: 瓜田不納履 李下不正冠
태공왈 과전불납이 이하불정관

태공이 말하기를 "남의 참외 밭을 지나갈 때는 신발을 고쳐 신지 말 것이고, 남의 자두나무 아래서는 갓을 고쳐 쓰지 말라는 것"이다.

納履: 신발을 고쳐 신다.

李下: 자두나무 아래

正冠: 갓을 바로잡다.

무슨 일이든지 의심을 살 만한 짓을 하지 말라는 교훈적인 말이다. 그 행동이 참외 밭에서 신발을 고쳐 신는 것이 보기에 허리를 굽혀야 되니까 남의 참외를 따려는 동작 같은 것이므로 그렇고, 자두나무와 갓은 머리위에 있으므로 마치 자두를 따는 것 같은 행동이니까 의심을 사게 된다.

(10) 宰予晝寢 子曰: 朽木 不可彫也 糞土之墻 不可圬也
재여주침 자왈 후목 불가조야 분토지장 불가오야

재여가 낮잠을 자는데 공자의 말씀이 "썩은 나무에는 조각을 할 수가 없고, 썩은 흙으로 만든 담은 흙손질을 할 수 없는 것이다.

宰予: 공자의 제자

晝寢: 낮잠

朽: 썩을 후

彫: 새길 조.

糞: 똥 분

墻: 담 장

圬: 흙손 오

남이 노력할 때 잠만 자면 기회를 놓치게 되고 후회하게 되어서 마치 그것은 썩은 나무에는 조각을 할 수 없고, 썩은 흙으로는 흙손질할 수 없는 것과 같다는 의미이다.

*第七篇 存心篇: 마음에 새겨두자.

(11) 素書云: 薄施厚望者不報 貴而忘賤者不久 施恩勿求報 與人勿追悔
소서운 박시후망자불보 귀이망천자불구 시은물구보 여인물추회

『소서』에 이르기를 "박하게 베풀고 후한 것을 바라는 사람에게는 보답을 받지 못하고, 귀하게 되어서 자기가 과거에 비천한 때를 잃어버린 사람은 오래 가지 못한다." "은혜를 베풀었거든 그에 대한 보답을 받을 것을 구하지 말고 남에게 주었거든 뒤에 뉘우치지 마라."

素書: 진나라 병법서로 장량이 그 내용을 잘 알고 한의 劉邦를 도와 천하를 통일했다.

施: 베풀 시

賤: 천할 천

追悔: 나중에 후회하다.

悔: 뉘우칠 회

남에게 베푸는 것은 매우 적게 베풀고, 남이 자기에게 베풀어 달라는 것은 나중에 보답을 받을 수 없다. 자기가 비천했던 과거를 잊지 말아야 한다. 또한 남에게 베풀고 나서는 그 보답을 바라지 말고 이미 주었으면 아낌없이 주고 후회하지 말지어다.

*第八篇 戒性篇: 성품을 닦다.

(12) 景行錄云: 凡事留人情 後來好相見
경행록운   범사류인정 후래호상견

『경행록』에 이르기를 "모든 일에 삶의 정을 남겨두면 훗날 또 만날 때는 좋은 낯으로 서로 만날 것이다."

항상 인간은 짐승과는 달리 정을 가지고 있다. 그래서 인정(人情)이라고 하지 않는가! 그 따뜻한 정을 가지고 살면 자연히 싸움도 없어지며 헤어질 때도 아쉬워한다. 그것은 정이 있기 때문이다. 다음에 만날 때도 그 정이 남아 있어 기분 좋은 얼굴로 만나는 것이다. 이것은 인(仁)을 잘 실천하는 첫걸음이다. 특히 한국인은 정이 많은 사람이라고 하는데 언제부터인지 물질을 추구하는 사회로 바뀌면서 물욕이 정을 빼앗아 가고 있다. 점점 정마저 식어가는 사회로 변질되어 가는 것 같아 아쉽다.

*第九篇 勤學篇: 부지런히 배우자.

(13) 禮記云: 玉不琢 不成器 人不學 不知義
예기운   옥불탁 불성기 인불학 부지의

『예기(禮記)』에 이르기를 "옥은 다듬지 않으면 그릇을 만들지 못하고, 사람이 배우지 아니하면 의(義)를 모르니라."

琢: 쫄 탁

器: 그릇 기

옥을 만들려면 먼저 옥을 쪼아서 다듬어야 옥이되듯이 이렇게 힘든 과정을 통해야만 옥을 만들 수 있는 것처럼 학문도 힘든 과정을 통해서 이루어낼 수 있다는 말이다.

*第十篇 訓子篇: 자식을 가르치다.

(14) 景行錄云: 賓客不來門戶俗 詩書無教子孫愚
경행록운   빈객불래문호속 시서무교자손우

『경행록』에 이르기를 "손님이 집에 오지 않으면 집안이 저속 하게 되고 '詩'와 '書'를 가르치지 않으면 자손이 어리석다.

賓客: 손님 빈

門戶: 집안 가정

俗: 저속의 뜻

愚: 어리석을 우

집안에는 오고가는 손님이 있어야 다른 사람과 소통하고 자손에게 글공부를 가르치지 않으면 우둔해진다.

(15) 莊子曰: 事雖小 不作不成 子雖賢 不敎不明
장 자 왈 사 수 소 부 작 불 성 자 수 현 불 교 불 명

장자가 이르기를 "일이 비록 작을지라도 하지 않는다면 이루어지지 않고, 아들이 비록 영리하다 할지라도 가르치지 않으면 현명하지 아니한다."

雖: 비록 수

賢: 어질 현

일이 비록 작더라도 하지 않으면 성공할 수 없고, 자식의 머리는 좋다하더라도 교육을 시키지 않으면 멍청해진다.

(16) 漢書云: 黃金萬籯 不如敎子一經 賜子千金 不如敎子一藝 至樂 莫如讀書
한 서 운 황 금 만 영 불 여 교 자 일 경 사 자 천 금 불 여 교 자 일 예 지 락 막 여 독 서

　　　 至要 莫如敎子
　　　 지 요 막 여 교 자

『한서(漢書)』에 이르기를 "황금이 바구니에 가득 차 있다 해도, 자식에게 경서(經書) 한 권 가르치는 것만 못하다. 자식에게 천금을 물려준다 해도 기술 하나를 가르치는 것만 못 하다."라고 했다. 또한 "지극히 즐거움은 책을 읽는 것만 못 하고, 지극히 필요한 것은 자식을 가르침만 못 하느니"라고 했다.

『한서(한서)』는 반고가 전한의 역사를 기록한 역사책이다. 약 220년간 고조에서 왕망(王莽)까지의 기전체의 역사서이다. 여동생 반소(班昭)가 보충했다.

자식에게 돈보다는 책을 읽혀서 인간이 되게 하라는 말이다.

籯: 광주리 영

萬籯: 바구니에 가득 하다.

(17) 呂榮公曰: 內無賢父母 外無嚴師友 而能有成子鮮矣
여 영 공 왈 내 무 현 부 모 외 무 엄 사 우 이 능 유 성 자 선 의

여영공이 말하기를 "가정에서는 어진 아버지와 형이 없고 밖에는 엄한 스승과, 친구가 없으면, 능히 성공을 할 수 없다"

가정에는 가정교육을 할 수 있는 부모가 없고, 스승이 없거나 또한 훌륭한 친구가 없으면 진정한 교육이 이루어 질 수 없다는 것.

여영공(呂榮公)은 북송(北宋) 때 학자로 저서는 『여씨잡기(呂氏雜記)』가 있다.

*第十一篇 省心篇: 마음을 살피다.

(18) 家和貧也好 不義富如何 但存一子孝 何用子孫多
_{가 화 빈 야 호 불 의 부 여 하 단 존 일 자 효 하 용 자 손 다}

가정이 화목하면 비록 가난해도 즐거울 것이고, 의롭지 못한 부(富)를 누린들 무슨 행복이 있겠는가! 다만 한 자식이 효도한다면 자손이 많아 무엇하겠는가!

> 비록 가난해도 화목하고 즐거우면 만족하고 한 자식만이라도 효도한다면 자손 많은 것이 필요 없을 것이다.

(19) 景行錄云: 疑人莫用 用人莫疑
_{경 행 록 운 의 인 막 용 용 인 막 의}

『경행록』에 이르기를 "사람을 의심하거든 쓰지 말고, 사람을 썼거든 의심하지 말지어다.

> 사람을 쓰기 전에 잘 알아보고 쓰고, 일단 썼으면 의심하지 말고 일을 맡겨라.

(20) 諷諫云: 畫虎畫皮難畫骨 知人知面不知心
_{풍 간 운 화 호 화 피 난 화 골 지 인 지 면 불 지 심}

『풍간』이 이르기를 "범을 그리되 겉모양은 그릴 수 있으나 속의 뼈는 그리기가 어렵고 사람은 얼굴을 알지만 마음은 알지 못한다."

> 겉의 모양은 밖으로 드러나서 보이지만, 안에 들어 있는 속마음은 알 수 없다.

(21) 王參政 四留銘曰: 黃金千兩 未爲貴 得人一言 勝千金
_{왕 참 정 사 류 명 왈 황 금 천 량 미 위 귀 득 인 일 언 승 천 금}

왕참정의 사류명에 이르기를 "황금천량이 귀한 것이 아니고 사람의 말 한마디를 얻는 것이 천금보다 나은 것이다."

> 황금 천량보다 훌륭한 사람들의 말 한마디가 더 값어치가 크다는 의미다. 옛 성인들의 귀한 말씀이나 학자들의 말씀 속에는 우리들이 배우고 따를 수 있는 귀감의 명언들이다. 그 가치의 기초를 오늘에 되살려 각자 가야야 할 방향을 설정하는 데 나침반의 역할을 해주기 때문에 황금보다 가치가 있다.

(22) 荀子曰: 天不生無祿之人 地不長無名之草 大富由天 小富由勤
_{순 자 왈 천 하 생 무 록 지 인 지 불 장 무 명 지 초 대 부 유 천 소 부 유 근}

순자가 말하기를 "하늘은 녹봉이 없는 사람을 내보내지 않고 땅은 이름 없는 풀을 기르지 아니 한다." 큰 부자는 하늘로부터 나오고 작은 부자는 부지런한 데서 나온다. 인간이나 풀까지도 그만큼의 나름대로 존재 가치가 있다. 큰 부자가 아닌 바에야 부지런해야 부자가 된다.

> 祿: 복 록
> 由: 말미암을 유

(23) 王良曰: 欲知其君 先視其臣 欲識其人 先視其友 欲知其父 先視其子 欲知
왕 량 왈 욕 지 기 군 선 시 기 신 욕 식 기 인 선 시 기 우 욕 지 기 부 선 시 기 자 욕 지

其母 先視其女 君聖臣忠 父慈子孝
기 모 선 시 기 녀 군 성 신 충 부 자 자 효

왕양이 말하기를 "그 군주를 알고자 한다면 먼저 그 신하를 살펴보고 그 사람을
알려면 먼저 그 친구를 살펴보고, 아버지를 알고자 한다면 그 자식을 살펴보라. 그
어머니를 알고자 한다면 그 딸을 살펴보라. 군자가 성스러우면 신하는 충성을 다
하고 아버지가 자애로우면 자식이 효도하는 것이다."

사람의 됨됨은 그와 가장 가까운 측근자를 보면 알 수가 있다. 서로 평상시에 소통을 하기 때문에 성격
이나 각자 가지고 있는 생각들이 같아지는 경우가 많다. 특히 부모는 결혼 전까지는 그 자식들의 영향
을 가장 많이 받고 자라면서 보고 듣기 때문이다.

(24) 家語云: 水至清則無魚 人至察則無徒
가 어 운 수 지 청 즉 무 어 인 지 찰 즉 무 도

『가어(家語)』에 이르기를 "물이 너무 맑으면 고기가 없고 사람이 지극히 살피면
벗이 없다."

『가어(家語)』는 공자(孔子)의 가어를 말하는데 공자의 언행과 세상에 드러나지 않은 사실들을 모은 책
으로 10권이 있다.

물이 너무 맑으면 고기가 없듯이 사람도 너무 까다로우면 벗이 없다. 융통성이 없으면 조화를 이룰 수
없음을 말한다. 그렇다고 청렴결백하면 돈이 안 생긴다는 것으로 착각하지 말기를 바란다.

(25) 子曰: 木從繩則直 人受諫則聖
자 왈 목 종 승 즉 직 인 수 간 즉 성

공자가 말씀하시기를 "나무가 먹줄을 쫓으면 바르게 되고 사람은 다른 사람의 충
고를 받으면 거룩한 인격이 될 수 있다."

거친 나무을 바르게 하려면 먹줄로 잡듯이 인간도 남에게 좋은 충고나 교육적인 말을 잘 받아들이면
훌륭한 사람이 된다는 의미다.

(26) 蘇東坡曰: 無故而得千金 不有大福 必有大禍
소 동 파 왈 무 고 이 득 천 금 불 유 대 복 필 유 대 화

소동파가 말하기를 "아무 까닭도 없이 천금을 얻으면 큰 복이 아니라 반드시 큰
재앙이 온다."

無故: 아무 까닭 없이

노력이 없는 불로 소득은 이익이 아니라 큰 재앙이 오니까 바라지 말고 자신이 노력해서 얻은 돈이라야
진정한 자기의 돈이 된다는 소박한 생각이다.

복권을 타는 사람치고 부자가 없다는 말과 같다.

(27) 康節邵先生曰: 渴時一滴 如甘露 醉後添盃 不如無
강 절 소 선 생 왈 갈 시 일 적 여 감 로 취 후 첨 배 불 여 무

강절소 선생이 말하기를 "목이 마를 때 한 방울의 물은 단 이슬과 같은 것이요, 술이 취한 후에 술을 더하는 것은 마시지 않는 것만 못 하다."

渴: 목마를 갈

甘露: 단 이슬이란 뜻보다는 한 번 마시면 오래도록 살 수 있다는 전설적인 술이다.

添盃: 술을 더 마시다.

滴: 물방울 적

술은 적당히 마시면 몸에 좋지만 많이 마시면 몸에 해로워 오히려 毒(독)이 된다는 말은 예나 지금이나 옳은 말이다.

(28) 說苑云: 羊羹雖美 衆口難調
　　　 설 원 운 　양 갱 수 미 　중 구 난 조

『설원』에서 말하기를 "양고기가 비록 맛은 좋지만 여러 사람의 입맛을 맞추기는 어렵다."

『설원(說苑)』은 전한(前漢) 때 유향(劉向)이 편찬한 명인들의 일화를 소개한 책이다.

여러 사람의 입맛이 다른 것처럼 각기 취향이 다르다. 모든 사람의 입을 다 맞출 수 없다는 것이다.

*第十三篇 入教篇: 가르침에 들어가서

(29) 孔子三計圖云: 一生之計在於幼 一年之計在於春 一日之計在於寅 幼而不
　　　 공 자 삼 계 도 운 　일 생 지 계 재 어 유 　일 년 지 계 재 어 춘 　일 일 지 계 재 어 인 　유 이 불

　　 學 老無所知 春若不耕 秋無所亡 寅若不起 日無所辦
　　 학 　노 무 소 지 　춘 약 불 경 　추 무 소 망 　인 약 불 기 　일 무 소 판

공자의 삼계도에 이르기를 "일생의 계획은 어릴 때 있고, 일 년의 계획은 봄에 있으며, 하루에 계획은 새벽에 있다. 어려서 배우지 않으면 늙어서 아는 것이 없고, 봄에 밭을 갈지 않으면 가을에 바랄 것이 없으며, 새벽에 일어나지 않으면 그날에 할 일이 없는 것이다."

孔子三計圖: 공자의 3가지 계획서

辦: 힘쓸 판

무슨 일을 할 때도 때에 맞추어 해야 한다. 하물며 인생이 살아가는 데 평생 계획을 세우고 일 년에 해야 할 일과 그 날에 할 계획까지도 세워놓고 실행해 나가라는 교훈이다. 1970년도 중학교 한문 교과서(敎科書)에도 실렸던 글이다.

(30) 景行錄云: 讀書起家之本 循理保家之本 勤儉治家之本 和順齊家之本
　　　 경 행 록 운 　독 서 기 가 지 본 　순 리 보 가 지 본 　근 검 치 가 지 본 　화 순 제 가 지 본

『경행록』에 이르기를 "독서를 하는 것은 집안을 일으키는 근본이며, 도리에 순응하는 것은 집안을 보존하는 근본이다. 부지런하고 검소한 것은 집안을 다스리는 근본이며, 화목하고 순종하는 것은 집안을 잘 다스리는 근본인 것이다"

循: 쫓을 순

循理: 사람이 지켜야 할 도리를 따르는 것

독서를 하면 집안을 잘 다스릴 수가 있는 머리가 있는 것이고, 독서를 하면 사람의 격이 높아지니 자연

히 도리를 알 것이며 집안의 화목도 하게 될 것이기 때문이다.

第十四篇 治政篇: 정사를 다스리다.

(31) 抱朴子曰: 迎斧鉞而政諫 據鼎鑊而盡言 此謂忠信也

포 박 자 왈　영 부 월 이 정 간　거 정 확 이 진 언　차 위 충 신 야

'포박자'에 이르기를 "도끼를 맞는 일이 있더라도 바른 길로 가도록 말하고 솥 속에 넣어 죽이려 하더라도 바른 말을 한다면 이런 사람을 충신이라고 할 수 있다."

충신은 목숨을 걸고 바른 길을 가는 것이지 부정한 방법으로 거래하지 않는다는 것이 충신이다.

포박자(抱朴子)는 진(晉)나라 초기의 도가이며 이름은 홍(洪)이고 호가 포박자다.

鼎: 솥 정

鑊: 가마 확

鉞: 도끼 월

鼎鑊: 가마 솥

斧: 도끼 부

*第十五篇 治家篇: 집안을 다스리다.

(32) 太公曰: 凡使奴僕 先念飢寒……子孝雙親樂 家和萬事成

태 공 왈　범 사 노 복　선 념 기 한　　자 효 쌍 친 락　가 화 만 사 성

태공이 말하기를 "무릇 노복을 부리는 데는 먼저 그들의 춥고 배고픔을 알아야 한다……. 자식이 효도하면 부모가 즐겁고 집안이 화목하면 모든 일이 잘 이루어질 것이다.

飢: 주릴 기

자기가 부리는 노복의 춥고 배고픔을 알아야 주인일도 잘 돌볼 수 있다. 있는 자가 조금만 더 덕을 베풀면 가난한 노복도 주인에게 더 고마움을 알고 열심히 일하고 따뜻한 마음이 전달되는 것이다.

자식이 효도하면 그 집안의 모든 일이 잘 된다.

*第十六篇 安義篇: 義로움에 살다.

(33) 莊子曰: 兄弟爲手足 夫婦爲衣服 衣服破時 更得新 手足斷處 難可續

장 자 왈　형 제 위 수 족　부 부 위 의 복　의 복 파 시　갱 득 신　수 족 단 처　난 가 속

장자가 말하기를 "형과 아우는 손이나 발이 되고 남편과 아내는 의복이 되는 것이다. 의복이 떨어졌을 때는 다시 새로운 것을 얻을 수 있으나 손과 발이 끊어지면 잇기가 어렵다."

破時: 떨어졌을 때

斷處: 끊어진 곳

형제는 한 핏줄이기 때문에 끊어질 수가 없지만 부부는 의복처럼 다시 새로 얻을 수 있는 것과 같다.

*第十七篇 遵禮篇: 예절을 따르다.

(34) 子曰: 君子 有勇而無禮 爲亂 小人 有勇而無禮 爲盜
자왈 군자 유남이무례 위란 소인 유남이무례 위도

공자가 말씀하시기를 "군자가 용감하기만 하고 예절이 없으면 세상을 어지럽게 하고, 소인이 용감하기만 하고 예절이 없으면 도둑이 되는 것이다."

遵: 좇을 준

용감하면서도 예절이 있어야 진짜 군자다.

(35) 曾子曰: 若要人重我 無過我重人 父不言子之德 子不談父之過
증자왈 약요인중아 무과아중인 부불언자지덕 자불담부지과

증자가 말하기를 "만약 남이 나를 중하게 여기기를 바란다면 허물하지 말고 내가 먼저 남을 중하게 여겨야 한다."

"아버지는 아들의 덕을 말하지 않는 것이며, 아들은 아버지의 잘못을 말하지 않는다."

내가 먼저 남을 중요시해야 남이 나를 중요시하는 것이다. 먼저 상대방에게 예우를 해주어야 그 예우가 나에게 오는 것이다. 부자지간에도 덕을 말하지 않고, 아버지가 실수를 했더라도 아버지는 자신이 충분히 그 과실을 알고 있으니 자식된 도리로서 과실을 말하지 않는 것이다.

若: 만약 약

無過: 허물하지 마라.

不談: 말하지 말라.

*第十八篇 言語篇: 언어의 중요성

(36) 君平曰: 酒逢知己千鍾少 話不投機一句多
군평왈 주봉지기천종소 화불투기일구다

술은 자기를 알아주는 자를 만나면 천 잔도 적지만, 말은 뜻이 맞지 않으면 한 마디도 많은 것이다.

술을 마실 때는 자기와 뜻이 통하는 사람과 마시면 술을 많이 마시며 밤 가는 줄도 모르고 정담을 나누며 마시지만, 말은 뜻이 맞지 않으면 한 마디도 하기 싫은 것이다.

逢: 만날 봉

千鍾: 천잔의 술

鍾: 술잔 종

投機: 기회가 맞다.

*第十九篇 交友篇: 벗을 사귀다.

(37) 子曰: 常識滿天下 知心能幾人 酒食兄弟 千個有 急難之朋 一個無
자왈 상식만천하 지심능기인 주식형제 천개유 급난지붕 일개무

공자께서 말씀하시기를 "서로 아는 사람이 천하에 가득 차 있지만 마음을 아는 사

람이 몇 명이나 되겠는가?"

서로 술이나 음식을 먹을 때는 형이니 동생이니 하는 사람들은 수천 명이나 되지만, 급하고 어려운 일을 당했을 때는 도와줄 친구가 하나도 없으리라."

서로 아는 사람은 수없이 많아도, 마음을 알아주는 사람은 과연 몇 명이나 되겠는가? 술잔을 나눌 때는 형님 동생 하지만 진정한 친구는 어려움에 처했을 때 자발적으로 자기 일처럼 도와주는 친구야 말로 진짜 친구이다. 예나 지금이나 인정은 비슷한 것 같다.

幾人: 몇 사람

常識: 서로 얼굴을 아는 사람

(38) 通俗編: 路遙知馬力 日久見人心
  통속편   로요지마력   일구견인심

『통속편』에 이르기를 "길이 멀어야 말의 힘을 알 수 있고, 날이 오래 지나야만 사람의 마음을 알 수 있다."

말의 능력을 알려면 먼 길을 달릴 수 있는 말이어야 하고, 사람은 오래두고 보아야 그 사람의 진면목을 알 수 있다.

遙: 멀 요

'통속편(通俗編)'은 저자 미상의 책이름.

*第二十篇 婦行篇: 부인의 행실

(39) 益智書云: 女有四德之譽 一曰婦德 二曰婦容 三曰婦言 四曰婦工也
  익지서운   여유사덕지예 일왈부덕 이왈부용 삼왈부언 사왈부공야

『익지서』에 이르기를 "여자에게는 4가지 덕의 아름다움이 있으니, 첫째는 부인의 덕이요, 둘째는 부인의 용모요, 셋째는 부인의 말이요, 넷째는 부인의 솜씨다."

(40) 太公曰: 家有賢妻 夫不遭橫禍 賢妻 和六親 佞婦破六親
  태공왈   가유현처 부불조횡화 현처 화육친 녕부파육친

태공이 말하기를 "집에 어진 아내가 있으면 그 남편이 뜻밖의 화를 만나지 않으리라. 어진 부인은 육친을 화목하게 하고, 간악한 부인은 육친을 파멸시키는 것이다."

가정에서 아내가 해야 할 덕목을 하나하나 예를 들어 설명한 것이다. 여기까지가 원래의 『명심보감(明心寶鑑)』이고 추가분의 증보 5편은 생략한 것이다.

遭: 만날 조

橫禍: 갑자기 당하는 재앙

六親: 부모 형제 처자

佞: 아첨할 녕

佞婦: 간사하고 포악한 아내

마음의 온도와 체온의 온도는?

사람의 체온은 아주 가까이 있을 때만 느낄 수 있지만, 마음의 온도는 아무리 멀리 떨어져 있어도, 설사 지구의 반대편에 있는 브라질까지도 전달됩니다. 체온은 자신의 몸에 열을 올리는 데 그치지만, 마음의 온도는 다른 사람의 몸도 함께 덥혀 줍니다. 우리 사회의 마음의 온도도 온 세상에 충만하여 나아가기를 바랍니다.

『십팔사략(十八史略)』

1. 『십팔사략』 알기

원(元)나라 증선지(曾先之)가 편찬한 역사책이다. 정사 18권 가운데 적당한 부분을 골라 교재로 내놓은 것이다. 원서는 2권이었으나 그 후 명(明)나라의 진은(陣殷)이 음석본(音釋本), 즉 음과 해석을 달아서 7권으로 하였다.

이 책은 삼황오제(三皇五帝)로부터 송(宋)나라 말까지 약 4천 년간을 간결하게 집대성한 책이다. 그중 18가지 역사서를 간추려서 18사략 안에 들어 있는 것이 18사략이다.

사실상 중국 역사의 기록의 시대에 들어간 것은 지금부터 약 3천 년 전의 일인데 지금의 황하 유역에 주(周)왕조가 건립되었다. 이것이 중국문명의 개막이다. 그 이전의 역사는 기록으로 남지 않고 전설이다. 중국사의 요강이라 할 수 있는 약사이다. 중국사를 배우는 학도들에게는 먼저 이 책을 접하는 것이 좋을 것 같다.

『사기』와 『한서』에서 시작하여 신오대사(新五代史)에 이르는 17종의 정사와 송대(宋代)의 『속송편년자치통감(續宋編年資治痛鑑)』 등의 역사 사료를 첨가한 것이 18종인 『십팔사략』이다.

사실의 취사선택이 부정확해서 중국에서는 사료의 가치를 인정하지 않는 통속본이라고 하지만 중국역사의 흥망성쇠를 알 수 있고 많은 인물의 약전, 고사성어, 금언 등이 포함되어 자료로서 충분한 값어치가 있다고 본다.

2. 『십팔사략』의 명문

(1) 帝力何有於我哉 (帝堯陶唐)

임금의 권력이 나와 무슨 관계가 있겠는가!

백성들의 일상생활이 일하고 쉬는 것이 우리네인데 임금님과 우리는 아무런 관계가 없이 잘 살고 있다. 아무런 정부에 간섭이 없이 태평하게 살고 있음을 표현하는 말이다.

(2) 多男子則多懼 富則多事 壽則多辱 (帝堯陶唐)

아들이 많으면 근심이 많고 부유하면 일이 많으며 장수하면 욕이 많다.

구: 두려워할 구

욕: 욕되게 할 욕

요나라 임금에게 장수하며 오래 사시라고 하니 요 임금이 이런 대답을 했다는데 이 말이 지금도 올바른 말인지는 각자의 생각에 달려 있다.

(3) 坊民之口 甚於防川 (周)

백성의 힘을 막는 것은 강물보다 더 강하다.

백성들이 한 번 힘을 모아 힘을 쓰면 막을 길이 없다. 긍정적으로는 백성이 단합해서 국가의 큰일을 하면 못 할 것이 없고, 부정적인 면에서는 통치자가 독재를 하면 백성들이 모두 일어나 정부의 실책을 비난하고 전복할 수 있다는 것을 우리는 지구상 곳곳에서도 볼 수 있다.

坊: 동네 방

(4) 家貧思良妻 國難思良相 (魏)

집이 가난하면 처를 생각하고 나라가 어려우면 재상을 생각한다.

집안의 경제일은 집안에서 처가하고, 나라일은 재상이 맡아서 하기 때문에 집안에는 현명한 아내가 있어야 하고, 나라가 위급하면 현명한 재상이 있어야 한다는 이야기다. 위(魏)나라 이극(李克)의 말이다.

(5) 以暴易暴兮 不知其非矣 (周)

폭력으로써 폭력을 다스리고도 그 잘못을 모른다.

주(周)나라 무왕이 은(殷)나라 주왕을 난폭하게 다스렸다고 하여 토벌을 했는데 무왕의 토벌도 역시 난폭했다. 이처럼 난폭은 난폭을 낳는다는 것을 모르고 있다.

(6) 慈母三遷之教 (春秋戰國 魯)

자애로운 어머니가 3번 이사해서 가르치는 것.

지금도 한국사회에서 잘 알려진 가르침인데 '맹모삼천지교'란 말이다. 아이들을 지도하는 데는 환경에 따라 결정되니 공부하기 좋은 곳으로 이사를 3번씩이나 옮겨 다닌 것이다. 이야기인즉 첫 번째 살던

집은 묘지 옆이라 아이가 장사지내는 흉만 내서 아이교육에 지장이 있겠다 싶어서 맹자의 어머니가 이사를 했다. 두 번째는 이사한 곳은 시장터 근처인지라 장사군 흉내만 내서 이사를 하고, 세 번째는 학교 옆으로 갔더니 비로소 예의를 배웠다는 교훈이다.

한국에서는 서울 강남 8학군으로 위장전입까지 해서 교육을 시키는 고관 자녀들의 사모님들이 孟母三遷之敎(맹모삼천지교)의 교육을 충실하게 이행 중에 있다. 이런 어머님들의 교육열은 놀랍게도 세계최고 수준이라네요!

(7) 三年不蜚 蜚將衝天 三年不鳴 鳴將驚人 (春秋戰國 楚의 壯王)
삼 년 불 비 비 장 충 천 삼 년 불 명 명 장 경 인

삼 년 동안 날지 않았으나 날았다하면 하늘을 찌르고 삼 년 동안 울지 않았지만 울었다하면 사람을 놀라게 한다.

蜚: 날 비

衝: 찌를 충

삼 년 동안이나 날지 않았지만 날았다하면 먼 하늘을 높이 날 수 있을 만큼 준비를 하는 것이고, 삼년 동안 울지 않았다면 기다린 만큼 사람을 감동시킬 것이다. 초(楚)의 장왕의 말이다. 초 왕이 왕위에 올라 3년 동안 이나 아무 일도 않고 있을 때 신하 오거(伍擧)가 왕에게 물었을 때 대답한 말이다.

(8) 以三寸舌爲帝者師 (西漢 高祖)
이 삼 촌 설 위 제 자 사

세치의 혀로 제왕의 스승이 되었다.

한(漢)의 고조가 장량에게 배운 것은 장량의 세치밖에 안 되는 혀로 고조의 스승이 되었다고 하는 말에서 나온 것이다.

(9) 逐殺獸者狗也 發縱指示者人也 (西漢 高祖)
축 살 수 자 구 야 발 종 지 시 자 인 야

심승을 쫓아가서 물어 죽이는 것은 개인데, 그 개를 놓이 쫓이기도록 지시히는 것은 사람이다.

逐: 쫓을 축

한(漢)의 고조가 전쟁터에서 쫓아다니는 군사를 비유해서 한 말인데 그 군사를 지휘하는 자가 바로 영리한 소하(蕭何)를 일러 한 말이다. 소하(蕭何)는 군량조달 보급 확보에 능한 사람이었다. 역사상 초(楚), 한(漢)의 3년간 싸움에서 처음에는 항우가 압도적으로 이기고 있다가 2년차에는 유방이 이기는 것은 3가지 이유로 압축된다.

① 유방이 열세에 빠졌을 때 포위망을 구축해서 초군(楚軍)을 독안에 든 쥐로 만들었다는 것이다.

② 한(漢)의 유방이 초(楚)나라 진영을 이간질 시켜 군신(君臣) 간의 관계를 흐리게 해서 조직을 무너뜨린 것이다.

③ 군의 보급을 담당하고 있는 소하(蕭何)가 군비와 식량을 차질 없이 공급했다는 점이다. 한(漢)나라는 전략가(戰略家)인 장량(張良), 군대의 지휘관 한신(韓信), 군비 보급 소하(蕭何)가 있어 승리한 것이다.

(10) 順德者昌 逆順者亡 (前漢)
순 덕 자 창 역 순 자 망

덕을 따르는 자는 번창하고 덕을 거스르는 자는 망한다.

(11) 推亦心 置人腹中 (後漢)
　　　추 역 심　치 인 복 중

진심으로 사람을 대하면 마음속에서 의심 없이 자리 잡는다.
자신의 진심을 밀어 붙여 남의 뱃속에 자리 잡는다.

(12) 富者衆之怨也 (西漢 宣帝)
　　　부 자 중 지 원 아

부자는 많은 사람의 원망을 사게 한다.
　　소광(疏廣)의 말로서 너무 부자로 살면서 베풀지 않으면 많은 사람들에게 원망을 산다. 예나 지금이나
　　부자들은 부정한 방법으로 재산축적을 했기 때문에 나온 말이다. 그렇지 않으면 부자를 미워할 이유가
　　없을 것이다.

(13) 宰相不親細事 (西漢 宣帝)
　　　재 상 불 친 세 사

재상은 사소한 일을 직접 하지 않는다.
　　예나 지금이나 사사로운 일까지 재상이 나서지 않아도 밑에서 잘 하도록 놓아두어야 한다. 대통령이
　　할 일과 장관이 할 일이 있고 각기 부서장이 할 일이 있는 것이다. 군수가 할 일이나 면장이 할 일까지
　　대신 할 수는 없다는 말이다.

(14) 有志者 事竟成也 (東漢 光武帝)
　　　유 지 자　사 경 성 아

뜻이 있으면 반드시 성공한다.
　　확고한 의지를 가지고 있는 자는 반드시 성공한다. 가훈에 쓸 수 있는 말로 줄여서, '유지사성(有志事
　　成)은 뜻이 있으면 반드시 성공한다'고 쓰면 된다.

(15) 貧賤之交不可忘 糟糠之妻不下堂 (東漢 光武帝)
　　　빈 천 지 교 불 가 망　조 강 지 처 불 하 당

빈천(貧賤)으로 맺은 친구는 잊을 수 없고 조강지처는 버릴 수 없다.
　　가난할 때 친하게 사귄 친구는 잊어서는 안 되고, 못 먹고 고생하던 처를 버리면 안 된다는 말이다.
　　송홍(宋弘)이 광무제(光武帝)에게 한 말

(16) 不入虎穴 不得虎子 (後漢)
　　　불 입 호 혈　불 득 호 자

호랑이 굴에 들어가야 호랑이 새끼라도 잡는다.
　　큰일을 하려거든 모험을 해야 한다.

(17) 死者葛 走生仲達 (三國)
　　　사 자 갈　주 생 중 달

죽은 제갈공명(諸葛孔明)이 살아 있는 사마중달(司馬仲達)을 도망치게 한다.
　　이미 죽었던 사람의 당당함이 죽어서도 그 위풍에 떤다는 뜻이 된 것이다.

(18) 人生如白駒過隙 (宋 太祖)
   인 생 여 백 구 과 극

인생은 흰 망아지가 문틈을 달려 지나가는 것처럼 빠르다.

  인생은 세월 가는 것이 무척 빠름을 표현하는 말

  隙: 틈 극

(19) 偏重其可行乎 (宋 哲宗)
   편 중 기 가 행 호

배가 한 쪽으로 치우치면 정상적으로 나아갈 수 없다.

  배가 균형을 맞추지 않고는 정상적으로 앞으로 나아갈 수 없듯이 정치도 올바르게 하지 않으면 궤도
  이탈을 하는 것이다.

(20) 學有悟入 (南宋 孝宗)
   학 유 오 입

학문은 깨달음이 있어야 한다.

  학문에는 깨우침이 있어야 진짜 학문이다.

(21) 人生自古誰無死 (南宋 帝昺)
   인 생 자 고 수 무 사

자고이래로 사람으로부터 태어나 누가 죽지 않겠는가.

  사람은 누구나 죽지만 세상에 빛난 업적을 남기고 죽어야 하지 않겠는가?

(22) 事在强勉而已 (西 漢武帝)
   사 재 강 면 이 이

모든 일은 노력에 달려있다.

  동중서(董仲舒)가 한 말인데 모든 일은 노력 여하에 달려 있다.

(23) 一尺尚可縫 一寸粟尚可舂 (西文帝)
   일 척 상 가 봉   일 촌 속 상 가 용

한 척의 옷감도 꿰맬 수 있고, 한 되의 좁쌀도 찧어 나눌 수 있다.

  舂: 찧을 용

  비록 적은 물건이나 적은 식량이라도 나누어 쓰고, 먹을 수 있다.

(24) 人生如朝露 何自苦如此 (西漢昭帝)
   인 생 여 조 로   하 자 고 여 차

인생은 아침 이슬과 같은데 무엇 때문에 스스로 고생하며 사는가.

3. 『십팔사략』의 명문과 고사성어

(1) 管鮑之交 (史記)
관포지교

매우 친절한 친구

제(齊)나라 관중(管仲)이 포숙(鮑叔)과 함께 장사를 하는데 이익을 많이 가져도 포숙이 나를 욕심이 많다고 여기지 않고, 일을 잘못해도 나를 어리석다고 하지 않고 3번 벼슬을 하였다가 도망갔으나 포숙은 나는 관중을 겁쟁이라고 하지 않았다. 관중이 말하기를 "나를 낳아 주신 분은 부모님이지만 나를 알아주는 사람은 포숙이다."라고 했다.

(2) 曲學阿世 (西漢 武帝)
곡학아세

올바른 학문을 왜곡하여 세상과 영합해서는 안 된다.

본래는 무곡학이아세(無曲學以阿世)인데 곡학아세하지 말라다.
제나라 원고생(轅固生)이 공손홍을 훈계한 말이다.

(3) 口尙幼臭 (西漢 高祖)
구상유취

입에서 아직 젖비린내가 난다.

위(魏)왕의 장군인 백직(柏直)에게 한(漢)의 고조가 한 말이다. 아직도 어린애가 어디서 대드느냐는 말이다.

(4) 九牛一毛 (漢武帝)
구우일모

9마리 소 중에서 한 개의 털.

많은 것 가운데 가장 적은 것을 비유한 말이다.

한 무제가 사마천에게 이릉의 죄를 묻자 이릉은 사마천의 친구이기 때문에 좋게 말해 준 것에 대해 한 무제가 대노하며 사마천에게 궁형(宮刑)을 내렸다. 궁형을 받으면 자살하는 사람들이 많았는데, 사마천은 죽는 것이 더 낫겠지만 사기(史記)를 완성하고 죽겠다고 결심을 하는 데서 사마천은 내가 죽는 것은 9마리의 소 중에 털 하나 없어지는 정도라고 해서 나오는 소리다.

(5) 近墨者黑 (論語)
근묵자흑

먹을 가까이 하면 검은 빛이 난다.

묵자(墨子)에 근흑자흑 근주자적(近墨者黑 近朱者赤)에서 유래한 말이다. 즉 흑을 가까이하면 검은 빛이 나고, 붉은 빛을 가까이하면 붉게 된다.

(6) 登龍門 (後漢書)
등용문

용문에 오르다. 즉 입신출세(立身出世)의 관문이나 출세의 계기를 잡는 것이다.

후한서의 이우전에서 나오는 말로 '오사(五邪)'의 환관이 포학을 자행하기 시작했을 때 소위 '당고의화'

라는 대규모의 탄압을 불러일으키게 되는데, 이 항쟁에서 선봉장인 이응의 명성이 더욱 높아져 태학의 청년 학생들이 그를 가르쳐 천하의 모범은 이원래라 일컬어 왔다. 신진 관료인사들도 그와 친분을 갖거나 추천을 받는 것을 명예로 삼게 되는데 이것을 등용문(登龍門)이라 칭하게 되는 데서 유래한다.

(7) 馬耳東風 (李太白)
마 이 동 풍

말 귀에 봄바람이다. 남의 말을 귀담아 듣지 않고 흘러 버리다.

왕거일이 '쓸쓸한 밤 홀로 술을 마시며 회포에 잠기다는 시를, 이태백이 왕거일의 한야독작유회 답했다에서 세상 사람들은 이것을 들으면 모두 머리를 흔들 것이다. 마치 동풍이 말의 귀에 스치는 것 같이'라는 시구(詩句)로 대답했다는 데서 나온 것이다.

(8) 百年河淸 (春秋左氏傳)
백 년 하 청

백 년에 한 번 황하의 물이 맑아진다. 아무리 기다려도 실현될 수 없는 가망성을 말한다.

초(楚)나라 사람 장량이 정(鄭)나라를 공격했을 때 자사(子思)가 주(周)나라의 시에 이 말이 있는데 "황하의 물이 맑아지기를 기다린다면 사람의 수명이 얼마나 더 기다려야 하는가?"라는 데에서 유래했는데 그 후에 결국은 초나라와 정나라가 화친을 맺었다 한다.

(9) 射石爲虎 (史記 李將軍列傳)
사 석 위 호

돌(石)을 범인 줄 알고 쏘았더니 화살이 돌에 꽂혔다. 성심을 다하면 성공할 수도 있다는 말이다.

이광이가 명산(冥山)으로 사냥을 갔다가 풀숲 속에서 호랑이가 자고 있는 것을 보고 화살을 쏘아 맞혔는데 호랑이는 움직이지 않고 있었다. 확인해 보니 그것은 돌이었다. 그 화살이 돌에 박혀 있었다. 이 말은 정신을 집중하면 성공을 할 수 있다는 말이다.

(10) 四面楚歌 (西漢 高祖)
사 면 초 가

사방이 초나라의 노랫소리다. 사방에 둘러 싸여 고립무원(孤立無援)의 상태를 말한다.

초(楚)의 항우(項羽)가 한(漢)의 유방에게 패하여 해하(垓下)에서 포위되었을 때, 사방을 둘러싼 한(漢)나라 군사 속에서 초나라 노랫소리가 들리다니 이런 일이 있을 수가 있느냐고 놀랐다는 것인데 성벽에 들려오는 노래 소리는 초나라의 노래뿐이다. 이것은 한의 고조가 꾸며낸 심리 작전으로 한나라 군대 안에는 이 노래로 이끌려서 항복한 초나라 군사가 가득 차 있었다고 해서 유래한 것이다.

(11) 桑田碧海 (劉廷芝 代悲白髮翁)
상 전 벽 해   유 정 지   대 비 발 발 옹

뽕나무 밭이 푸른 바다가 되었다. 세상이 몰라볼 정도로 바뀌었다.

'신선전'에서 나온 말로 마고가 왕방평에게 말하기를 "제가 스스로 모신 이래로 동해가 3번이나 뽕나무 밭으로 변하는 것을 보았나이다. 이번에는 봉래에 도착해보니 물이 갈 때보다 얕아져 대략 반쯤인데 다시 언덕이 되려는 것입니까?" 왕방평이 말하기를 "동해가 다시 흙먼지를 일으킬 뿐이오."라고 했다는 데서 유래했다.

(12) 宋襄之仁 (春秋時代 宋의 襄公)
송 양 지 인

남에게 전혀 도움이 안 되는 동정 또는 배려

송(宋)나라 양공(襄公)의 어질음을 일컬어 어리석은 동정이나, 착하기만 한 것을 뜻하는 "쓸데없는 아량을 베푸는 것"을 말한다.

송(宋)나라 양공(襄公)이 쓸데없이 어진 체하다가 싸움에 패(敗)했다는 고사에서 유래했다.

(13) 臥薪嘗膽 (史記 越世家)
와 신 상 담

섶에 누워 자면서 쓸개를 맛보다. 원수를 갚거나 어떤 목적을 달성하기 위해서 모든 괴로움을 참고 견디는 것을 뜻한다.

일부러 섶에 누워 자면서 쓰디쓴 곰쓸개를 핥으며 패전의 굴욕을 되새기면서 괴로움을 맛보는 뜻인데 춘추시대의 오왕(吳王) 부차(夫差)와 월왕(越王) 구천(句踐)의 고사에서 유래한 것이다.

(14) 羊頭狗肉 (晏子春秋)
양 두 구 육

양 머리를 걸어 놓고 개고기를 판다. 겉으로는 훌륭하게 보이지만 속은 판이 하게 다른 것을 뜻한다.

제 나라 영공이 궁 밖에서 남장하는 여인들을 처벌하라는 금령을 내렸으나 그때의 유행은 별 효과가 없어 영공이 안영에게 그 연유를 물어본 즉은 "전하께서 궁 안에 여인들에게는 남장을 허용하시면서 궁 밖의 여인들에게는 금령(禁令)을 내렸습니다." 이것은 마치 양의 머리를 걸어두고 개고기를 파는 것과 다름이 없습니다. 이런 말에서 유래한 것이다.

(15) 漁父之利 (戰國策)
어 부 지 리

어부의 이익. 즉 당사자가 아닌 제3자가 이익을 취하는 것을 말한다.

도요새와 조개가 싸우고 있는 사이에 어부가 그 둘을 다 잡아갔다는 고사에서 유래했다.

(16) 力拔山氣蓋世 (史記 項羽本紀)
역 발 산 기 개 세

힘은 산을 뽑을 만하고, 기운은 세상을 덮을 만하다. 힘이 강한 영웅의 기개를 말한다.

拔: 뺄 발

초(楚)나라 왕 항우(項羽)의 빼어난 힘과 기개를 표현하는 말이다.

(17) 五十步百步 (孟子 梁惠王)
오 십 보 백 보

50십 보를 도망친 자가 100보를 도망친 자를 비웃는다.

비겁하게 도망치기는 마찬가지인데 별 차이는 없으면서 비웃는 것은 다 같은 자들이다.

(18) 吳越同舟 (孫子의 九地篇)
오 월 동 주

오나라 사람과 월나라 사람이 한 배에 타고 있다.

서로 미워하는 사람끼리 한 배에 타면서도 공통의 어려움에 대해서는 할 수 없이 협력하는 처지를 두고 이르는 말이다.

(19) 泣斬馬謖 (蜀의 諸葛亮)
읍 참 마 속

눈물을 흘리면서 마속을 배었다.

기강을 바로 잡기 위해서 어쩔 수 없이 가장 사랑하는 신하를 법으로 처벌하는 즉 대의명분(大義名分)을 지키기 위해서는 어쩔 수 없이 제거한다는 말이다.

마속전(馬謖傳)에서 나오는 말인데 촉(蜀)나라의 제갈량이 군령을 어긴 마속(馬謖)을 눈물을 흘리며 목을 베었다는 고사에서 유래했다.

(20) 朝三暮四 (莊子의 寓話)
조 삼 모 사

원숭이에게 상수리를 아침에는 3개 저녁에게는 4개를 준다.

이것은 곧 주는 것은 똑 같은데 속임수를 써서 당장은 더 주는 것으로 생각하지만 결과적으로는 같은 것을 의미한다.

원숭이를 기르는 사람이 상수리를 아침에 3개를 주었더니 원숭이가 성질을 내서 한 개 더 주고 저녁에 3개 준다 했더니 좋아하더라는 고사에서에서 유래한 것이다. 이것은 눈 앞에 보는 차이만 알고 결과가 같은 것을 모르는 것. 또 하나의 뜻은 간사한 속임수로 남을 속이는 것의 뜻으로 쓰인다.

(21) 指鹿爲馬 (秦)
지 록 위 마

사슴을 말이라 한다.

윗사람을 농락하여 권세를 마음대로 휘두르는 것. 또 하나의 뜻은 모순되는 것도 우겨서 다른 사람을 속이는 것이다.

진(秦)나라 조고(趙高)라는 간신이 황제(皇帝) 호해(胡亥)에게 사슴을 바치면서 馬(말)이라고 했다는 유래에서 나온 고사다.

鹿: 사슴 록

(22) 滄海一粟 (蘇東坡의 赤壁賦)
창 해 일 속

넓은 바다에 좁쌀 알 하나. 넓은 바다 속에 좁쌀 하나면 극히 보잘 것 없는 미미한 존재라는 말이다.

滄海: 넓은 바다.

소동파(蘇東坡)가 친구와 같이 적벽을 유람할 때 주변의 경치가 마치 선경(仙境)과 같은 것을 보고 읊조리던 시(詩)에서 유래한 것이다.

(23) 天高馬肥 (漢書)
천 고 마 비

하늘은 높고 말은 살찐다. 하늘은 맑고 먹을 것이 풍부하다는 뜻이다.

흉노족이 살던 곳에 널은 초원위에 봄부터 여름까지 풀을 먹는 말은 가을 에는 살이 찌고 높은 하늘은 맑고 깨끗하다. 이들은 겨울이 되면 먹을 식량을 찾아 변방에 와서 노략질해 가곤 했다.

(24) 千里眼 (北魏)
천 리 안

먼 곳을 볼 수 있는 눈이나, 사물을 통찰할 수 있는 능력을 말한다.

북위(北魏)의 양일(楊逸)이라는 젊은이가 29세의 나이에 하남성 황천 군수 직을 맡아 백성들을 위해 진력하여 군민을 즐겁게 하였다는 데서 나온 이야기다.

(25) 天衣無縫 (太平廣記)
천 의 무 봉

선녀들의 옷은 꿰맨 자국이 없다. 시나 글이 타고난 재질이 매우 남다르다.

태평광기(太平廣記)의 '영괴록'에서 나온 말로 곽한(郭翰)이라는 사람이 시문과 서예에 능한 사람이었다는 데서 유래한 것이다.

縫: 꿰맬 봉

(26) 兎死狗烹 (西漢 高祖)
토 사 구 팽

토끼를 사냥하고 나면 사냥개를 잡아먹는다. 잘 이용하고 필요가 없어지면 없애 버린다는 말이다.

한(漢)나라가 건국한 뒤 한고조(漢高祖)인 유방(劉邦)이 한신(韓信)장군을 이용하고는 제거해 버린 데서 나온 고사다.

兎: 토끼 토
烹: 삶을 팽

(27) 問鼎輕重 (春秋左氏傳 宣王 3章)
문 정 경 중

다른 사람의 실력을 의심하고 그것을 경시한다는 의미이다.

초나라 장왕이 천하를 소유 하려는 야심으로 정왕의 사신에게 주왕의 상징인 구정(九鼎)의 크기를 묻자 사신은 왕위는 덕에 있는 것이지 솥의 무게에 있는 것이 아니라고 하는 데서 나온 것이다.

鼎: 솥 정

(28) 塞翁之馬 (淮南子)
새 옹 지 마

이 말은 인생의 길흉화복(吉凶禍福)은 변화가 많아 예측하기 어렵다는 데서 나오는 말이다.

옛날에 새옹의 말이 도망쳐서 실망을 했다. 나중에 훌륭한 말을 다시 얻게 되었는데 그 말을 타던 아들이 낙마하여 다리가 부러져서, 그 아들의 병역이 면제되어 죽음을 면했다는 고사에서 나온 말이다.

쉬어 갑시다.

• 20세기는 글을 읽지 못한 자가 문맹이었다. 그러나 21세기는 더 이상 무엇인가를 배우려 하지 않은 사람이 문맹이다.

— 앨빈 토플러

• 중요한 일에 대하여 침묵하는 날, 우리 생명은 저물어 가기 시작한다.

— 킹 마틴루터

• 대중은 작은 거짓말보다는 큰 거짓말에 더 쉽게 속아 넘어 가 버리더라.

— 히틀러 자서전에서

• 일을 하는 것은 생활 수단이 아니다. 내 영혼을 닦는 수행의 과정이다. 경영의 출발은 모든 이에게 행복을 주고자 하는 마음에서이다.

— 일본 교세라 창업주 이나 모리회장

기타 중국고전

(1) 落其實者思其樹 飮其流者懷其源 (北朝庾信의 徵調曲)
　　낙 기 실 자 사 기 수　음 기 류 자 회 기 원

열매를 딸 때는 그 나무를 생각하고, 물을 마실 때는 그 근원을 생각하라.

　懷: 품을 회

(2) 醉中不語眞君子 財上分明大丈夫 (明代의 增廣賢文)
　　취 중 불 어 진 군 자　재 상 분 명 대 장 부

술자리에서 실언하지 않는 이가 참된 군자이며, 금전 문제가 분명한 자가 대장부다.

(3) 道冲而用之惑不盈 (老子 4章)
　　도 충 이 용 지 혹 불 영

도는 속이 비어 있는 그릇이지만 아무리 사용해도 가득 차는 법이 없다.

　도가 속이 비어 있다는 것은 아무 것도 없지만 그 것을 아무리 사용해도 그 속에는 가득 차 있지 않다는
　것은 도(道)라는 것은 무궁무진하기 때문이다.

　盈: 가득찰 영

(4) 城門失火 殃及池魚 (杜弼 檄梁文)
　　성 문 실 화　앙 급 지 어

성안에 불이 나서 그 재앙이 연못에 물고기에 미치더라.

　성안에 불이 나서 그 불을 끄기 위해서 연못에 물을 사용했기 때문에 물고기가 다 죽었다. 뜻밖에 피해
　를 입는 경우에 씀.

　殃: 재앙 앙

(5) 壽山福海 (壽山福海圖歌 劉基)
　　수 산 복 해

수명은 산과 같고 복은 바다 같다.

수명은 산처럼 오래 살고, 복은 넓은 바다처럼 많이 누리라는 축원의 말로 쓴다.

　즉 장수하시고 복 많이 받으십시오.

(6) 六馬不和 造父不能以治遠 (韓詩外傳)
　　육 마 불 화　조 부 불 능 이 치 원

6마리 말이 서로 화합하지 않으면 조부라는 사람도 말을 몰고 멀리 갈 수 없다.

서로 보조가 맞지 않으면 아무리 말을 잘 모는 뛰어난 마부도 멀리 갈 수 없다. 이 말은 협동하지 않고
는 일이 순조롭게 진행될 수 없다는 말이다.

(7) 生年不滿百 常懷千歲憂 (詩)
　　생 년 불 만 백　상 회 천 세 우

삶은 백 년 못 채우지만 항시 천 년의 걱정을 한다.

사람이 백 년도 살지 못하면서 앞으로 천 년을 걱정을 하는 것을 말한다.

(8) 病從口入 禍從口出 (西晉傳玄의 口銘)
　　병 종 구 입　화 종 구 출

질병은 입으로부터 들어오고, 재앙은 입에서 나온다.

항상 자나 깨나 입을 조심하라는 조언이다.

(9) 口是傷人斧 (寶鑑 言語)
　　구 시 상 인 부

입은 남을 해치는 도끼다.

입은 다른 사람을 죽일 수도 있는 도끼와 같은 것이니 말은 가려서 해야 한다는 것이다.

斧: 도끼 부

(10) 書不借人 (중국격언)
　　서 불 차 인

책은 남에게 빌려 주지 않는다.

자기가 가지고 있는 책은 귀중함으로 남에게 빌려주면 손상이 되거나 잃어버릴 수 있어 되돌려 받지
못할 수 있기 때문이다.

借: 빌릴 차.

(11) 若蟬之不知雪 (鹽鐵論 相刺)
　　약 선 지 부 지 설

매미가 눈(=雪)을 모르는 것과 같다.

자기 자신이 직접 보지 않았다고 해서 다른 사람의 말을 믿지 않는 소견이 좁은 사람을 말할 때 쓰는
말이다. 매미는 여름철에 사는 곤충이므로 겨울의 눈을 보지 못한데서 나온 말이다.

蟬: 매미 선

(12) 月滿則虧 (蔡澤傳)
　　월 만 즉 휴

달이 차면 기우는 법.

虧: 이지러질 휴

늘 보름달만 있지 않다. 극히 좋으면 극히 불행하기도 한다. 극히 번성하면 쇠퇴하기도 한다. 흥망성쇠
(興亡盛衰)로 바뀌는 수가 있다

(13) 淵廣者其魚大 (詩外傳)
　　　연 광 자 기 어 대

못이 넓으면 그 물고기도 크다.

　큰물에는 큰 물고기 살고, 현명한 군주 밑에는 현명한 신하가 있다.

(14) 防民之口 甚於防川 (國語 鄭語)
　　　방 민 지 구 　심 어 방 천

백성의 입을 막기란 강물을 막기보다 더 어렵다.

　물은 유연하면서도 무섭다는 것을 2011년 3월의 일본의 해일과 지진에서 보는 것처럼 강력하지만 그
보다도 더 강한 것이 백성들의 원성이나 의견을 억압하는 언론인 것이다.

(15) 衆口鑠金 (國語 周語下)
　　　중 구 삭 금

대중의 입은 쇠도 녹인다.

　백성들이나 일반대중의 입은 쇠를 녹일 수 있을 정도로 무섭다. 여론의 힘이 그 만큼 무섭다는 것이다.
　鑠: 녹일 삭

(16) 大事不糊塗 (宋書 呂端傳)
　　　대 사 불 호 도

큰일은 흐릿하게 처리하지 않는다.

　큰 사건은 절대로 그냥 흐지부지 넘어가서는 안 된다. 현재 우리나라에서도 항상 정부여당에서 큰 사건
이 발생하면 그냥 흐지부지 지나쳐 버리려고 하고 적은 정당에서 사건이 발생하면 엄격하게 법 적용을
하려고 하는 경향이 있다. 법은 누구에게나 정확한 척도가 되어야 한다.

(17) 與人善言 暖於布帛 (荀子)
　　　여 인 선 언 　난 어 포 백

남에게 주는 좋은 말은 옷가지보다 따뜻하다.

　남에게 주는 좋은 말은 옷보다 더 값어치가 있다. 옷은 입어 세월이 가면 헤져 없어지지만, 훌륭한 말은
항상 교훈이 되어 영원히 남아 있어 소중하다.
　帛: 비단 백

(18) 千里之行 施足下 (老子)
　　　천 리 지 행 　시 족 하

천리 길도 한 걸음으로부터 시작한다. 모든 일은 처음의 시작이 중요하다.
　施: 베풀 시. 행할 시

(19) 誠者 天之道也 誠之者 人之道也 (中庸)
　　　성 자 천 지 도 야 　성 지 자 　인 지 도 야

진실은 하늘의 길이요 진실로 행하는 것이 사람의 길이다.

　진실은 하늘이 만들어 놓은 길이요, 그것을 행하는 것이 사람이 행해야 할 길이다.
　誠: 참되게 할 성. 정성 성.

(20) 見賢思齊 (論語)
견 현 사 제

현인을 보거든 이렇게 하겠다고 생각하라.

　현인을 만나거든 나도 이런 분과 같이 되겠다고 생각하면서 노력하라.
　齊: 가지런할 제. 갖출 제.

(21) 君子求諸己 小人求諸人 (論語)
군 자 구 제 기　소 인 구 제 인

군자는 모든 일을 자기 힘으로 하지만 소인은 늘 남에게 의존한다.

(22) 勞而不伐 (易經)
노 이 불 벌

일에 실적을 올리고도 자랑하지 않는다.

(23) 治而不忘亂 (易經)
치 이 불 망 난

다스릴 때 난세를 잊지 않는다.

　태평할 때 앞으로 난세가 있을 거라는 것을 잊어버리고 있어서는 안 된다.

(24) 忍一時之憤 免百日之憂 (景行錄)
인 일 시 지 분　면 백 일 지 우

잠깐 분을 참으면 백일의 근심을 면한다.

　일시적인 분함을 참으면 앞으로 오는 근심을 면할 수 있다.

(25) 耕當問奴 (宋書 沈慶之傳)
경 당 문 노

농사일은 머슴에게 물어 보아라.

　각기 전문가에게 물어 보라는 뜻이다.

(26) 張一木之羅, 終不得鳥矣 (魏略)
장 일 목 지 라　종 부 득 조 의

한 코의 그물을 쳐 놓으면 새를 잡지 못한다.

　일을 성공하려면 여러 방법과 수단으로 해야 한다. 새는 여러 그물이 얽힌 데서 잡히기 마련이다. 張:
넓힐 장
　羅: 새 그물 라

(27) 百萬買宅 千萬買隣 (南史 呂僧珍傳)
백 만 매 택　천 만 매 린

백만금으로 집을 사고, 천만금으로 이웃을 산다.

　집을 사는 것도 중요하지만 이웃이 더 중요하다는 것이다. 이웃이 나쁜지 좋은지 살펴보는 것이다. 요
즘은 아파트에서는 이웃이 누가 사는지도 모르겠지만, 전에는 이웃과 늘 접촉하면서 살았기 때문에 더
욱 중요했다.

(28) 聞名不如見面 (北史列女)
문 명 불 여 견 면

이름을 듣는 것은 직접 얼굴을 보는 것만 못하다.

남을 평가할 때는 그 명성만 들어 보는 것보다는 직접 만나서 이야기를 들어 보는 것이 중요하다. 그래서 지금처럼 신입사원을 모집할 때도 역시 직접 구술시험을 보고 결정하는 것이다.

(29) 騎虎者勢不得下 (五代史 唐臣傳)
기 호 자 세 불 득 하

호랑이를 타고 가는 사람은 중도에 내릴 수 없다.

기왕에 호랑이 등에 탔으면 앞으로 가야지 중도에 내리면 호랑이의 밥이 되기 때문에 갈 수밖에 없다는 것은 일단 어떤 일을 결정했으면 그 일을 진행할 수밖에 없다는 뜻으로 쓰인다.

騎: 말탈 기

(30) 文臣不愛錢 武臣不惜死 則天下平矣 (宋史 岳飛傳)
문신불애전 무신불석사 즉천하평의

문신은 돈을 좋아하지 않고 무신이 목숨을 아끼지 않으면 곧 천하는 태평해진다.

문관이 재물을 탐내지 않고, 무신이 나라를 위해 목숨을 바칠 각오가 되어 있으면 그 나라는 태평할 것이다.

惜: 아낄 석.

(31) 城中寸土如寸金 (淸順 十竹詩)
성 중 촌 토 여 촌 금

성안에 있는 한 치의 흙은 한 치의 금과 같다.

도심 안에 땅값은 금값이다. 우리나라 서울 사대문 안에 땅값이 금값이라는 말과 흡사하다. 어느 나라든 중앙에 있는 땅값은 비싼가 보다.

(32) 盡人事而待天命 (胡寅 讀史管見)
진 인 사 이 대 천 명

사람이 도리를 다하고 천명을 기다린다.

사람이 노력을 하고 나서 그 결과는 겸허하게 하늘의 명을 기다린다.

(33) 少年易老學難成 一寸光陰不可輕 未覺池塘春草夢 階前梧葉 已秋聲
소 년 이 로 학 난 성 일 촌 광 음 불 가 경 미 각 지 당 춘 초 몽 계 전 오 엽 이 추 성

(朱熹 偶成詩)

소년은 나이 먹어 늙기 쉬우나, 학문은 이루기가 어렵다. 일분일초라도 가볍게 하지 말지어다. 연못가에는 봄풀의 꿈이 아직 깨기도 전에 층계 앞의 오동잎은 벌써 가을바람이 불어오누나.

항상 소년이 그대로 있는 것이 아니다, 나이가 먹으면 늙어지기 쉬우나 학문을 이루기가 어려우니 단 일분 일초라도 시간을 그냥 낭비하지 하지 말라. 어느새 가을바람이 불어오누나. 이 시는 소년시절을 즐기는 동안에 벌써 노년이 찾아 왔다는 세월의 빠름을 노래한 것이다.

(34) 寧失千金 毋失一人之心 (越絶書范伯)
　　　녕실천금　무실일인지심
차라리 천금을 잃을지라도 한사람의 마음을 잃지 않는다.
천금을 얻는 것보다는 차라리 믿음직한 한 사람의 마음을 잃지 않겠다.
寧: 차라리 녕, 편안할 녕
毋: 하지 말 무

(35) 學書如泝急流 (蘇軾)
　　　학서여소급류
글을 배우는 것은 급류를 거슬러 올라가는 것과 같다.
　글공부를 배우는 것은 마치 급류를 타고 거슬러 올라가는 것처럼 어렵다는 것이다.
　泝: 거슬러 올라갈 소

(36) 一國以一人興 以一人亡 (蘇洵)
　　　일국이일인흥　이일인망
한 나라가 한 사람에 의해서 흥하기도 하고, 한 사람 의해서 망하기도 한다.
　한 사람의 최고의 지도자가 국정운영을 잘하면 흥할 것이고 잘못하면 망할 것이다. 이처럼 한 사람의
　지도자에 의하여 그 나라의 운명이 결정된다. 그래서 국민이 지도자를 신중히 선택해야 한다는 것이다.

(37) 眞金不鍍 (李神 答章孝標詩)
　　　진금무노
진짜 황금은 도금하지 않는다.
　진짜 황금은 도금을 할 필요가 없다. 진정한 재능을 가지고 있는 사람이나 진실로 가득한 사람은 그
　자체이니까 꾸밈이 필요 없다.
　鍍: 도금할 도

(38) 百行之本 忍之爲上 (子張)
　　　백행지본　인지위상
모든 행실의 근본은 인내가 제일이다.
　희망을 생각하거든 참고 견디라. 언젠가는 이루어진다. 꽃도 일찍 피는 것이 있고 늦게 피는 것도 있다.

(39) 流水不腐 (呂氏春秋)
　　　유수불부
흐르는 물은 썩지 않는다.
　모든 것은 원활하게 유통이 되어야지 그 자리에 있으면 썩는다. 사람의 지위, 화패의 유통 및 침체된
　사고 등에 응용할 수 있는 말이다.

(40) 量寬足以得人 身先足以率人 (王導)
　　　양관족이득인　신선족이솔인
도량이 넓으면 인심을 얻을 수 있고, 솔선수범하면 사람을 통솔할 수가 있다.
　寬: 너그러울 관

率: 거느릴 솔

(41) 自疑不信人 自信不疑人 (素書)
자 의 불 신 인　자 신 불 의 인

자기 자신을 의심하면 남도 또한 믿지 못하고, 자기 자신을 믿으면 남도 의심하지 않는다.

자기 자신의 믿음이 없으면 아무것도 성공할 수 없다. 믿음이 있을 때 모든 일을 시작할 수 있다.

(42) 寶貨用之有盡 忠孝亨之無窮 (景行錄)
보 화 용 지 유 진　충 효 형 지 무 궁

보물은 사용하면 없어지지만 충성과 효도는 행할수록 무궁하다.

재화는 쓰면 없어지지만 충성과 효도는 실천할수록 한정 없이 무궁무진하다.

(43) 欲勝人者 必先自勝 (呂氏春秋)
욕 승 인 자　필 선 자 승

남을 이기려고 하는 자는 먼저 자기를 이겨라.

먼저 자기 자신을 다짐해보고 준비가 되어야만 남을 이길 수 있다.

(44) 刀槍可 惡語難消 (明心寶鑑)
도 창 가　악 어 난 소

칼과 창으로 생긴 상처는 낫기가 쉽지만, 악한 말은 없애기가 어렵다.

악한 말 한마디가 무기보다 더욱더 사람에게 얼마나 치명상을 입히는지를 단적으로 말해주고 있다. 刀槍: 칼과 창

(45) 癡人畏婦 賢女敬夫 (太公)
치 인 외 부　현 여 경 부

어리석은 사람은 아내를 두려워하고, 어진 여자는 남편을 공경한다.

어찌하여 아내를 두려워하게 됐는지는 몰라도 더러는 경처가(驚妻家: 아내에게 놀라는 남편)와 경처가(敬妻家: 아내를 존경하는 남편)가 있다는데, 어진 여자에 현모양처는 옛말인가!
癡: 어리석을 치.

(46) 老與病相仍 (白居易 衰病詩)
노 여 병 상 잉

늙음과 병은 함께 찾아온다.

仍: 거듭할 잉, 인할 잉
늙으면 몸이 쇠약해져서 자연히 병이 찾아와 죽음에 이른다.

(47) 埋骨不埋名 (白居易)
매 골 불 매 명

뼈는 묻혀도 이름은 묻혀지지 않는다.

사람이 죽으면 묻혀지지만 생존해서 명성이 있는 사람은 죽어서도 그 이름이 묻혀지지 않는다.

埋: 묻을 매

(48) 應病與藥 (白居易)
응 병 여 약

병에 따라 약을 쓴다.

병에 따라 약을 쓰듯이 각기 사람에 따라 설법도 다르다.

(49) 人生七十古來稀 (杜甫 曲江詩)
인 생 칠 십 고 래 희

사람이 70까지 사는 사람은 예로부터 드물다.

옛날에는 사람이 70세까지 살기가 드물지만 지금은 과학의 발달과 식생활 개선으로 평균 80세까지 연
장된 것이다. 미래학자들의 말로는 2030년 정도면 100세가 평균이 될 것이라고 한다.

(50) 嚴父出孝子 嚴母出巧女 (明心寶鑑)
엄 부 출 효 자   엄 모 출 교 녀

엄격한 아버지 밑에는 효자가 나오고 엄격한 어머니는 얌전한 딸을 길러낸다.

巧: 예쁘다, 아름답다.

아버지의 엄격한 교육과 엄격한 어머니의 교육의 중요성을 나타낸다. 요즘도 며느리를 맞이할 때는 친
정어머니를 보면 딸의 교양을 알 수 있다고 한다.

(51) 居高聽卑 (箴類 張蘊古 大寶箴)
거 고 청 비

높은 지위에서 낮은 이들의 말을 경청한다.

정치를 하는 사람이든 사업을 하는 사람이든 낮은 지위의 사람들의 말을 잘 듣고 행하는 데 참고를 하
라는 메시지다.

卑: 낮을 비

(52) 勝兵似水 (武議第八)
승 병 사 수

필승의 군대는 물과 같다.

물은 유연하면서도 무섭다. 2011년 3월에 일본열도를 강타한 쓰나미(tsunami: 津波, 혹은 seismic
sea wave)에서 보듯이 엄청난 힘을 가지고 있다. 군대는 물과 같이 강함을 이용해서 적을 타도한다는
의미다.

(53) 破山中賊易 破心中賊難 (中國格言)
파 산 중 적 이   파 심 중 적 난

산속 도적은 격파하기는 쉽지만 마음의 도적은 격파하기는 어렵다.

賊: 도적 적

마음속의 도적이 무섭다. 모든 일은 마음에서 나오는데 마음을 바로잡지 못하면 무서운 도적이 된다.

(54) 施恩勿求報 與人勿追悔 (明心寶鑑)
시 은 물 구 보   여 인 물 추 회

은혜를 베풀었거든 보답을 바라지 말고 남에게 주었거든 뒤에 후회하지 마라.

施: 베풀 시

勿: 하지 말 물

주고서 받을 것을 바란다면 차라리 주지 말아야 한다. 상대방에게 부담을 준다면 진정한 사랑으로 주는
것이 아니다.

(55) 覆水定難收 (雜書 鶡冠子)
복 수 정 난 수

이미 엎지른 물은 다시 담을 수 없다.

이미 엎지른 물은 다시 담을 수 없다함은 한 번 결정된 잘못은 다시는 번복될 수 없다는 뜻이다. 이혼한
부부는 재결합할 수 없다.

覆: 뒤집힐 복

(56) 鱣鯨非溝瀆所容也 (文中子 禮樂)
전 경 비 구 독 소 용 야

고래는 작은 도랑은 받아들일 수 없다.

고래는 작은 연못에서는 살 수가 없다. 범위가 작은 곳에서는 큰 인물이 살 수 없다. 또는 성인이 작은
곳에서는 활동 범위가 너무 작아서 받아들일 수가 없다.

鱣: 철갑상어 전

鯨: 고래 경

溝: 하수도 구

瀆: 도랑 독

(57) 大富由命 小富由勤 (論語)
대 부 유 명 소 부 유 근

큰 부자는 천명에 의하고 작은 부자는 근면에 의한다.

큰 부자는 하늘이 내주고 작은 부자는 자기가 노력해서 부자가 되는 것이다.

(58) 飢不擇食 (五燈會元)
기 불 택 식

굶주리면 음식을 가리지 않는다.

배를 채우기 위해서는 무슨 음식이던 가리지 않고 먹는다.

배고픈 놈이 찬밥 더운밥 가리더냐! 없어서 못 먹고 안 주어서 못 먹는다.

飢: 주릴 기

(59) 外面以菩薩 內心如夜叉 (唯識論)
외 면 이 보 살 내 심 여 야 차

외면은 보살과 같고 내면은 잔인한 야차 같다.

밖으로 보기에는 보살 같지만 마음속은 사람을 해치는 잔인한 귀신같다.

(60) 養子方知父母恩 (明心寶鑑)
양 자 방 지 부 모 사

자기 자식을 길러 보아야 비로소 부모님의 은혜를 안다.

(61) 一字千金 (種嶸 詩品)
　　　일 자 천 금

한 글자에 천금이다.

　아주 훌륭한 문장력이나 그림을 칭찬하는 말이다.

(62) 雨落不上天 (李白 妾薄命)
　　　우 락 불 상 천

한 번 땅에 내린 비는 다시 하늘에 오르지 못한다.

　한 번 결정된 일은 다시는 바꿀 수 없는 일, 즉 한 번 이혼한 아내는 재결합될 수 없다.

(63) 人能常清淨 天地悉皆歸 (老子)
　　　인 능 상 청 정 　천 지 실 개 귀

사람이 능히 항상 깨끗하면 천지가 모두 잘 돌아간다.

　사람이 결백한 마음을 가지고 있으면 기분 좋게 세상살이가 모두 다 잘 돌아간다.

　悉: 모두 실

(64) 欲多傷神 財多累身 (老子)
　　　욕 다 상 신 　재 다 루 신

욕심이 많으면 정신이 상하게 되고 재물이 많으면 몸에 해를 끼친다.

　욕심이 많으면 정신을 너무 써서 혼미해지고, 재물이 너무 많으면 오히려 해가 온다.

　累: 묶을 루, 해끼칠 루, 피곤할 루

(65) 誠無悔 恕無怨 和無讐 忍無欲 (景行錄)
　　　성 무 회 　서 무 원 　화 무 수 　인 무 욕

진실하면 후회가 없으며, 용서하면 원망함이 없고, 화목하면 원수가 없으며, 인내
하면 욕이 없다.

　恕: 용서할 서

　怨: 원망할 원

　讐: 원수 수

(66) 善人 不善人之師 不善人 善人之資 (老子)
　　　선 인 　불 선 인 지 사 　불 선 인 　선 인 지 자

착한 사람은 착하지 못한 사람의 스승이고, 착하지 못한 사람은 착한 사람의 도움
이 된다.

(67) 恩愛兩不疑 (蘇武의 詩)
　　　은 애 양 불 의

사랑을 다하고는 서로 의심하지 않는다.

　불륜의 증거가 없는 한 부부가 서로 사랑을 다하고는 서로 의심하지 않는다. 즉, 인연을 맺었으면 의심

하지 않고 사는 것이 도리다.

(68) 上樹拔郤梯也 (羅湖野錄)
상 수 발 극 제 야

나무에 올려놓고 사다리를 내려놓다.

상대방을 꼼짝 못하게 궁지에 몰아넣는 것을 의미한다.

拔: 뺄 발

郤: 틈 극. 우러르다.

梯: 사다리 제

(69) 大人不策小人過 (陔餘叢考 成語)
대 인 불 책 소 인 과

대인은 소인의 과실을 책하지 않는다.

큰 인물이 소인배들의 잘못을 하나하나 지적하여 논하지 않는다.

(70) 讀十編不如寫一遍 (鶴林玉露)
독 십 편 불 여 사 일 편

열 번 읽어보는 것이 한 번 써보는 것만 못하다.

그냥 읽어 보는 것이 글자 한자 한자 써보는 것만 못 하다. 공부하는 것은 글자를 써 보는 것이 제일 기억하는 데 좋다.

(71) 心正則必正 (柳公權)
필 정 즉 필 정

마음이 반듯하면 글씨도 반듯해진다.

마음을 가다듬고 글씨를 쓰면 글씨도 반듯해진다.

(72) 經師易遇 人師難遇 (北宋의 司馬光)
경 사 이 우 인 사 난 우

지식만을 전달하는 선생님은 많이 만나지만, 참된 인생의 길을 이끌어주는 스승님을 만나기가 매우 어렵다.

요즘에 와서 더 느낀다. 어디 학교에 선생님만 국한하랴! 아이들을 지도하는 어른도, 자라나는 청소년들을 올바르게 지도할 스승도 드물다는 것을 실감하면서 살고 있다.

易: 쉬울 이

遇: 만날 우

(73) 燕雀不生鳳 (參同契)
연 작 불 생 봉

제비나 참새는 봉황을 낳지 못한다.

씨가 다른 하찮은 새에서 어찌 봉황을 낳을 수 있겠는가!

지혜롭지 못한 사람에게서는 지혜롭고 현명한 자식이 태어날 수가 없다.

燕: 제비 연

雀: 참새 작

鳳: 봉황새 봉

(74) 日月不能播光於曲穴 (葛氏外傳)
일 월 불 능 파 광 어 곡 혈

해와 달은 빛은 꺾이어 굽어진 구멍을 비추지 못한다.

해와 달은 꺾이어 구부러진 구멍까지는 비추지 못한다는 의미는 구부러진 마음을 가진 자에게는 혜택을 줄 수는 없다는 뜻이다.

播: 뿌릴 파

穴: 구멍 혈

(75) 章往考來 (春秋左氏傳序)
장 왕 고 래

과거를 밝혀서 미래를 고찰해 본다.

과거사를 명확히 밝히고 앞으로 올 미래를 고찰해 본다. 과거의 굴절된 역사나 정치, 학문도 오늘에 와서는 올바르게 잡아 나아가야 한다.

(76) 物不得其平則鳴 (送孟東野序)
물 부 득 기 평 즉 명

물건이 그 평정을 잃으면 소리를 낸다.

무슨 물건이던 평정을 잃으면 소리가 난다. 풀과 나무위에 바람이 불면 소리가 나고, 돌맹이 사이에 물이 흐르면 소리가 난다. 사람도 어떤 곤란한 상황에 빠지게 되면 소리가 난다.

鳴: 울 명

(77) 士窮乃見節義 (柳子厚墓誌銘)
사 궁 내 견 절 의

선비는 어려울 때 그 절개가 들어난다.

일반 사람들은 궁할 때는 이성을 잃는다. 이 글은 유종원(柳宗元)의 묘지명을 쓴 한유(韓愈)의 글이다. 당대에 두 사람은 글에 판밖이 같은 틀의 사육변려문체의 화려한 글체를 반대하고 고문운동을 한 문장가들이다. 당송팔대가(唐宋八大家)들인데 당나라 때는 이 두 사람이 그 대표적인 산문가들이다.

(78) 危急存亡之秋也 (諸葛孔明의 前出師表)
위 급 존 망 지 추 야

나라가 위급하여 존재하느냐 멸망하느냐의 시기다.

나라가 가장 위험한 존망의 시기에 놓여 있다고 간(諫)하면서 전쟁에 나아가기 전에 유비(劉備)의 아들 유선(劉禪)에게 제갈량(諸葛亮)이 충성을 다짐하는 글을 올리는 유명한 출사표(出師表: 출병할 때 그 뜻을 적어서 왕에게 올리는 글이다) 유비(劉備)가 위(魏)의 조조(曹操)에게 쫓겨 형주로 도망쳤을 때 유비는 인재를 찾는데 그때 서서(徐庶)가 친구인 제갈량(諸葛亮)을 추천했었다. 유비가 초라하게 살고 있는 제갈량(諸葛亮)의 집을 3번이나 찾아 간청했다는 말에서 고사가 된 삼고초려(三顧草廬)이다. 유비가 병들어 죽고 그 아들 유선(劉禪)이에게 올리는 제갈량(諸葛亮)의 출사표의 글이다.

(79) 天不容僞 (蘇東坡 潮州韓文公 墓碑)
천 불 용 위

하늘은 거짓을 받아들이지 않는다.

하늘은 거짓을 용서하지 않고 받아들이지도 않는다.
僞: 거짓 위

(80) 道之所存 師之所存也 (韓愈 師說)
도 지 소 존 사 지 소 존 야

도가 있는 곳에 스승이 있다.

스승은 도를 행하고 남에게 전수하는 것이 본분이다. 도를 터득하는 사람이 있다면 그것이 내가 찾는
스승이 있는 곳이다

(81) 衆心成城, 衆口鑠金 (國語)
중 심 성 성 중 구 삭 금

군중의 마음은 성을 쌓고, 군중의 입은 쇠를 녹일 수 있다.

백성의 마음을 합치면 성을 쌓을 수 있고, 백성의 입에서 원성이 높으면 무쇠도 녹일 수 있을 만큼 입이
무섭다.
鑠: 노일 삭

(82) 墙有耳 伏寇在側 (管子)
장 유 이 복 구 재 측

담장에도 귀가 있고, 복병은 바로 우리 주위에 있다.

말을 함부로 하지 말고 행동에도 조심하라. 듣는 사람도 많고, 숨어 있는 복병도 우리 주변에 많이 있다.
墙: 담 장
寇: 도둑 구
側: 옆 측

(83) 順木之天 以致其性 (柳宗元의 種樹郭橐駝)
종 목 지 천 이 치 기 성

나무는 천성에 따라 자라게 하며 그 본성을 다하도록 한다.
나무를 기를 때는 나무의 본성에 따라 길러야지 억지로 사람이 나무를 귀찮게 해
가며 길으면 나무는 결국은 괴로워서 죽는다.

이 글은 유종원이가 쓴 제목에서 볼 수 있는 것처럼 종수(種樹)는 나무를 심는다는 뜻이고, 주인공의
곽탁타(郭橐駝)의 이름에서 보듯이 곱사등인 남자가 나무를 잘 심는다. 나무를 심는 곱사를 등장시키고
있는데 이 사람은 장안에서 유실수든 아니든 간에 나무를 매우 잘 심고, 심은 뒤에도 열매가 잘 열린다.
그래서 장안에서 그 명성이 자자해 식수 부탁이 매우 많다. 나무를 심는 데는 그가 비록 자기 몸은 곱사
등이지만 나무만큼은 반듯하게 잘 심는다. 흔히 사람들이 나무를 심고 나서는 나무에 너무 관심이 많아
손으로 만지고 심지어는 살았나 죽었나를 손톱으로 파보기까지 하고 그 뿌리까지 흔들어 본다. 나무는
괴로워서 잘 자라지 않는다는 이야기 내용이다. 나무를 괴롭힌다는 것은 정부 관리들이 백성들을 괴롭
힌다는 의미이다. 관리들이 관심을 갖는 것 같지만 실은 백성을 괴롭힌다는 뜻을 담고 있다. 몸은 곱사
지만 나무는 반듯하게 심는다. 즉 정직하게 사는 사람을 등장시킨 것이다. 이 글은 나무의 천성을 조화
시킨 것이다. (저자가 유종원 연구로 논문을 썼다)

(84) 爪其膚 以驗其生枯 搖其本 以觀其蔬密 (柳宗元文의 繼續)
조 기 부 이 험 기 생 고 요 기 본 이 관 기 소 밀

그 나무의 껍질을 손톱으로 생사를 실험해 보고 그 나무의 뿌리를 흔들어 심은 것이 엉성한지를 살펴본다.

爪: 손톱 조
膚: 피부 부
枯: 마를 고
搖: 흔들 요
蔬密: 성기고 빽빽한 것

(85) 人可欺 天不可欺 人可瞞 天下可瞞 (忠孝略)
인 가 사 천 불 가 기 인 가 만 천 하 가 만

사람을 속일지언정 하늘을 속일 수 없고 사람에게 숨길 수 있을지언정 하늘에게는 숨길 수 없다.

欺: 속일 기
瞞: 속일 만
하늘 아래 누구든지 다 속일 수는 있어도 하늘은 못 속인다.

(86) 教學不倦 (論語)
교 학 불 권

사람을 가르치고 배우기를 게으르지 마라.

倦: 게으를 권

(87) 不義而父且貴 於我如浮雲 (老子)
불 의 이 부 차 귀 어 아 여 부 운

의롭지 못하게 얻어진 부를 귀하다는 것은 내게 있어서는 뜬 구름과 같다.

且: 또 차
浮: 뜰 부
부(富)는 떳떳하게 얻어져야지 부정으로 얻어진 부는 부질없는 것이다.

(88) 非無安居 我無安心也 非無足財 我無足心也 (墨子)
비 무 안 거 아 무 안 심 야 비 무 족 재 아 무 족 심 야

편안한 거처가 없는 것이 아니고, 내게 편안한 마음이 없는 것이다. 만족할 만한 재산이 없는 것이 아니라, 내게 만족할 만한 마음이 없는 것이다.

모든 것은 마음먹기에 달려 있다. 아무리 재산이 많다고 해도 마음에 욕심이 생기면 항상 부족한 것이고, 집은 거처할 수 있는 집이면 된다. 먹는 것은 먹고 살 수 있으면 충분하다. 마음을 비워라.

(89) 知之爲之 不知爲不知 是知也 (論語)
지 지 위 지 불 지 위 불 지 시 지 야

아는 것을 안다고 하고 모르는 것을 모른다고 하는 것이 바로 아는 것이다.
자기가 아는 것이 어느 정도냐를 알고 있으면 그것이 곧 아는 것이다.

(90) 一言不中 千語無用 (明心寶鑑)
　　　일언불중　천어무용

한 마디 말이 이치에 안 맞으면, 아무리 많은 말도 소용이 없다.

　　사람의 말 한마디가 이치에 안 맞는다면 그 사람의 다음 말은 들어보나마나 할 정도로 형편이 없는 사
　　람이라는 판단이 들기 때문이다. 말 한마디라도 신중하게 해야 한다는 의미를 담고 있다.

(91) 政法以齊官 平政以齊民 (荀子)
　　　정법이제관　평정이제민

법을 바로 잡아 권리를 가지런히 하고, 정치를 공평하게 하여 백성을 일치시켜야
한다.

　　법질서를 지키고 정치는 공정히 하여 백성의 마음을 일치시켜야 한다는 것으로 정치를 공정하게 다스
　　려야 백성들로부터 신임을 얻어 일치감을 준다.

　　齊: 바르게 다스리다.

　　政: 나라를 다스리는 것

(92) 江動月移石 溪虛雲榜花 (杜甫의 絶句六首)
　　　강동월이석　계허운방화

강은 흐르고 달빛은 바위를 옮겨 가며 비추는데 골짜기는 비었고 구름에 가려 꽃
도 흐리구나.

　　강(江)은 장강(長江), 즉 우리가 말하는 양자강을 말한다. 하(河)도 여기서는 황하강(黃河江)을 말하고,
　　동(動)은 강물의 흐름을 말한다. 이(移)는 옮기는 것을 말한다.

　　月移夕: 그늘졌던 다른 바위에 달빛이 비춘다.

　　傍: 흐리다.

　　雲傍花: 꽃이 구름에 가려서 잘 보이지 않는 것을 표현하는 것

(93) 一手畵方 一手圓 莫能成 (董仲舒)
　　　일수화방　일수원　막능성

한 손으로는 네모를 그리고, 한 손으로는 원을 그리면 아무것도 되는 것이 없다.

　　方: 네모

　　圓: 원, 둥근 것

　　方圓: 천지간(天地間)을 뜻한다.

　　莫: 없는 것을 가리키는 지시대명사로서 사람, 사물이나 장소의 경우에도 쓴다. 뜻은 어느 것, 누구 어
　　느 것, 어느 곳의 뜻이다.

(94) 良馬不念秣 烈士不苟營 (唐 張籍)
　　　양마불염말　열사불구영

좋은 말은 먹이를 생각하지 않고, 열사는 구차하게 사사로운 이익에 구차하지 않
는다.

　　秣: 말 먹이 말

　　苟: 진실로 구

좋은 말과 열사는 본연의 기본에 충실함을 잊지 않는다.

(95) 擧杯邀明月 對影成三人 (唐 李白의 月下獨酌)

　　거 배 요 명 월 　 대 영 성 삼 인

술잔을 들어 달을 맞이하니 그림자와 마주하여 세 사람이 되더라.

이백은 본래가 달에 관한 시(詩)가 많다. 우리나라에서도 "달아 달아 밝은 달아 이태백이 놀던 달아
라"는 노래도 있다. 이태백이 독작(獨酌)에서 혼자 마시는 술이 아니고 자기 자신과 달과 그리고 그림자
삼인이 마신다는 글 한 줄만 소개한 것이다. 이백(李白)은 당대(唐代)에 시선(詩仙)이라 일컬을 만하다.
邀: 맞을 요

(96) 殺人以自生 亡人以自存 君子不爲也 (春秋公羊傳)

　　살 인 이 자 생 　 망 인 이 자 존 　 군 자 불 위 야

남을 죽이고 자기만 잘 살고, 남을 망치고 자기만 잘 되는 그런 일은 군자는 하지
않는다.

오늘 날 민주화가 안 된 후진국들이 이런 일들을 자행하고 있음을 보고 듣고 있다. 독재자 한 사람이
30~40년 이상을 정권을 잡고도 모자라서 군 병력까지 동원하여 자기를 반대하는 세력을 무참하게 짓밟
고 백성을 죽이고 탄압하고 있다. 이런 나라들은 우리나라보다 50년 이상 뒤진 민주화의 외침이다.

(97) 同明常見 同音相聞 同志相從 (韓氏外傳 五卷)

　　동 명 상 견 　 동 음 상 문 　 동 지 상 종

명석하기가 같으면 서로 알아주고, 견해가 같으면 서로 들어주며, 뜻이 같으면 함
께 어울린다.

同明: 현명함의 수준이 서로 같다.
相從: 서로 어울려 쫓아다니는 것

(98) 兒不嫌母醜 犬不嫌主貧 (戲曲 殺狗記)

　　아 불 혐 모 추 　 견 불 혐 주 빈

자식이 어머니가 못 생겼다 해서 싫어하지 않고, 개는 주인이 가난하다고 해서 주
인을 싫어하지 않는다.

嫌: 싫어할 혐
醜: 추할 추
자기 부모가 아무리 못 생기고 재산이 없다 해도 싫어하지 않는다. 짐승인 개도 집주인 가난해도 잘
따른다. 개가 천리 길을 걸어 자기 집 주인을 찾아 왔다는 이야기를 종종 듣고 있다. 길러준 의리와
정은 짐승도 마찬가지다.

(99) 在天願作比翼鳥 在地願爲連理枝 (白居易의 長恨歌)

　　재 천 원 작 비 익 조 　 재 지 원 위 연 리 지

하늘에서 비익조(比翼鳥)가 되고 땅에서는 연리지가 되기를 바란다.

당나라 현종이 양귀비를 극히 사랑함을 백거이가 장한가를 통해서 쓴 노래가사다.
比翼鳥: 날개가 하나인 새를 말하는데 이런 새들이 만나 서로 짝을 이루어 날아다닐 수 있다는 전설의
새이다. 인연을 맺는다는 의미이다.

連理枝: 뿌리는 서로 다르지만 서로 얽혀져 자라는 나무이다. 이것도 서로의 인연을 맺는다는 의미다. 이 장한가는 양(楊)씨 집안에 여자인데 바로 양귀비(楊貴妃)이다. 현종의 눈에 들어 임금을 모시게 되는데 백거이(白居易)가 쓴 장한가(長恨歌)라는 장편 서사시 중에서 한 소절만 소개한 것이다.

(100) 盛年不重來 一日難再晨 及時當勉勵 歲月不待人 (陶淵明)
　　　성 년 불 중 래　일 일 난 재 신　급 시 당 면 려　세 월 불 대 인

젊은 청춘은 다시 오지 않고, 하루에는 두 번 새벽이 오기는 어렵고, 더 늦기 전에 부지런히 힘써야 하느니, 세월은 사람을 기다려주지 않는 다네.

젊어서 학업에 정진해야 한다는 도연명(陶淵明)의 잡시(雜詩) 12수(首) 중에서 첫 번째 것의 맨 끝 부분을 소개한 것이다.
盛年: 한창 나이
晨: 새벽 신
待: 기다릴 대
勵: 힘쓸 려

(101) 煮豆持作羹 鹿菽以爲汁
　　　자 두 지 작 갱　녹 숙 이 위 즙

　　　萁在釜下然 豆在釜中泣
　　　기 재 부 하 연　두 재 부 중 읍

　　　本是同根生 相煎何太急 (曹植의 七步詩)
　　　본 시 동 근 생　상 전 하 태 급

콩을 삶아 국을 끓이고 메주를 물에 담가 즙을 만드는데, 콩 깍지는 솥 밑에서 타고 콩은 솥 위에서 우네, 본래는 같은 뿌리에서 생겨난 것인데 들들 볶기를 어째서 이렇게 급하게 하시나요.

煮(자): 삶을 자. 羹(갱): 국 갱. 菽(숙): 콩 숙. 汁(즙): 즙. 萁(기): 키 기. 泣(읍): 울 읍. 煎(전): 달일 전. 볶을 전.
조식(曹植)의 칠 보시(七步詩)이다. 이 시(詩)의 내력은 다음과 같다. 조조(曹操)는 많은 땅을 차지하고 있었다. 그 큰 아들은 조비(曹丕)가 나중에 한(漢)나라를 찬탈(簒奪)하고 위(魏)나라를 세웠다. 그런데 조비(曹丕)는 동생 조식(曹植)을 질투하는 이유가 두 가지가 있었다. 첫째는 둘째가 나중에 형의 아내 즉 형수가 된 견(甄)의 부인과 전에 사랑에 빠졌기 때문이다.
조조가 죽자 조비(曹丕)는 AD.220년 문제(文帝)가 되었다. 둘째는 조조가 동생 조식을 더 마음에 두고 있는 것에 질투심이 있었다. 그러자 동생 조식(曹植)을 그냥 죽일 수는 없어 조식에게 칠보를 걸을 때마다 명시(名詩)를 짓지 못하면 죽이겠다고 해서 나온 시가 바로 위의 칠보 시이다.

(102) 未諳姑食性 先遣小嘗 (唐의 王建 新嫁娘)
　　　미 암 고 식 성　선 견 소 상

시어머니 식성을 모르면 시누이에게 먼저 맛보게 한다.

　諳: 암송할 암
　姑: 시어머니 고
　遣: 보낼 견
　시어머니 식성은 함께 생활을 해온 시누이가 잘 알기 때문이고, 음식에 식성뿐만 아니라 생활 풍습도
　시누이로부터 간접적으로 배운다.

(103) 君子不鏡於水 而鏡於人 (墨子)
　　　군 자 불 경 어 수　이 경 어 인

군자는 물로써 거울로 삼아 비추어 보지 않고, 남의 거울에 비춰본다.

　군자는 물에서 자기 얼굴을 비춰 보지 않고, 남들의 판단을 기준 삼아 본다는 의미를 담고 있다.

(104) 執中 立賢無方 (孟子 離婁 下)
　　　집 중　입 현 무 방

중용의 도리를 지키며 현명한 사람을 등용할 때 출신을 가리지 않는다.

　은(殷)나라 탕왕(湯王)은 중용의 도를 지키며 사람을 등용할 때는 친분 관계나 신분의 높고 낮음도 따
　지지 않고 사람을 썼다 한다. 우리 한국 사람들은 아직도 동문이나, 친인척, 학맥, 동향인을 특채하는
　일이 많아 2천 5백 년 전 보다도 못한 인사행정을 시행하고 있다. 이것을 코드인사니 채널이 같은 사람
　들이 같은 방향의 항해를 해야 하기 때문이라 한다. 하지만 의견 수렴도 없이 위험을 무릅쓰고 전진해
　야 하는데 그 배가 항해의 준비도 없이 전진만 하면 어떻게 될까하는 생각이 든다.
　최근 우리나라에서는 소위 '넥타이 부대와 하이힐 부대'라고 하는 말이 나왔다. 젊은 층의 직장인들을
　지칭하는데 이들은 학연, 지연(地緣) 등이나 여야(與野)를 떠나 자기 주관을 가지고 투표하는 십난룰이
　다. 이들을 싫어하는 집단도 있다. 이들에게 젊어서 사리를 판단 못 해서라고 한다면 이상한 말이 될
　것이다. 이 젊은이들이 미숙아(未熟兒)들은 아니라는 점과 이들이 이끌어 갈 우리의 미래가 밝은 젊은
　이들이라고 말하고 싶은 70대 중반인 이 사람도 이들에게 기립박수를 보내고 싶다. 도리어 조로증(早
　老證)이 있는 40대나 50대들도 있다.

(105) … 匹夫見辱 拔劍而起挺鬪 此不足爲勇也
　　　　 필 부 견 욕　발 검 이 기 정 투　차 부 족 위 용 야

　　　天下有大勇者 卒然臨之而不驚 無故加之而不怒 此其所挾
　　　천 하 유 대 용 자　졸 연 임 지 이 불 경　무 고 가 지 이 불 노　차 기 소 협

　　　持者甚大 而其志甚遠也 (宋代 蘇東坡의 留候論)
　　　지 자 심 대　이 기 지 심 원 야

한 사나이는 모욕을 당하면 칼을 뽑아들고 일어나 온몸을 일으켜 싸우는데 이는
참 용기라 할 수 없다.
세상에서 큰 용기를 지닌 자는 갑자기 어떤 일을 당해도 놀래지 않고, 억울하고
당혹해도 화를 내지 않으니 이는 바로 그가 가슴에 품는 것이 매우 크고 그 뜻은
원대하기 때문이다.

　卒然: 갑자기
　驚: 놀랄 경

怒: 성낼 노

挾: 낄 협

이 유후론에서 장자방(張子房)의 인물을 평가하는 글인데 유후(留候)란 한(漢)나라의 건국공신 장양(張良)이 유방(劉邦)으로부터 받은 벼슬이다. 유후론(留候論)은 소동파(蘇東坡)가 장량에 대하여 쓴 글이다.

이 유후론의 글에서 보면 장량이 사소한 일에 화내지 않고 인내를 보여준 것에 대해 칭찬한 것인데 내용은 중요한 시기에 감정에 치우치지 않고 절제하면 결국은 상대를 이길 수 있다는 의미이다.

2010년 12월 16일 중국 외교부장인 최천개(崔天凱)가 천안함 사건을 설득을 하기 위해서 우리 정부 고위 관리에게 족자로 써서 선물을 준 내용의 글이다. 위의 쓴 부분은 천하유(天下有)부터 쓴 것이다. 글의 흐름상 소개한 것이다.

(106) 讀書百遍義自見 (三國志 魏志 王肅傳)
　　　독 서 백 편 의 자 현

여러 차례 책을 읽으면 자연히 그 뜻을 알 수 있다.

見: 나타날 현. 여기서는 현으로 읽는다.

책을 백 번 읽으면 그 뜻을 스스로 알 수 있다는 말이다.

(107) 寬則得衆 (論語 堯曰)
　　　관 즉 득 중

너그러우면 대중을 얻게 된다.

정치 지도자는 반드시 관대하면 민심을 얻을 수 있다.

(108) 信則民任焉 (論語 堯曰)
　　　신 즉 민 임 언

믿음이 있으면 백성들이 책임을 맡기려 한다.

언행이 일치하면 백성들은 안심하고 정치를 맡기려 한다. 그러나 공약만 남발하고 실행함이 없을 때는 그를 불신한다.

(109) 老馬之智可用也 (韓非子 說林上)
　　　노 마 지 지 가 용 야

늙은 말의 지혜를 이용하라.

경험이 많은 자에게 일을 물어보고 진행하면 실수가 없다.

(110) 恩欲歸己 怨使誰當 (宋代 歐陽脩)
　　　은 욕 귀 기 　원 사 수 당

은공을 모두 자기에게 돌린다면 원망은 누구에게 씌우려 하는가?

은혜를 자기의 덕으로 돌리는 사람들은 원망은 남에게 뒤집어씌우려 한다.

은공이나 원망도 다 같이 자신에게 받아드리는 것이 옳은 것이다.

(111) 天地間無完名 (宋明 言行錄 陳博)
　　　천 지 간 무 완 명

천지간에 완전한 명예는 없다.

세상을 살다보면 선행을 했다 해도 악평을 듣기 마련이다.

(112) 成大事在膽 (宋明 言行錄 韓琦)
　　　성 대 사 재 담

큰일을 성취하는 것은 담력에 달려 있다.

(113) 聖人 用人猶匠之用木 (十八史略 春秋戰國 魯의 子思)
　　　성 인 용 인 유 장 지 용 목

성인이 사람을 쓰는 것은 목수가 나무를 가려 쓰는 것과 같다.

　　자사(子思)의 말로서 성인이 인재를 쓸 때는 마치 목수가 나무를 골라 쓰는 것처럼 정사를 돌보아야
　　하는 것이다. 청나라 강희제(康熙帝)가 덕제겸비(德才兼備)의 원칙으로 사람을 쓴 것과 같은 것이다.
　　요즘은 청문회를 통해서 도덕성 검증도 하지만 아직도 미숙한 점이 많아 보인다.

(114) 所謂民少官多 十羊九牧 (隨唐 楊尙希傳)
　　　소 위 민 소 관 다 십 양 구 목

양 열 마리에 9명의 목동이다.

　　백성은 적은데 관리가 많다는 뜻이다.

(115) 治亂興亡之迹 爲人君者 可以賢矣 (歐陽脩 朋黨論)
　　　치 란 흥 망 지 적 위 인 군 자 가 이 현 의

치란과 흥망의 발자취는 인군이 된 통치자가 귀감이 되도록 해야 한다.

　　한 나라의 흥망성쇠는 최고의 통치자에 달려 있다. 옛날부터 지금까지 한 국가가 통치자의 현명한 판단
　　에 달려 있음을 알아야 하는 대목이다.

(116) 國無常强 無常弱 (韓非子 有度)
　　　국 무 상 강 무 상 약

국가는 늘 강하기만 한 것도 아니고 늘 약한 것도 아니다. 늘 변화라는 것이다.

　　국가는 항상 시대의 흐름에 따라 변화한다. 국제 사회가 변화하면 그 영향을 받아 흐름에 동참할 수도
　　있다. 지도자는 외교 감각에 능해야 한다.

(117) 諸侯之寶三 土地 人民 政事 (孟子 盡心下)
　　　제 후 지 보 삼 토 지 인 민 정 사

제후의 보배는 3가지로 토지, 백성, 정사이다

　　제후의 임무는 토지 위에 경작을 하고 자신을 받들어 줄 수 있는 백성이 있고 또한 그 백성을 잘 살게
　　할 수 있는 정사를 잘해야 한다.

(118) 天地道 損有餘 而補不足 (老子77章)
　　　천 지 도 손 유 여 이 보 부 족

하늘의 도란 남는 것을 덜어다가 부족한 것을 보태어 주는 것이다.

　　하늘의 도는 인간의 도와는 달리 모두를 균등하게 해주는 것을 말한다.

(119) 柔弱勝剛强 (老子 36장)
　　　유 약 승 강 강

부드럽고 약한 것이 강한 것을 이긴다.

물을 들어서 여러 가지를 비유해서 말할 수 있는데 물은 부드럽고 연하면서 강한 면을 보인다.

(120) 聖人千慮 必有一失 (晏子 雜下)
　　　성 인 천 려　필 유 일 실

성인도 천 번 생각에 한두 가지는 미처 생각을 못해서 반드시 실수를 할 수가 있다.
누구나 한두 번은 실수가 있다는 것이다.

(121) 愚人千慮 必有一得 (晏子雜下)
　　　우 인 천 려　필 유 일 득

위 말과는 반대로 아무리 어리석은 사람도 여러 가지를 궁리하다 보면 그 중에 좋은 생각이 한 번은 떠오를 수가 있다.

(122) 人命至重 (十八史略 元帝)
　　　인 명 지 중

사람은 목숨이 가장 소중하다.

(123) 養虎自遺患也 (十八史略 西漢高祖)
　　　양 호 자 유 환 야

호랑이를 길러 스스로 화를 자초한다.
적을 살려 주면 오히려 화를 자초하니 미리 없애라.

(124) 見得思義 (論語 季氏)
　　　견 득 사 의

이득을 볼 때는 그 이익이 도리에 합당한가를 생각하라.

(125) 聖人之言 終身誦之可也 (宋名巨言行錄 李沆)
　　　성 인 지 언　종 신 송 지 가 야

성인들의 말씀은 평생 동안 암기해야 한다.
성인들의 말씀은 일생 동안 암기하고 마음에 새겨 살아가는 데 실천하면서 살아가야 한다.

(126) 知命者不怨天 知己者不怨人 (說苑 談叢)
　　　지 명 자 불 원 천　지 기 자 불 원 인

천명을 아는 자는 하늘을 원망하지 않고 자기 자신을 아는 자는 타인을 원망하지 않는다.

(127) 君子以同道爲朋 小人以同利爲朋 (宋命巨言行錄 歐陽脩)
　　　군 자 이 동 도 위 붕　소 인 이 동 리 위 붕

군자는 도를 같이 행하는 사람과 친구로 삼고 소인은 이익을 같이 하는 사람과 친구로 삼는다.

군자와 소인의 도는 이처럼 다르다. 군자라면 우선 덕이 있어야 하고 소인은 눈앞에 이익만을 추구한다. 그 부류가 서로 다르기 때문에 친구가 될 수 없다.

(128) 德者才之主 才者德之奴 (菜根譚 前漢)
덕자재지주 재자덕지노

덕은 재주의 주인이고 재주는 덕의 노예다.

덕은 재능을 지배하고 재능은 덕의 노예다. 재능이 덕보다 위에서 군림하면 만사가 잘못되는 것이다.

(129) 自古 美人多薄命 (蘇軾 佳人薄命詩)
자고 미인다박명

자고로 미인은 박명한 사람이 많다.

예로부터 미인은 단명하다는 말이다.

(130) 氷炭不同器而久 (韓非子 顯學)
빙탄부동기이구

얼음과 숯은 같은 그릇에 오래 담아둘 수 없다.

성질이 서로 다른 것을 한 그릇에 담아 두면 결국은 융합되지 않아 화합하기 어렵다는 의미다. 추위와 더위가 순식간에 올 수도 없는 것과 같으며 서로 전여 다른 학문도 양립할 수 없는 것과 같다는 의미로 쓰인다.

(131) 仁人之安宅也 義人之正路也 (孟子 離婁上)
인인지안택야 의인지정로야

인은 사람의 편안한 집이고 의는 사람의 올바른 길이다.

인(仁)은 사람이 사는 편안한 휴식처이고 의(義)는 사람이 정도를 걷는 길이다.

(132) 仁近於樂 義近於禮 (禮記 樂記)
인근어악 의근어예

인은 음악에 가깝고 의는 예에 가깝다.

인의 성격은 정을 주로하고 음악은 화평을 주로 하기 때문이다. 의는 제재(裁制)를 주로하고 예는 절도를 주로 하기 때문이다. 그래서 인의(仁義)에 통하는 인간은 도의 근본이라는 것이다.

(133) 仁者無敵 (孟子 梁惠王)
인자무적

인을 베푸는 자에 대해서는 천하에 적이 없다.

왕이 국정을 다스릴 때 인정(仁政)을 베풀어주면 백성은 마음 놓고 잘 살아갈 수 있다고 맹자가 양혜왕에게 말했던 덕목이다.

(134) 天地者生之本也 先祖者類之本也 君師者治之本也 是禮之三本也 (荀子
천지자생지본야 선조자류지본야 군사자치지본야 시예지삼본야

禮論)

천지는 생명의 근본이요, 선조는 종족의 근본이요, 군주와 스승은 다스림의 근본이

다. 이것은 예의 3가지 근본이다.

이들의 3가지를 존경하는 것이 예의 근본이다.

(135) 知者自知 仁者自愛 (荀子 子道)
인 자 자 지   인 자 자 애

지자는 자신을 알고 인자는 자신을 사랑한다.

자기 자신을 아는 것이 진실로 아는 것이요, 또한 자기를 사랑하는 것이 참다운 사랑이다. 누구나 자기를 잘 알고 있다고 하지만 잘 모른다. 자기를 사랑하되 이기주의로 흘러가는 사랑을 경계한다. 이 말은 공자의 물음에 안연(顔淵)이 대답한 말로 칭찬을 받았다는 말이다.

(136) 樂合同 禮別異 (荀子 樂論)
악 합 동   예 별 이

음악은 사람들을 화합시키는 것이고, 예는 사람과의 차별을 둔다.

'음악'은 신분, 연령을 초월하여 사람들의 마음을 하나로 결속하고, '예'는 사람과 사람 사이의 스승과 제자 연장자와의 질서를 잡아준다. 이렇게 합치고 상반되는 가운데 세상을 다스릴 수 있는 것이다.

(137) 孝有三 大孝存親 其次弗辱 其下能養 (禮記 祭義)
효 유 삼   대 효 존 친   기 차 불 욕   기 하 능 양

효는 3가지가 있다. 가장 큰 효도는 부모를 존경하는 것이고 그 다음은 부모에게 욕되게 하지 않으며 세 번째는 부모를 봉양하는 것이다.

요즘 우리사회는 이와 정 반대로 신문이나 방송 매체에서 자주 등장하고 있다. 보험료를 타먹으려고 부모를 고의로 살해하고 조상을 욕되게 하며 경제적으로 어렵다고 부모를 봉양하는 것은 고사하고 부모를 버리기까지 하는 사회가 되었다. 가정이 무너지면 사회가 무너지고 사회가 무너지면 국가가 무너진다. 수학 공식이나 영어 단어하나 암기한다고 해서 훌륭한 것이 아니다. 미국식으로 살고 영어를 할 줄 안다고 선진국의 사람은 아니다.

(138) 施人母策其報 (菜根譚 前集)
시 인 무 책 기 보

남에게 무엇을 베풀었다고 해서 보답을 요구해서는 안 된다는 것이다.

진정으로 베풀었으면 그 보답을 요구해서는 안 된다. 받는 사람은 받는 순간부터 그에 대한 보답으로 부담이 되기 때문이다.

(139) 止戈爲武 (左傳 宣公 12年)
지 과 위 무

창을 멈추는 것이 무이다.

무(武)자는 창과인 과(戈) 밑에 지(止: 멈출 지)를 합한 것이므로 싸움을 멈추란 뜻이다.

(140) 太公曰: 天下一人之天下 乃天下之天下也 (六韜 文韜 文師)
태 공 왈   천 하 일 인 지 천 하   내 천 하 지 천 하 야

온 세상이 한사람의 천하가 아니고 만인의 천하다.

한사람이란 곧 천자를 말하는데 천자의 천하가 아니라 온 백성들의 같이 누리는 행복을 한사람인 천자가 누리는 것이 아니라 모든 이익은 백성과 함께하는 것이어서 천자는 인정을 베풀어야 한다는 것을 말한다.

(141) 唐太宗曰: 吾自爲詐 何以責臣下之直乎 (十八史略 唐太宗)
　　　당 태 종 왈　오 자 위 작　하 이 책 신 하 지 직 호

나 스스로가 거짓말을 하면서 어찌 신하에게 정직하라고 질책할 수 있단 말인가!

군주 자신이 거짓말을 하면서 신하가 정직하지 못하다고 그 책임을 물어 추궁할 수 있단 말인가! 대통령이 깨끗하지 못하면서 그 밑에 있는 각료들에게 정직하지 못하다고 어찌 파면이나 질책을 할 수 있단 말인가!

(142) 以火救火 以水救水 (莊子內篇人間世)
　　　이 화 구 화　이 수 구 수

불은 불로써 끄고 물로써 물을 없애려고 한다.

잘못된 상황을 두고 타이르는 말이다. 불난 집에 부채질하는 것이나 다름이 없는 이야기다. 이야기는 공자가 제자 안회(顔回)에게 한 말이다. 안회가 위(衛)나라에 가서 임금님의 잘못을 간언하겠다고 하자 공자께서 상대방의 말도 들어 보지도 않고 사정도 파악하지 못한 상황에서 무조건 충고하는 것은 바로 불로써 불을 끄고 물로써 물을 억제하려는 것과 같다는 말이다.

(143) 故人曰: 雖鞭之長 不及馬腹 (左傳 宣公15년)
　　　고 인 왈　수 편 지 장　불 급 마 복

고인이 이르기를 채찍이 길다 해도 말의 배까지는 미치지 못한다.

사람이 행하는 일에는 미치지 않는 곳이 많다는 뜻이다.

(144) 子曰 不怨天 不尤人 (論語 憲問)
　　　자 왈 불 원 천 불 우 인

하늘을 원망하지 않고 사람을 탓하지도 않는다.

일이 잘 안 되어도 하늘을 원망하지 않고, 사람을 탓하지도 않는다.

(145) 尺蚓穿堤 能漂一邑 (新論 愼隙)
　　　척 인 찬 제 능 표 일 읍

작은 지렁이가 둑에 구멍을 내면 한 마을을 물에 잠기게 한다.

재앙은 매우 작은 것에서도 일어나니 사전에 조심하라는 뜻이다.

(146) 道常 無爲而無不爲 (老子 37장)
　　　도 상 무 위 이 무 불 위

도는 항상 아무것도 하는 것이 없는 것 같지만 못하는 것이 없다.

도는 아무것도 하지 않는 무위의 자세로 있어도 이루어지지 않는 것이 없다.

(147) 樂不可以僞爲 (禮記 樂記)
　　　악 불 가 이 위 위

음악은 거짓으로 만들 수 없는 일이다.

음악은 사람의 감정을 그대로 나타내기 때문에 거짓이 없다. 인생살이의 희노애락(喜怒哀樂)을 그대로 표현할 수 있는 것이다.

(148) 樂者 德之華也 (禮記 樂記)
_{악 자 덕 지 화 야}

음악은 덕의 빛남이다.

음악은 아름다운 인간성이 그대로 드러난다.

(149) 親仁善鄰 國之寶也 (隱公 隱公6년)
_{친 인 선 인 국 지 보 야}

어진 사람을 친하게 대하고 이웃나라와 사이좋게 하니 나라의 보배이다.

어진 사람과 친하게 지내면 자연히 어진 행동을 하고 선하게 사는 것이다. 이웃나라와 사이좋게 지내면
전쟁 없이 화평하게 살 수 있을 것이다. 이것이 진정한 보배다.

(150) 美女者醜婦之仇也 (說苑)
_{미 녀 자 추 부 지 구 야}

미녀는 추녀의 원수다.

미인은 추녀에게는 적이다. 예부터 미인은 못생긴 여자에게는 적이다. 마찬가지로 어진 신하는 간신에
게는 적으로 여겨진다. 인간의 못된 질투이다.

(151) 射魚指天 (說苑)
_{사 어 지 천}

물고기를 쏘려고 하늘을 향해 화살을 당긴다.

물고기를 잡으려는데 왜 하늘에다 화살을 당길까? 이것은 분명 잘못된 방향을 말하는 것이다.

(152) 呑舟之魚 不遊枝流 (列子 楊朱)
_{탄 주 지 어 불 유 지 어}

배를 삼킬 수 있는 큰 물고기는 강의 지류에서 놀지 않는다.

큰 인물은 작은 시골에서 처신하지 않고 큰 바닥에서 논다는 말이다.

(153) 戰在於治氣 攻在於意表 (雜書)
_{전 재 어 치 기 공 재 어 의 표}

전쟁은 사기를 다스림에 있고 공격에는 의표를 찌름에 있다.

전쟁에는 먼저 사기를 가지고 있어야 이길 수 있다. 공격할 때는 적의 의표를 찌르는 것이다.

(154) 家有賢妻 丈夫不遭橫死 (通俗篇)
_{가 유 현 처 장 부 불 조 횡 사}

집에 현명한 처가 있으면 남편은 곤란한 일을 만나지 않는다.

(155) 未富先老 (胡鞍鋼 淸華大學敎授)
_{미 부 선 로}

(1) 부자가 되기 전에 부모가 늙어 버린다.
(2) 고령화 문제가 사회보장 체계를 갖추지 못한 상황에서 급속히 진행되는 경우
    인데, 노동력 감소가 문제다.

부자가 되고 나서 부모에게 효도하려는데 그러나 부모는 이미 늙어서 효도할 기회를 잃게 된다.

(156) 未富先豪 (중국격언)
미 부 선 호

부자가 되기 전에 부자인 체하다.

(157) 吾書雖不足言 七十年磨穿十硯禿千毫 (金正喜)
오 서 수 부 족 언 칠 십 년 마 천 십 연 독 천 호

제 글씨는 비록 말할 것도 못 되지만 70년 동안 열 개의 벼루를 갈아 구멍을 내고
천여 자루의 붓을 다 닳게 하여 몽당붓이 되었다.

磨: 갈 마

硯: 벼루 연

禿: 대머리 독

추사 김정희 선생이 글씨로 유명하지만 이 글에서 겸손하였음을 알 수 있다. 70년 동안 벼루 10개를
구멍을 내서 다 닳게 하였고 붓 천여 자루를 다 써서 붓은 털이 없어지도록 글을 썼다는 것이다.
그는 또한 가슴속에 5천권의 문자가 있어야 비로소 붓을 들 수 있다고 함은 좋은 글을 쓰기 위해서는
독서를 많이 해야 된다고 했다.

(158) 知其一 未知其二 (西漢 高祖)
지 기 일 미 지 기 이

하나만 알고 둘은 모른다.

사물에 한쪽만을 알고, 다른 쪽은 모른다.

(159) 人生如朝露 何自苦此 (西漢 昭帝)
인 생 여 조 로 하 자 고 차

사람은 마치 아침 이슬과 같은 것인데, 무엇 때문에 이처럼 괴롭게 사는가?

(160) 名不虛傳 (宋의 華樂의 白面渡)
명 불 허 전

이름이 헛되이 전해지지 않는다는 뜻으로 명성이 널리 알려진 데는 그럴 만한 까
닭이 있다는 말이다.

비슷한 말로는 명실상부(名實相符), 명불허득(名不虛得), 명불허립(名不虛立), 명하무허(名下無虛) 등
이 있다. 그 반대말은 명하부실(名下副實)이다.

주제별 중국고전 명언

1. 교육(敎育)·독서(讀書)·학습(學習)

(다음 語句들은 이 책 안에 표시된 번호)

(1) 學而時習之 不亦說乎 (論語 學而篇의 1번)

(2) 少年易老學難成 一寸光陰不可輕 未覺池塘春草夢 階前葉已秋 －朱熹의 偶成 詩 (其他中國古典 33번)

(3) 成年不重來 一日難再晨 及時當勉勵 歲月不待人 (陶淵明의 雜詩 其他中國古 典 100번)

(4) 其家不可敎 而能敎人者無之 (大學 其他中國古典 12번)

(5) 格物致知 (大學 經一章 17번)

(6) 與人善言 暖於布帛 (荀子 榮辱篇 10번)

(7) 禮記云: 玉不琢 不成器 人不學 不知義 (明心寶鑑 13번)

(8) 莊子曰: 事雖小 不作不成 子雖賢 不敎明 (明心寶鑑 15번)

(9) 漢書云: 黃金萬贏 不如敎子一經 賜子千金 不如敎子一藝 至樂 莫如讀書 至 要 莫如敎子 (明心寶鑑 16번)

(10) 王參政 四留銘曰: 黃金千兩 未爲貴 得人一言 勝千金 (明心寶鑑 21번)

(11) 讀書百篇 義自見 (其他中國古典 106번)

(12) 欲觀千歲 則審今日 贈人以言 重於金石珠玉 (荀子의 非相篇 12번)

(13) 一目之視也 不若二目之視也 一耳之聽也 不若二耳之聽也 (墨子의 尙同下 11번)

(14) 木受繩則直 金就礪則利 (荀子 勸學篇 5번)

(15) 一年之計 莫如樹穀 十年之計莫如樹木 終身之計 莫如樹人 (管子의 權修 7번)

(16) 謂學不服者 雖服亦 不能學矣 (淮南子 說林訓 9번)

(17) 孔子曰: 移風易俗 莫善於樂 安上治民 莫善於禮 (孝經 廣要道 4번)

(18) 慈母三遷之敎 (十八史略 春秋戰國 魯 6번)

(19) 孔子三計圖云: 一生之計在於幼 一年之計在於春 一日之計在於寅 幼而不學 老無所知 春若不耕 秋無所亡 寅若不起 日無所辦 (明心寶鑑 29번)

(20) 善人 不善人之師 不善人 善人之資 (老子 其他中國古典 66번)

(21) 溫故而知新 可以爲師矣 (論語 爲政篇 7번)

(22) 德不孤 必有隣 (論語 里仁篇 10번)

(23) 玉不琢不成器 人不學不知道 (易經 學記 11번)

(24) 耕當問奴 (宋書 沈慶之傳 其他中國古典 25번)

2. 정치(政治)·사회(社會)

(1) 一國以一人興 以一人之 (蘇洵 其他中國古典 36)

(2) 林中不賣薪 湖上不鬻魚 (淮南子 齊俗訓 3번)

(3) 入其國者 從其俗 (淮南子 齊俗訓 4번)

(4) 大事不糊塗 (宋書 呂端傳 其他中國古典 16번)

(5) 勞而不伐 (易經 其他中國古典 22번)

(6) 虎豹不外其爪 而噬不見齒 (淮南子 兵略訓 6번)

(7) 舟覆乃見善游 (淮南子 說林訓 7번)

(8) 坊民之口 甚於防川 (十八史略 周 3번)

(9) 家貧思良妻 國難思良相 (十八史略 魏 4번)

(10) 宰相不親細事 (十八史略 西漢 宣帝 13번)

(11) 過則勿憚改 (論語 學而篇 3번)

(12) 置之度外: 任人唯賢 任人唯親 (14~16번까지 淸의 康熙帝篇 參考)

(13) 政法以齊官 平政以齊民 (荀子 其他中國古典 9번)

(14) 君主屢盟 亂是用長 (詩經 小雅巧言 10번)

(15) 城下之盟 (左傳 桓公 12번)

(16) 政之所與 在順民心 政之所廢 在逆民心 (管子 牧民 2번)

(17) 任賢勿貳 (書經 大禹模 4번)

(18) 明試而功 (書經 舜典 1번)

(19) 罔偉道以千百姓之譽 罔口弗百姓以己之欲 (書經 大禹謨 6번)

(20) 君子之道闇然而日章 (中庸 33章 9번)

(21) 寶貨用之有盡 忠孝亨之無窮 (景行錄 其他中國古典 42번)

3. 인생(人生)·처세(處世)·처신(處身)

(1) 君子有: 三樂 父母俱存 兄弟無故 一樂也. 仰不愧於天 俯不怍於人 二樂也. 得天下英才 而敎育之三樂也. (孟子 盡心上 12번)

(2) 年五十 而知四十九年非 (淮南子 原道訓 2번)

(3) 直木先伐 甘井先竭 (莊子 山木篇 11번)

(4) 朽木不可雕也 糞土牆不可汚也 (論語 公冶長篇 11번)

(5) 知者樂水 仁者樂山 (論語 雍也篇 14번)

(6) 君子和而不同 小人同而不同 (論語 子路 26번)

(7) 當仁不讓於師 (論語 衛靈公 32번)

(8) 功遂身退 (老子 9章 6번)

(9) 夫鵠不日而 烏不日黔而黑 黑白之外 不足已爲辯 (莊子 天運篇 3번)

(10) 人皆知有用之用 而莫知無用之用也 (莊子 人間世 9번)

(11) 遠水不救近火 (韓非子 說林上 8번)

(12) 仁者無敵 (孟子 梁惠王 1번)

(13) 無恒産 因無恒心 (孟子 梁惠王上 3번)

(14) 罔水行舟 (書經 益稷 7번)

(16) 非知之難 行之惟艱 (書經 說命中 12번)

(17) 木繩則正 后從諫則聖 (書經 說命上 11번)

(18) 家語云: 水至淸則無魚 人至察無徒 (明心寶鑑 省心篇下 24)

(19) 老馬反爲駒 不顧其後 (詩經 小雅角弓 11번)

(20) 天下有大勇者 卒然臨之而驚 無故加之而不怒 此其所挾 持者甚大而其遠也
(蘇東坡 留候論 其他中國古典 105번)

(21) 執中 立賢無方 (孟子 離屢 下. 其他中國古典 104번)

(22) 流水不腐 (呂氏春秋 其他中國古典 39번)

(23) 埋骨不埋名 (白居易 其他中國古典 47번)

(24) 傷其本 枝從而亡 (小學 內篇 6번)

(25) 酒百藥之長 (漢書 食貨志 3번)

(26) 人生七十古來稀 (杜甫 典江詩 其他中國古典 49번)

4. 전쟁(戰爭)·평화(平和)

(1) 兵者不祥之器 (老子 31章 7번)

(2) 上善若水....水善利萬物而不爭 (老子 8章 1번)

(3) 百戰百勝 非善之善者也 不戰而屈人之兵 善之善者也 (孫子 謀攻篇 10번)

(4) 知彼知己 百戰不殆 不知彼而知己 一勝一負 不知彼知己 每戰必殆 (孫子 謀攻篇 2번)

(5) 善戰者勝 勝易勝者也 (孫子 軍形篇 3번)

(6) 兵形象水 水之行 避高而趨下 兵之形 避實而擊虛 (孫子 虛實篇 8번)

(7) 鳥起者伏也 獸駭者伏也 (孫子 行軍篇 11번)

(8) 始如處女 后如脫兎 (孫子 九地篇 5번)

(9) 兵聞拙速 (孫子 作戰篇 7번)

(10) 麒麟之衰也 駑馬先之 (戰國策 齊策 2번)

(11) 士爲知己者死 女爲說己者容 (戰國策 詔冊 7번)

(12) 井中求火 (戰國策 韓策 11번)

(13) 猿彌猴錯木據水 則若魚鼈麒麟歷險乘危 則不如狐狸 (戰國策 6번)

(14) 轉禍爲福 (戰國策 燕策 4번)

(15) 美女者醜婦之仇也 (說苑 其他中國古典 150번)

(16) 戰在於治氣 攻在於意表 (雜書 其他中國古典 153번)

(17) 萬人逐兎 一人獲之 (漢書 袁紹傳 12번)

(18) 偏重其可行乎 (十八史略 宋哲宗 20번)

(19) 樂殺人者 則不可得志於天下矣 (老子 31장)

(20) 涉水 半渡加擊 (吳子 5번)

5. 예의(禮義)·도덕(道德)·행실(行實)

(1) 子曰: 君子 有勇而無禮 爲亂 小人 有勇而無禮 爲盜 (明心寶鑑 遵禮篇 34번)

(2) 酒逢知己千鍾少 話不投機一句多 (明心寶鑑 言語篇 36번)

(3) 人間萬事 塞翁之馬 (淮南子 人間訓 7번)

(4) 自不亡語始 (小學 外篇 善行 15번)

(5) 一言不中 千語無用 (明心寶鑑 其他中國古典 90번)

(6) 路遙知馬力 日久見人心 (明心寶鑑 交友篇 38번)

(7) 說苑云: 美羹雖美 衆口難調 (明心寶鑑 省心篇下 28번)

(8) 兼相愛 交相利 (墨子 兼愛中 2번)

(9) 循而不作 (墨子 非儒下 13번)

(10) 萬事從寬 其福自後 (明心寶鑑 正己篇 8번)

(11) 寬則得衆 (論語 堯曰 其他中國古典 107번)

6. 부(富)·욕심(慾心)·명예(名譽)

(1) 喪己於物 失性於俗者 謂之倒之民 (莊子 外篇 繕性 15번)

(2) 天下不患無財 患無人以分之 (管子 牧民 4번)

(3) 不貴尺之壁 而重寸之陰 (淮南子 原道訓 1번)

(4) 荀子曰: 天不生無祿之人 地不長無名之草 大富由天 小富由勤 (明心寶鑑 22번)

(5) 貧富循財 (司馬光 伯夷傳 13번)

(6) 欲多傷神 財多累身 (老子 其他中國古典 65)

노자(老子)의 무위(無爲)

흔히 노자의 무위를 해석할 때 아무것도 하지 않는 것이라고만 해석하지만, 더 나아가 아무것도 안 하는 것이 아니라 행동해서 하는 것보다 더 나은 결과를 바라는 것이다. 서양철학에서도 말하듯이 "침묵도 행동이다."이라는 말처럼 정치로써의 무위란 일종의 전략이고, 술법이며, 또한 생존권이기도 하다. 시기와 장소에 따라서 능한 것이다. 이것을 보면 노자의 도술(道術)인 것이다.

초목도 자기의 공간을 위해서 냉정한 전략이 있는 것이 아니겠는가!

구태여 아주 오랜 논리도 지금에 와서 보면 긍정적으로 생각 하는 사람도 있고 부정적으로 보는 시각도 있을 수 있다. 시대적 상황 논리일 수도 있겠으나 어떤 면에서 보면 소극적이고 답답해서 이해가가 안 가고, 지금에 와서 이런 논리만 가지고 살다가는 아무것도 못하는 소극적인 것으로 생각할 수가 있다. 그러나 중요한 것은 인간이 해 나아갈 수 있는 방향을 자기가 가는 데 도움을 줄 수 있는 학문의 일부인 것이다.

제6장

불교(佛教)

불교의 기원과 특징

불교는 기원전 6세기경에 인도의 석가모니(싯다르타 고타마)에 의해서 시작된 종교다. 지금까지 약 2550여 년의 세월이 흐르는 동안 불교는 다양하고 복잡한 종교적 전통을 가지고 있다.

범어로 불교는 붓다(Buddha)라고 하는데, 음역(音譯)을 줄여서 불(佛)이라고 한다. 다르마(Dharma)는 의역(意譯)을 하여 법(法)이라고 하는 것이다. 이처럼 불교의 단어는 범어가 음역과 의역으로 번역되었기에 불교가 인도에서 중국으로 전해졌을 때 불교를 서역불법(西域佛法)이라고 했다.

오랫동안 아시아를 중심으로 전파된 불교에는 많은 종파 때문에 아우르는 정의를 찾기는 쉽지 않지만 개조(開祖)로서의 부처, 가르침으로서의 법이다.

불교 수행의 궁극적인 목표는 깨달음에 도달하는 것이다. 깨달음에 도달하는 것은 열반(涅槃)에 도달하는 것과 같아서 불성(佛性)을 깨치는 것과 같다.

불교는 다른 여러 종교와 비교하여 중요한 특징은 다음과 같다.

(1) 신(神)을 내세우지 않는다.
(2) 지혜와 자비(慈悲)로 대표한다.
(3) 자비는 무한이며 무상(無償)의 애증이라 할 수 있어 증오(憎惡)나 원한을 가지지 않는다.
(4) 현실을 직시(直視)하는 것이다.

(5) 모든 일에 집착하지 않고 구애를 받지 않는다.

(6) 조용히 각성을 이상으로 삼아 열반(涅槃)에 이른다.

불교는 인연을 소중히 하는 종교다. 우리는 수많은 인연을 맺으며 세상을 살아가는 것이다.

석가모니 부처님의 가르침에 따르면 제행무상(諸行無常) 제법무아(諸法無我), 즉 모든 것이 끊임없이 변화하고 홀로 영원히 존재하는 것은 없다는 것이다.

불교의 탄생과 그 전파

석가 탄생은 BC 624년 4월 8일이라 하지만 세계불교대회에서는 양력 5월 15일로 정했다. 입멸한 해는 BC 544년이다.

고타마 싯다르타는 히말라야 산 기슭 석가족의 소국 카필라국의 왕자로 태어났다. 그는 16세에 결혼하여 아이를 하나 두었으나 인생의 무상함을 느껴 29세에 출가하여 6년 동안 숲에서 고행 생활을 했다. 마침내 육체를 괴롭혀 하는 깨달음을 얻지 못함을 깨닫고, 35세에 부다가야의 보리수 밑에서 붓다(Buddha) 진리를 깨달은 사람이 되었다.

그 후 45년간 포교에 힘을 기울였으며 80세 때 고향으로 돌아와 도중에 쿠시나가라 사라수 밑에서 입적했다.

불교는 유럽이 발칸반도와 중동지역 및 인도 서북부 지역을 통일했다. 또한 BC 324년 알렉산더 대왕과 인도를 통일한 아쇼카 대왕 재위(BC 268~232) 때 불교가 중동지역과 유럽의 발칸 반도에 전파되었다.

• 한때 힌두교에 패한 불교

불교가 탄생한 인도에서는 부처를 비슈누(태양) 신의 9번째 화신으로 여겨 신자의 대부분을 힌두교에 흡수당해 소수의 신자 약 380만 명만 남았다. 불교는 처음에는 보리수나 불족석(佛足石)을 부처의 상징으로 이용했는데 그리스문화의 영향으로 BC 1세기경부터 간다라 지방에서 그리스 양식의 불상(간다라불)이 만들어지기 시작했으며 이것은 대승불교와 함께 중국, 한국, 일본까지 전해졌다.

힌두교는 창시자가 없는 자연스럽게 발생한 민족종교이다. 320년 갠지스강 중류지역에 찬드라굽타 11세가 굽타 왕조를 건설하여 갠지스 문화 전통의 부흥을 도모했다.

제사의식을 중심으로 한 브라만교가 불교 등의 윤회사상을 흡수하여 우주의 순환을 감독하는 브라마신(창조신) 비슈누 신(태양신)시바신(파괴와 재생의 신)의 3신을 축으로 하여 무수한 토착신들을 체계화한 힌두교가 형태를 갖추게 되었다.

카스트 제도를 비롯한 여러 제도와 법률과 도덕을 일체화하여 사람들 사이에 밀착한 종교다. 힌두교는 지금도 인도인의 생활의 근원이다. 힌두교는 성서와 같은 경전은 없고 생활의 기준은 '마누 법전'에 정리되어 있다.

유교(儒敎)의 도(道)와 불교의 도, 노자의 도는 각기 다르다.

유가의 도는 사람이 지켜야 할 도리다.
불교의 도는 생사의 세계인 차안(此岸)있는 '나'를 열반의 세계 피안(彼岸)에 도달하게 하는 바와 같은 것이다.
도교(道敎)의 도는 우주만물의 생성의 원리이며 모든 것의 근원의 본체이다. 말이나 글로서는 도달할 수 없는 아주 깊은 곳에서 조화에 의해서 일어나고 있다.

"常道無爲 而無不爲"의 해설
도란 항상 하는 일 없는 것 같지만 아니하는 일이 없는 것이다.
이게 무슨 소리냐? 즉, 도란 아무 일도 안하는 것 같지만 결국은 무언가를 하는데 조용히 있어도 자연스럽게 창조도 하고 파괴를 되풀이 하는 것이다. 그 창조와 파괴를 되풀이하는 과정 속에서 태어난 것이 사람의 생명체다. 그럼 유(有: 존재)가 생성되는 것은 무(無: 없는 것)가 근본 바탕이기 때문이다. 없는 것에서 있는 有가 나온 것이다. 이것을 노자는 무의 효용에 대하여 설명하기를 진흙으로 만든 그릇은 가운데가 비어 있어 효용 가치가 있다고 했다. 무엇이든 그릇에 담을 수 있는 여지가 있는 것이다. 그런데서 효용의 가치가 있다는 것이다.

소승(小乘)과 대승(大乘)의 요점정리

소승이란 작은 수레란 뜻이다. 오로지 자신의 깨달음과 해탈에 초점을 맞추고 수행하는 것이 특징이다.

대승은 큰 수레란 뜻으로 보다 드넓게 일체중생이 한 몸 한 바탕으로 보고, 더불어 같이 깨닫고 성불(成佛)하는 데 뜻을 두고 수행하는 특징으로 보는데, 이런 대승에서 보살 사상이 나온다.

소승에서 보는 우주는 천상, 아수라, 인간계, 아귀계, 지옥계, 이런 육도체계의 윤회를 벗어나 해탈에 도달함을 목적으로 한다.

이 육도중생계 즉, 우주는 끝없이 변화한다. 그리고 소승불교에서는 수행을 해서 깨달아도 아라한의 경지까지는 가능해도 그 이상은 가능하지 않다고 보는 것이다.

지금 믿고 있는 각각의 종교의 신은 육도중생계에 속하는 개체들이다. 그러나 대승불교에서는 더욱 우주관이 확대되고 광범하여 지게 된다. 천상, 아수라, 인간계, 축생계, 이런 육도체계 이외도 수많은 불토가 존재하는데, 곧 불토는 부처님의 위신력으로 건립된 세계이며 예를 들면 극락세계 다보세계 등인데 이를 정토라고 구분 짓는다. 그리고 다른 육도체계는 깨끗하지 못한 세계라고 하여 예토라고 이름하는 것이다. 부처님도 법신과 보신, 그리고 실제적인 형상으로 모습을 나타내서 일체중생을 제도하는 화신으로 구분하게 된다.

위와 같이 소승과 대승은 우주관도 약간 차이가나며 수행의 목표와 실천도 달라진다. 소승은 자신의 해탈이며, 대승은 더불어 같이 닦고 서로 제도하며 더불어서 해탈함을 목적으로 한다.

열반(涅槃: Nirvana)

불어서 끈다는 글자의 뜻이다. 모든 번뇌(煩惱)를 없앤 상태가 열반이므로 번뇌가 다하면 무량하고 청정(淸淨)한 본래의 마음자리가 나타나게 된다. 열반은 번뇌의 불꽃을 제거하여 모든 속박으로부터 해탈(解脫)하고 생사를 초월하여 불생불멸 (不生不滅)의 진리를 채득한 경지로써 불교의 최고 이상향(理想鄕)을 가리킨다. 열반은 적멸(寂滅)이라고도 하며 무위(無爲), 무작(無作) 또는 실재(實在)의 의미로도 쓰인다. 인간의 마음을 더럽히는 삼독심(三毒心)으로 탐(貪), 진(瞋), 치(癡)가 있다. 즉, 탐욕의 소멸, 노여움의 소멸, 어리석음의 번뇌를 소멸한 상태를 해탈의 상태라 한다. 그래서 열반에는 상(常), 락(樂), 아(我), 정(淨)이 있다. 상(常)은 시공을 초월하여 생멸의 변화가 항상 없는 상태, 낙(樂)은 그러므로 고통이 없어 즐거운 것이다. 아(我)는 영원한 실체로서 나의 존재, 정(淨)은 그러함으로써 청정해진 상태가 된다.

차안(此岸)과 피안(彼岸)

차안(此岸)은 우리가 살고 있는 현재의 장소이다. 피안(彼岸)은 강 저쪽 언덕이란 뜻으로 이승의 번뇌를 해탈하여 열반의 세계에 이른다는 것이다. 피안은 언젠가는 우리가 도달해야 하는 미래의 장소인 것이다. 이는 곧 일상의 세속에서 벗어나 진리를 깨닫고 초월한다는 이상적인 경지이다.

불교(佛敎)의 명언

- 공부하는 데 마음의 장애가 없기를 바라지 말라. 마음의 장애가 없으면 배우는 것이 넘치게 되나니 그래서 성인이 말씀 하시되 "장애 속에서 해탈을 얻으라." 하셨느니라.

- 공덕을 베풀면 과보를 바라지 말라. 과보를 바라면 도모하는 뜻을 가지게 되나니, 그래서 성인이 말씀하시되 "덕을 베푸는 것을 헌 신짝처럼 버려라." 하셨느니라.

- 남이 내 뜻으로 순종하기를 바라지 말라. 남이 내 뜻으로 순종해주면 마음이 스스로 교만해진다. 그래서 성인이 말씀 하시기를 "내 뜻에 맞지 않는 사람들로써 원림(園林)을 삼아라." 하셨느니라.

- 몸에 병 없기를 바라지 말라. 몸에 병이 없으면 탐욕이 생기기 쉽나니, 그로써 성인이 말씀하시되 "병고로써 양약을 삼아가라." 하셨느니라.

- 세상살이에 곤란함이 없기를 바라지 말라. 세상살이에 곤란함이 없으면 없이 여기는 마음과 사치한 마음이 생기나니, 그래서 성인이 말씀하시되 "근심과 곤란으로써 세상을 살아가라." 하셨느니라.

- 수행하는 데 마(魔)가 없기를 바라지 말라. 수행하는 데 마(魔)가 없으면 서원이 굳건해지지 못하나니, 그래서 성인 말씀이 말씀하시되 "모든 마군으로써 수행을 도와주는 벗을 삼아라." 하셨느니라.

- 일을 꾀하되 쉽게 되기를 바라지 말라. 일이 쉽게 되면 뜻을 경솔하게 되나니, 그래서 성인이 말씀하시되 "여러 법을 겪어서 일을 성취하라." 하셨느니라.

- 억울함을 당해서도 밝히려고 하지 마라. 억울함을 밝히면 원망하는 마음을 돕게 되나니, 그래서 성인이 말씀하시되 "억울함을 당한 것으로 수행하는 문을 삼아라." 하셨느니라.
(여기까지는 절망 속에서 희망을 말하는 '寶王三昧論')

- 재복이 적은 사람이 욕심을 크게 가지면 사업이 망하며, 눈에 보이지 않는 복을 지녀야 재물이 따르는 것.
인생이 삶에 있어서 가장 어리석은 자는 남과 비교하여 행복을 찾으려고 하고, 깨닫지 못하면 행복은 행복이 아니며 사는 것이 사는 것이 아닐세, 행복인가 하면 괴로움이요, 사는 것인가 하면 죽음이라. 소생은 이기는 것을 좋아하고 원결을 생기게 하여 자신의 죄업은 생각하지 아니하고 남을 원망하지 말라. 나의 죄업이 없으면 남을 원망하는 마음이 생기지 않느니라.
남을 이기고 산다는 생각을 갖지 말고, 최선을 다하고 산다는 생각을 가져라. 그러면 지고서도 이기는 복록이 오나니.....
알고 모르는 곳에 사람의 됨됨이가 있는 것이 아니라 진실한 곳에 사람다움이 있는 것이며 배우고 못 배우는 곳에 사람다움이 있는 것이 아니라 정심(正心)에서 사람다움이 있는 것.
사람이 꾀를 많이 쓰는 자는 하는 일들이 잘 풀리지 않는 것이며 변덕스럽게 마음을 쓰는 자는 매사가 되는 일이 없어 괴로워지는 것.
행복은 작은 재물에 있고 행운은 작은 소망에 있는 것이다.
(여기까지는 '금강연화 대장경'에서: 욕심을 버리자는 가르침)

- 아픔을 알려면 아파보아야 한다. 그래서 추위를 아는 것은 이미 추위를 겪어 본 것이고, 배고픔을 아는 것은 이미 배고픔을 겪어본 것이다. 그러므로 아는 것과 행하는 일에 어찌 둘이라 하겠는가? 행하지 않으면 알았다고 할 수 없다. (고원 스님)

- 이 세상에서 태어난 사람은 모두 나그네요, 이 세계는 곧 여인숙과 같다. (불경)

- 일 백인이 악한 자를 공양하는 것보다 한 사람의 착한 자를 공양하는 것이 낫다. (장경)

- 세상에 있으면서 세상을 벗어나라.

- 욕망을 따르는 것도 괴로움이요, 욕망을 끊는 것도 괴로움이다. 우리는 스스로

닦는 길을 따를 것이다. (석가모니)

• 입으로 읽지 말고, 뜻으로도 읽지 말고 몸으로 읽자. (불경)

• 세상에 온갖 번뇌의 흐름을 멎게 하는 것은 신념과 지혜다. (수타니파타)

• 같은 물이라도 소가 마시면 젖이 되고, 뱀이 마시면 독이 된다. (불경)

• 건강은 최상의 이익, 만족은 최상의 재산, 신뢰는 최상의 인연(因緣)이다. 그러
  나 마음의 평안보다 더 행복한 것은 없다. (법구경)

• 마른 풀을 안고 있는 사람은 불을 피해야 하듯이, 도를 닦는 사람은 욕심을 멀리
  해야 한다. (장경)

• 쇠의 녹은 쇠에서 생기는 것이지만 차차 쇠를 먹어 버린다. 이와 마찬가지로 그
  마음이 옳지 못하면 무엇보다도 그 옳지 못한 마음은 그 사람 자신을 먹어 버리
  게 된다. (법화경)

• 한 번 성을 냄으로써 오래 쌓은 공덕이 한꺼번에 무너진다. (대보적경)

• 한 번 앉거나 눕고 행함에 있어 방탕함이 없이 오직 몸을 바르게 가지면 숲속에
  있는 것 같은 것 같이 마음이 즐겁다. (법구경)

• 한 번의 잘못이 일생의 잘못이 되고, 한 번의 조심이 일생의 조심이 된다. (어일
  대기문서)

• 한 사람의 눈먼 짓이 한 사람의 눈을 멀게 한다. (무운관)

• 마음은 용감하게, 생각은 신중히, 행동은 깨끗이 하고, 조심스럽게 하고, 스스로
  자제하며 진실에 따라 살며, 부지런히 정진(精進)하는 사람은 영원히 깨어 있는
  사람이다. (법구경)

• 물이 맑으면 달이 와서 쉬고, 나무를 심으면 새가 날아와 동지를 튼다. (일연)

• 번뇌의 근원은 욕망이다. (석가모니)

- 항상 자기생각을 고집하는 편견을 버리고 이 세상을 공(空)이라고 보면 죽음의 강을 건널 수 있고, 이와 같이 세계를 보는 사람은 염라대왕을 보지 못한다. (수타니파타)

- 해탈의 기쁨은 혼자 즐기지 아니하며, 안락의 열매는 혼자 차지하지 아니한다. (발원문)

- 개울물이 빨리 흘러가 돌아오지 않듯이 한 번 간 자는 다시 돌아오지 않는다. (불경)

- 거짓말을 하지 않고, 도리에 맞는 진실한 말만하며, 함부로 말을 하여 사람들에게 성내지 않게 하는 사람은 성자다. (법구경)

- 결혼이란 상대를 이해하는 극한점이다. (팔만대장경)

- 꽃은 바람을 거역해서 향기를 낼 수 없지만 선하고 어진사람이 풍기는 향기는 바람을 거역하여 사방으로 번진다. (법구경)

- 혀의 허물은 무량무변(無量無邊)하다. 모든 악업의 시작은 혀끝에서 나온다. (불경)

- 땅 위에 모든 냇물이 바다에 이르면 하나의 크고 한량없는 짠물이 되듯, 이 우주의 삼라만상(森羅萬象)도 허공에 이르면 차별 없이 하나가 된다. (탄허)

- 현자는 항상 자신을 지키므로 타인 속에서도 손실당하는 바가 없다. (증지부경전)

- 단 한 개의 촛불은 입으로 끌 수 있지만, 큰 불은 바람이 불면 더 잘 강열하게 탄다. (미상)

- 두 개의 갈대 다발은 서로 의지해야 살 수 있다. (상응부경전)

- 등불은 바람 앞에 흔들리는 인간의 마음과 같다. (팔만대장경)

- 마음은 동요하기 쉽고, 혼란하기 쉬우며, 지키기 힘들고, 억제하기 힘들다. 또한 마음은 잡기도 어려울 뿐만 아니라 가볍게 흔들리며 탐하는 대로 달아난다. 단

지 지혜 있는 사람만이 이를 바로 잡는다.

마음은 보기 어렵고 미묘하나 지혜 있는 사람은 이 같은 마음을 다스린다. 마음을 잘 다스리는 사람이 곧 안락을 얻는다. (법구경)

• 만족할 줄 아는 사람은 가난한 듯지만 실은 부유하며, 만족을 모르는 자는 항상 오욕에 매여 남에게 불상하게 여겨진다. (유교경)

• 모든 살아 있는 생물은 고통과 죽음을 두려워한다. 피조물을 확대하지 말고 죽이지도 말고 하루도 빠지지 않고 이해하도록 노력하라. 나 이외의 모든 살아있는 생물도 내가 원하는 것을 원하며 자기의 목숨을 최고로 여긴다. (불교)

• 몸과 입과 뜻을 깨끗이 지녀 허물을 범하지 않는 자를 바라문이라 한다. 또한 묶은 머리, 종족과 성 때문이 아니라 헌 누더기를 걸쳤어도 모든 일에 집착함이 없이 진실과 법에 따라 몸소 행하고 혼자서 고요히 생각하면 그는 바라문이다. (법구경)

바라문이란 인도 카스트의 가장 높은 성직자 계층을 말한다.

• 몸은 딜라도 마음이 깊으면 모든 일이 이루어지고 몸은 같으나 마음이 다르면 아무것도 이룰 수 없다. (불경)

• 무명의 인연으로 구하는 마음이 생기는 것을 애욕(愛慾)이라 한다. (불경)

• 무엇을 웃고 기뻐하랴! 세상은 쉴 새 없이 타고 있는데, 너희들은 어둠속에 덮여 있구나. 어찌하여 등불을 찾지 않느냐! (법구경)

• 무유정법(無有定法)이 불법(佛法)이다. 즉 일정하게 정하는 법이 있지 않아야 깨달은 자의 법이다. (석가모니)

• 무지를 두려워하라. 그러나 그 이상으로 그릇된 지식을 두려워하라. 허위의 세계에서 그대의 눈을 멀리하라. (석가모니)

• 번뇌를 끊는 것이 열반(涅槃)이 아니고 반드시 일어나지 않는 것이 열반(涅槃)이다. 지혜가 열림이 없어도 열반이요. 여래(如來)에게는 번뇌가 일어나지 않으므로 항상 열반이다. (열반경(涅槃經))

여래(如來)는 여(如)에게로 간다는 뜻으로써 여(如)라는 것은 있는 그대로의 진실, 진리 그 자체를 뜻한다. 반대로는 여거(如去)가 되는데 진리를 깨달은 결과 나타나는 힘이다. 한자(漢字)의 해석에서는 진리에 따라서 이 세상에 와서 진리를 가르치는 사람이라는 뜻으로 如來가 사용 되고 있다.

열반(涅槃)은 수행에 의해서 진리를 체득하여 미혹(迷惑)과 집착(執着)을 끊고 일체의 속박에서 해탈하는 최고의 경지다. 열반의 본뜻은 불어서 꺼진 상태를 뜻하는데 타오르는 번뇌의 불꽃을 지혜로 꺼서 일체의 번뇌, 고뇌가 소멸된 상태를 가르친다. 그 때 비로소 적정(寂靜)한 최초의 안락이 실현된다. 현대적인 의미로는 영원한 평안과 완전한 평화라고 할 수 있다.

- 벌이 꿀을 모아 놓으면 자신은 먹어 보지도 못하고 사람이 빼앗아가듯, 사람도 동분서주하며 재산을 모으는 데에만 급급하다. 한 번도 써보지도 못하고 죽고 나면 쓰는 사람은 따로 있다. (성전)

- 베풀어주되 베풀어준다는 그 생각조차 하지 마라. (불경)

- 부모를 사랑하는 사람은 남을 미워하지 않으며, 부모를 공경하는 사람은 남을 얕보지 않는다. (석가모니)

- 비록 작은 돌이라도 배에 싣지 않으면 물속에 잠겨 버리지만, 수백 수레 분의 돌을 배위에 싣고도 물에 뜨듯이 착한 행위는 이 배와 같다. (미란타문경)

- 사람들은 자기가 본 것에 집착한다. 한 부분만을 보고 서로 자기가 옳다고 우겨 댄다. (중육모상경)

- 사람은 먼저 자기 자신을 가르쳐야 한다. 그래야만 그는 남들을 가르칠 수 있다. (부다)

- 사람은 혼자 나서 혼자 죽고, 혼자 가고 혼자 운다. (무량수량)

- 사람은 언제나 남의 죽음을 보고도 자신의 죽음을 모르고 산다. (至道無難)

- 사람은 태어나는 것도, 죽는 것도 누구와 함께 살더라도 혼자이다. (무량수량)

- 남을 때리면 나도 맞게 되고 남을 원망하면 나도 원망을 받는다. 남을 꾸짖으면 나도 꾸짖음을 받고 남에게 성내면 나도 성냄 받는다.
  끝까지 나를 따를 자는 없기 때문이다. (무량수량)

- 성실한 행동은 자기보다 남을 이롭게 한다. (불경)

- 칼을 갈 때는 숫돌을 쓰고 화살을 바로잡을 때는 불에 구우며, 재목을 다룰 때는 도끼를 쓰고, 자신을 다룰 때는 지혜를 써야 한다. (잡아함경 제58권)

- 싸움에 있어서는 한 사람이 천 사람을 이길 수 있다. 그러나 자기 자신을 이기는 자야말로 가장 위대한 승리자다. (석가모니)

- 악한일은 자기를 괴롭히거나 행하기 쉬우며, 착한일은 자기를 편안하게 해 주지만 행하기 어렵다. (법구경)

- 설산(雪山)을 황금덩어리로 바꾸어 그것을 두 배로 불린다 해도 사람의 욕심을 채울 수는 없다. (상응부경전)

- 세상에는 4종류의 馬(말)이 있다. 첫째 말은 사람이 그 등에 올라타고 "자, 가자!"하고 마음을 먹기만 해도 벌써 기운 좋게 달리며, 둘째 말은 기수가 채찍만 들어도 벌서 알아채고 달리며, 셋째 말은 한 번 채찍으로 갈긴 뒤에야 비로소 달리며, 넷째 말은 아무리 채찍으로 엉덩짝을 때려도 꼼작도 않는다. 사람도 이와 같다. (비유경)

- 하루 품삯은 곧 나오나 일 년의 농사는 가을에야 수학하듯이, 큰 이익은 늦게 얻어지고 공부는 오래 걸린다. (원불교전서)

- 늙은이가 밭을 갈았다. 갈지 않으면 먹지 않는 늙은이. 늙은이의 평생은 밭가는 일, 밭에서 한 발자국도 떠나지 않았지만 밭에 매인 적은 한 번도 없었다. (불경 白巖錄)

- 오안(五眼) (부처)
  수행에 따라 도를 이루어 가는 순서를 보인 5가지의 눈이다.
  (1) 육안(肉眼): 우리가 직적 볼 수 있는 육안의 눈
  (2) 천안(天眼): 인연과 인과의 원리에 따라 이루어진 현상적인 차별만을 볼 뿐 실체를 보지 못한 눈
  (3) 혜안(慧眼): 공(空)의 원리는 보지만 중생을 이롭게 하는 도리는 보지 못하는 눈
  (4) 법안(法眼): 다른 이를 깨달음에 이르게 하지만 가행도(加行道)를 알지 못하는 눈
  (5) 불안(佛眼): 모든 것을 보고 모든 것을 다 아는 눈

• 욕심을 부리는 자는 돈이 비처럼 쏟아져 들어와도 만족할 줄 모른다. 그러나 슬기로운 사람은 비록 조금이라도 욕심을 맛보는 것을 괴로움으로 안다. (법구경)

• 내 인생에서 가장 행복한 날은?
  인생에서 가장 행복한 날은 언제인가, 오늘이다.
  내 삶에서 가장 결정의 날은 언제인가, 바로 오늘이다.
  내 인생에 가장 귀중한 날은 언제인가, 바로 오늘 "지금 여기"이다.
  (불경 백암록)

• 어제는 지나간 오늘이요.
  내일은 다가오는 오늘이다.
  그러므로 오늘 하루하루를 이 삶의 전부로 느끼며 살아야 한다.
  (불경 백암록)

• 어진 이는 자기를 다스린다. 치수(治水)하는 이는 물을 이끌고, 화살을 만드는 이는 살대를 바르게 하고, 큰 목수는 목재를 다듬고, 어진 사람은 자기를 제어한다. (법구경)

• 예(禮) 말씀에 도(道)를 잃으면 덕이라도 갖추어야 하고, 덕을 잃으면 인(仁)이라도 베풀 줄 알아야 하며, 인(仁)을 잃으면 의(義)라도 지킬 줄 알아야 하고, 의(義)를 잃으면 예(禮)라도 차릴 줄 알아야 한다고 했다. 그러나 요즘은 이 예(禮)까지도 잊으니 법률학이 나오고 많은 사람들이 자의가 아닌 타인의 방랑자가 되어 가고 있다. (탄허스님)

• 무소유란 아무것도 갖지 않는다는 것이 아니라, 불필요한 것을 갖지 않는다는 뜻이다. (법정스님)

• 버리고 비우는 일은 결코 소극적인 삶이 아니라 지혜로운 삶의 선택이다. (법정스님)

• 버리고 비우지 않고는 새것이 들어 올 수 없다. 공간이나 여백이 본질과 사실을 떠 받쳐 주고 있다. (법정스님)

• 빈 마음, 그것을 무심이라고 한다. 빈 마음이 곧 우리의 본 마음이다. 무엇인가 채워져 있으면 본마음이 아니다. 텅 비우고 있으면 삶이 신선하고 활기 있는 것

이다. (법정스님)

• 나 자신이 인간의 가치를 결정짓는 것은 내가 얼마나 높은 상위적 직위나 명예, 또는 얼마나 많은 재산을 갖고 있는가가 아니라, 나 자신의 영혼과 얼마나 일치하고 있는가이다. (법정스님 홀로 사는 즐거움에서)

• 삶은 소유가 아니라, 순간의 있음이다. 영원한 것이 어디 있는가? 모두가 하나일 뿐 그러나 그 한때를 최선을 다해 최대한으로 살 수 있어야 한다. 삶은 놀라운 신비요, 아름다움이다. (법정스님 버리고 떠나기에서)

• 행복은 결코 많고 큰 데만 있는 것이 아니다. 작은 것을 가지고도 고마워하고 만족할 줄 안다면 그는 행복한 사람이다. (법정스님 홀로 사는 즐거움)

• 가슴은 존재의 핵심이고 중심이다. 가슴이 없이는 아무것도 존재할 수 없다. (법정스님)

• 생명의 신비인 사람도 다정한 눈빛도 정겨운 음성도 가슴 속에서 싹이 튼다. 가슴도 이렇듯 생명의 중심이다. (법정스님 오두막 편지에서)

• 소리에 놀라지 않는 사자와 같이 그물에 걸리지 않는 바람과 같이 흙탕물에 더럽히지 않는 연꽃과 같이 무소의 뿔처럼 혼자서 가라. (타니파타)

• 아무것도 없는 것 속에 무진장하게 들어 있는 것이 우주이다. (화엄경(華嚴經))

• 모든 중생에게는 피할 수 없는 7가지가 있다.
첫째는 태어남이고 둘째는 늙음이며 셋째는 병듦이고
넷째는 죽음이며 다섯째는 죄이고 여섯째는 복이며
일곱째는 인연이다. (법구비유경 제2권)

• 마음에는 4가지 병이 있다. (현법경 제1권)
첫째는 탐내는 마음과 음욕이고, 둘째는 성내고 미워하는 것이며, 셋째는 어리석음이고, 셋째는 만심이다,
그러므로 지혜로써 이 네 가지 병을 모두 없애야 한다.

시대별 불교계(佛教界)의 대표적 인물

(1) 신라(新羅) 원효대사(元曉大師: 617~686)

진덕여왕 2년(648)황룡사(皇龍寺)에서 스님이 되었다.

(2) 고려(高麗) 의천대각국사(義天大覺國師: 1055~1101)

고려왕조 문종(文宗)의 넷째아들로 천태종(天台宗)의 개조(開祖)이다.

(3) 조선시대(朝鮮時代) 서산대사(西山大師: 1520~1604)

유불도(儒佛道)의 삼교통합론(三教統合論)의 기원론을 이루어 놓았다.

원효대사(元曉大師, 617~686)

1. 원효대사 알기

신라 중기 승려로 아명은 서당(誓幢), 신당(新幢)이며 지금의 경북 경
산 출신이다. 불교사상의 융합과 그 실천에 힘을 쓴 정토교(淨土敎)의
선구자이며 한국불교사상 큰 업적을 남긴 위대한 고승(高僧)이라고
할 수 있다. 아들은 빙월당 설총(薛聰)이다.

원효대사의 중심사상은 화쟁사상(和諍思想), 일심사상(一心思想), 무
애사상(無碍思想)으로 요약할 수 있다.

저서로는 『다혜도경종요(大慧度經宗要)』 1권, 『법화경종요(法華經宗
要)』, 『화엄경소(華嚴經疏)』, 『무량수경종요(無量壽經宗要)』 등 수십 권이
있다.

1) 화쟁사상(和諍思想)

원효가 살던 시대에는 불교가 여러 종파로 나누어 분쟁이 심했다.
그는 어느 종파에 치우치지 않고 〈화엄경(華嚴經)〉, 〈반야경(般若
經)〉, 〈해심밀경(海心密經)〉, 〈아미타경(阿彌陀經)〉 등 대승불교 전체
를 섭렵하였고, 전체불교를 하나의 진리에 귀납하고 정리하여 분열
을 없앴고 불교의 사상 체계를 세웠다. 이러한 조화 사상을 '화쟁사
상'이라 한다.

2) 일심사상(一心思想)

일심은 모든 차별적인 것을 없애고 모든 것이 평등하다는 것이다. 대승기신론(大乘起信論)에 의하면 한 마음에 의하여 두 개의 문이 있는데, 그것은 진여문(眞如門)과 생멸문(生滅門)으로, 진여문은 모든 차별을 떠난 본체를 보는 관점이다. 생멸문은 모든 차별로 드러난 현상의 세계를 말한다. 불성의 체(體)가 바로 일심이다. 일심의 본성은 모든 분별로부터 떠나 있다. 생사의 세계인 현세(더러운 땅)와 열반(涅槃)의 세계인 정토(淨土: 깨끗한 나라)는 결국 일심과 함께 있다는 것이다.

3) 무애사상(無碍思想)

원효대사는 어디에도 걸림이 없는 철저한 자유인이었다. 아무것도 구애됨이 없이 사람은 나오고 죽고에서 벗어난다. 즉 일체무애인 일도출생사(一切無碍人 一道出生死)라고 하는 한 구절에서 무애사상을 짐작할 수 있다. 그는 부처와 중생을 둘로 보지 않았다.

• 콩 심어 콩이 되고, 팥 뿌려 팥 거두나니.

• 옷을 짓는 데는 작은 바늘이 필요한 것이니 비록 커다란 창이 있다 해도 소용이 없고, 비를 피할 때에는 작은 우산 하나면 충분하다.
하늘이 드넓다 하여 따로 큰 것을 구할 필요가 없다. 그러므로 작고 하찮다하여 가볍게 여기지 말지니 그 타고난 바와 생김에 따라 모두가 다 값진 보배가 되는 것이다.

• 태어나지 말게나, 죽기가 괴로우리. 죽지 말게나, 태어나기 괴로우리.

• 하늘이 저렇게 광활한데, 왜 갈대 대롱으로 하늘을 보며 그 것이 진리라고 하느뇨.

*원효대사의 시(詩) 한 수

心生則種種法生
<small>심 생 즉 종 종 법 생</small>

心滅則龕墳不二
<small>심 멸 즉 감 분 불 이</small>

三界唯心萬法唯識
<small>삼 계 유 심 만 법 유 식</small>

心外無法胡用別求
<small>심 외 무 법 호 용 별 구</small>

마음이 생기는 까닭에 여러 가지 법이 생기고, 마음이 없어지면 감과 분이 다르지 않네, 삼계가 오직 마음이요, 모든 현상이 앎에 기초한다. 마음 밖에서는 아무 것도 없는 것도 없는데 무엇을 따라 구하랴.

龕: 시주를 모시는 장. 절의 탑, 그릇.

古墳: 옛 무덤

三界: 불교의 3가지 즉

(1) 욕계(欲界) 성욕과 식욕, 수면의 가장 강열한 세계

(2) 색계(色界)는 욕계의위에 있고. 무색계의 하위에 있다. 욕망과 번뇌는 없으나 무색계와 같이 완전한 정신적 세계는 못 되고 육체의 집착이 떨어지지 않는 세계를 말한다.

(3) 무색계(無色界)는 물질적 육체적 몸을 벗어나 정신적으로만 사는 세계이지만 아직 하나도 절대자유의 세계는 아니며 수명에도 한계가 있다고 한다.

의천 대각국사(義天 大覺國師, 1055~1101)

1. 의천 대각국사 알기

고려 문종의 4째 아들인 대각국사는 왕자의 신분으로 출가하여 천태종(天台宗)이라는 종파가 한국 땅에 뿌리를 내리는 연원이 되었다.

그는 중국 땅에서 절강성 서호 부근의 혜인원에서 지냈다. 의천대각국사가 출가하게 된 동기는 어느 날 문종이 아들들을 모아 놓고 누가 출가하겠느냐고 물었다고 한다. 이때 4째 아들 후(煦)가 자신이 출가하겠다고 하자 문종은 겨우 11살 밖에 안 되는 후(煦)가 자진 한 것에 대해서 놀랐다고 전한다.

의천 대각국사는 출가 후 중국 송(宋)나라로 들어가 지자탐원에서 서원을 세운 것처럼 고려에 들어와 천태종(天台宗)을 개창하고 법안종을 흡수하여 5대 선원을 세웠다.

대각국사가 열반(涅槃)하자 비석이 모두 3곳에 세워졌다. 고려 인종 3년인 1125년 개성 영통사에 세워졌고, 고려 숙종 6년 1101년에 개성 흥왕사(興旺寺)에 대각국사 묘지명과 칠곡 선봉사에도 대각국사 비석이 세워졌다.

의천을 통해 중국 송(宋)나라와 활발한 차(茶)문화가 이루어졌다. 그 뒤 고려와 송나라 양국 간에 차를 서로 수출입을 하게 되었다. 고려의 유명한 차로는 뇌원차(腦原茶)와 송나라의 용봉단차(龍鳳團茶)였다.

현재 경남 천태산의 최고봉에 귀운동(歸云洞)의 차나무가 중국에 용봉단차와 DNA가 같다고 한다. 일본도 송나라에서 유학한 에이사이

(榮西)선사도 일본으로 차의 씨앗을 가지고가 소후쿠치에 심어 일본의 최고의 차가 되었다고 전한다.

2. 의천 대각국사의 저서

『역원사림(繹苑詞林)』, 『해동유본견행록(海東有本見行錄)』, 『천태사교의주(天台四敎儀註)』, 『성유식론단과(成唯識論單科)』, 『신집원종문유(新集圓宗文類)』, 『고려사(高麗史)』, 『팔사경직역(八師經直繹)』 등 수십 권이 있다.

3. 의천 대각국사의 시

*의천 대각국사(義天 大覺國師)의 명시

六年只爲路多岐
육 년 지 위 로 다 기

喪道從來語有枝
상 노 종 래 너 유 시

精義入神方領會
정 의 입 신 방 령 회

悠悠爭得析群疑
유 유 쟁 득 석 군 의

6년이나 갈림 길에서 헤매다가 도를 잃고, 빗나간 말도 많았는데, 이제야 참된 깨달음을 얻고 깨달으니 어찌하여 의심을 없앨 것인가!

서산대사(西山大師, 1520~1604)

1. 서산대사 알기

완산 최씨 충북 보은 출신이다. 자는 현응, 호는 청허, 서산이다. 선조들은 역대로 벼슬을 했다. 그는 지리산에 들어가 숭인(崇人) 문하에서 승려가 되어 『전등록(傳燈錄)』, 『화엄경(華嚴經)』, 『법화경(法華經)』을 배웠다. 1552년 명종 7년에 승과(僧科)에 급제한 뒤 교종판사(敎宗判事), 선종판사(禪宗判事) 등을 지냈다. 선조 25년(1592년) 임진왜란이 일어나자 왕의 특명으로 팔도십육종이 되어 73세의 노령으로 승병 1천 5백 명을 규합하고 총수가 되어 왜적을 무찌르는 데 큰 활약을 했다. 1544년 유정(惟政)에게 승병을 맡기고 묘향산 원적암(圓寂庵)에서 여생을 보냈다.

그 후 서산대사는 84세에 입적했다. 기축년(己丑年) 선조 22년인 1598년 정여립(鄭汝立)옥사 사건의 음모에 휩싸였다. 그 제자는 사명당(四溟堂)이다.

1978년에 대흥사 경내에 그 공로를 인정하여 서산대사의 유물관이 건립되었다. 유물관 내에는 선조 정조의 하사품과 서산대사의 유언에 따라 대흥사에 간직해 오던 여러 유물이 전시되었다.

2. 서산대사의 시와 명언

· 서산대사는 84세에 입적했다. 기축년(己丑年) 정여립(鄭汝立)의 옥사 사건(선조 22년 1598년)의 음모설에 휩싸였다. 제자 7백여 명을 거느리고 관동에서 왜적을 막았다. 제자는 사명당(四溟堂)이다.

· 生也一片浮雲起
　생 야 일 편 부 운 기

　死也一片浮雲滅
　사 야 일 편 부 운 멸

　浮雲自體本無實
　부 운 자 체 본 무 실

　生也去來亦如然
　생 야 거 래 역 여 연

삶이란 한 조각구름이 일어남이오, 죽음이란 한 조각구름이 없어짐이라. 뜬 구름은 본래가 실체가 없으니, 살고 죽고 오고가고 가는 것이 모두 그와 같도다.

· 八十年前渠是我
　팔 십 년 전 거 시 아

　八十年後我是渠
　팔 십 년 후 아 시 거

80년 전에는 네가 나더니, 80년 후에는 오늘은 내가 너다.
　渠: 그, 그 사람. 도랑 거

· 大計萬思量 紅爐一點雪
　천 계 만 사 량 홍 노 일 점 설

천 가지 계획과 만 가지의 꿈도 붉게 달구어진 한 점의 눈송이에 불과하다.

· 踏雪野中去
　답 설 야 중 거

　不須胡亂行
　불 수 호 란 행

　今日我行蹟
　금 일 아 행 적

　遂作後人程
　수 작 후 인 정

들판에 눈을 밟고 갈 때, 아무렇게나 걸어가지 말라. 오늘의 나의 발자취가, 나중에 사람들의 이정표가 되리라.
　이 시는 백범(白凡) 김구(金九)선생이 나중에 가훈으로 삼았다고 한다.

우동 한 그릇 이야기

일본인 구라 료해이(栗良平)의 단편 소설인 <우동 한 그릇>이 일본열도를 감동의 도가니로 몰아넣었다. 이 소설은 1989년 초판 뒤 2002년까지 57쇄를 출판하고, 영화로도 만들어졌다. 우리나라에서도 여러 출판사에서 번역되었다.

우동 한 그릇은 슬프고 감동이 넘치는 이야기이다. 아버지는 부인과 두 아들, 그리고 많은 빚만 남겨놓고 세상을 떠나 버렸다. 엄마는 두 아들들의 뒷바라지를 하고, 빚을 갚으며 매일 힘겹게 살아가야만 했다. 한편, 같은 동네에 인심 좋기로 소문난 북해정(北海亭)이라는 우동 집에서는 섣달 그믐날이 제일 바쁜 날이었다. 밤 10시가 지나면 손님이 뜸해져 문을 닫으려고 하는데, 엄마와 두 아들이 허름한 옷차림으로 들어왔다. 주인 부부는 그 식구를 반갑게 맞이하며 식탁으로 안내했다.

주인아저씨는 그들을 보고, 아내 몰래 우동 1인분에 반 인분을 더 넣었다. 그들은 아주 맛있고 즐겁게 얘기하다 돌아갔다.

일 년 뒤, 똑같은 날, 같은 시각에 또 그들이 왔다. 그리고 그들은 또 우동 1인분만 시켰다. 그때 주인은 여느 때와 같이 우동 1인분에다 반 인분을 또 넣었다. 그리고 그들은 또 맛있게 먹고 갔다. 3식구는 맛있게 먹고 150엔을 내고 집으로 돌아갔다. 1년 뒤, 또다시 섣달 그믐날이 되었다. 10시가 조금 넘자 어김없이 3식구가 들어왔다. 이번에는 2인분을 주문했다. 아저씨는 주방으로 들어가서 우동 반 덩어리를 더 얹어서 작년과 같은 값으로 만들어 주었다. 그들은 많이 바뀌었는데, 형은 중학생 교복, 동생은 작년에 형이 입고 있던 점퍼를 입고 있었다. 그러나 그들의 엄만 작년이랑 똑같은 옷을 입고 있었다. 그런데 이번엔 그들은 우동을 2인분 시켰다. 이때 주인아저씨는 우동 3덩어리를 넣었다. 그리고 그들은 이야기를 시작했다. 그 내용이 두 아들이 학교에서 글짓기를 했는데 가족들의 고생과 북해정의 인심을 담은 내용으로 상을 받았다는 것이다. 북해정의 두 주인 부부는 그 이야기를 듣고 흐뭇해하며 눈물을 글썽거렸다. 그 후, 북해정의 부부는 매년 섣달 그믐날이 되면 3식구를 위해 2번의 예약석으로 정해 놓고 기다렸다.

문에 나서는 자기들에게 꼭 '고맙습니다! 새해엔 복 많이 받으세요'라고 주인들이 그렇게 위로에 말을 했다.

10년 뒤에 늙은 노인과 두 아들이 왔다. 그리고 주인 부부에게 "오늘은 우동을 3인분 시키러 왔습니다. 그 동안 따뜻한 인심과 격려에 용기를 갖고 열심히 살아서 이렇게 성공해서 왔습니다. 감사합니다."라고 말하며 인사를 했다. 큰 아이는 의사가 되어 병원에 근무하고 둘째는 은행에 다닌다고 했다.

빚만 지고 두 아이를 잘 키운 어머니, 북정의 인정 많은 부부 주인, 살아서 성공한 두 아들들도 본받아야겠다. 일본에서는 보기 드문 사례의 단편소설이다. 이웃에게 무관심해 보이고 남의 일에는 철저하게 외면하는 국민성과는 다른 일본인들의 모습을 그려 큰 감동이 있는 소설이었다.

제7장

탈무드

탈무드와 그리스도 교도의 충돌

탈무드는 바빌로니아에서 BC 500년에 편찬되기 시작했다. 1334년 손으로 쓴 탈무드가 가장 오래된 것으로 처음으로 인쇄된 것은 1520년에 베네치아에서 비롯됐다.

1244년 파리에 있었던 모든 탈무드는 그리스 교도에 의해서 몰수되고 금서가 되었다. 24대분의 수레에 실린 채로 불태워 버렸다 한다. 1520년도에도 로마에서 모든 탈무드가 압수되어 불태워진 것은 그리스도를 비판했다고 생각되는 것인데, 비 유대인에 대해서 쓴 부분을 삭제했기 때문인 것으로 전해진다.

그러나 여기서는 이런 사실과는 관계없이 명언을 모아 전하는 것이며 비판 없이 소개한다.

탈무드의 원류

탈무드의 원류는 『구약성서』이지만 고대 유대인의 사상이라기보
다는 『구약성서』를 보완하여 더욱 확대·발전시킨 것이다.

하지만 기독교인들은 예수 출현 이후의 유대문화를 모두 무시해
왔고 탈무드의 존재를 완강히 거부했다.

탈무드가 학문으로 만들어지기까지는 랍비로부터 제자들에게 입으
로 전해져 내려왔다. 따라서 그 대부분은 문답식으로 되어 있고 또한
그 내용이 한 없이 넓고 깊으며 히브리어와 아랍어로 되어 있다. 마치
중국의 『논어(論語)』가 공자와 그 제자들처럼 되어 있다. 오늘날에는
『바빌로니아 탈무드』와 『파레스타인 탈무드』 두 종류가 있다. 지금은
『바빌로니아 탈무드』가 더 중요시되어 권위가 인정되어 있다. 본래
탈무드란 '위대한 연구', '위대한 학문', '위대한 고전연구'라는 의미다.

랍비(Rabbi)란?

랍비는 정신적인 지도자며 변호사와 의사의 역할을 하는데 유대인에 있어서는 모든 권리를 대표한다. 유대인의 선생님이자 조언자이기도 하고 각종 종교행사와 의식을 주재하며 교육활동에 폭 넓게 참여한다.

로마가 랍비의 임명식에 나오는 자는 물론, 임명한 자나 임명받은 자들까지도 모두 사형에 처했다.

랍비는 15세기가 지난 뒤에야 비로소 보수를 받았다. 랍비란 말은 1세기경에 시작되었는데 히브리어로 '교사'라는 뜻이며 영어로는 '라바이'라고 말했다. 영어로 'talmudic person'이라고 하면 대부분 사람들은 많은 지식을 가진 사람을 의미한다.

유대인 출신은 중세기 신학자인 '스피노자'로부터 시작하여 근 현대 아인슈타인 키신저 전 국무장관 등 수많은 인사가 많다. 탈무드는 유대인의 정신이며 두뇌라고 말할 수 있다.

탈무드의 이야기와 명언

- 유대인들은 3가지 특징이 있다. 첫째는 연대감이 있다. 둘째는 탈무드의 정신적 자산이 있다. 셋째는 부모님들의 근면성, 겸손 감, 검소함을 자식들에게 물려준다.

- 아무리 좋은 술도 못 생긴 그릇에 담아둔다. 금잔이나 은잔은 술맛이 변할 수 있기 때문이다.

- 어두운 밤에 소경이 등불을 들고 가는 것은 눈뜬 사람에게 도움을 주기 때문이다.

- 아내를 선택할 때는 한 계단을 내려가고 벗을 선택할 때는 한 계단을 올라간다.

- 약자와 강자는 힘으로만 나누어지는 것은 아니다. 동물에서 볼 수 있듯이 사자는 모기를 두려워하고 코끼리는 거머리를 무서워하고 전갈은 파리를 무서워하고 매는 거미를 무서워한다. 아무리 약한 자라도 어떤 조건만 성립하면 강자를 극복시킬 수 있다.

- 폭우는 남자를 집안에 가두지만 악처는 남자를 밖으로 쫓아낸다.

- 부모에게는 어리석은 자식을 가진 것이 불행한 것이고, 남자는 악처를 가지는 것이 불행한 일이다.

- 당신의 친구가 당신에게 벌꿀처럼 달더라도, 전부 핥아 먹어서는 안 된다.

- 친구를 구덩이에서 구할 때는 자신도 흙탕물을 뒤집어쓰는 것을 두려워해서는 안 된다.

- 철새와 같은 친구는 사귀지 마라. 날씨가 추워지면 날아간다.

- 친구는 3종류가 있다. (1) 항상 필요한 빵과 같은 친구 (2) 가끔 필요한 약과 같은 친구, 그러나 (3) 병(病)과 같은 친구는 피해야 한다.

- 질투는 천 개의 눈을 가지고 있다. 그러나 한 가지도 올바르게 보지 못한다.

- 현인 앞에 앉아 있는 사람은 3가지로 나누어진다.
  (1) 스폰지형: 무엇이라도 흡수한다.
  (2) 터널형: 오른쪽 귀에서 왼쪽 귀로 지나간다.
  (3) 체형: 중요한 것과 그렇지 않은 것을 체로 거른다.

- 유대인은 전통을 매우 중히 여김으로써 민족성을 유지해 왔다. 전통의 의미를 깊이 생각하지 않은 사람은 다른 사람에게 손을 이끌려 다니는 맹인과 같다.

- 이미 끝나 버린 일을 후회하기 보다는 하고 싶었던 일을 하지 못하는 것을 후회하라.

- 잎보다는 귀를 높은 지위에 두어라.

- 배우려고 하는 학생은 부끄러워해서는 안 된다.

- 나무는 열매에 의해서 알려지고 사람은 일에 의해서 평가된다.

- 승자는 눈을 밟아 길을 만드는데, 패자는 눈이 녹기를 기다린다.

- 지혜로운 사람은 행동으로 말을 증명하고 어리석은 사람은 말로 행위를 변명한다.

- 현인이 되는 7가지 조건
  (1) 자기보다 현명한 사람이 있을 때에는 침묵.
  (2) 상대방의 이야기를 중단시키지 않는다.
  (3) 대답할 때에는 당황하지 않는다.
  (4) 항상 적절한 질문을 하고, 조리 있는 대답을 한다.
  (5) 먼저 하지 않으면 안 되는 것부터 손을 대고, 뒤로 미룰 수 있는 것은 마지막에 한다.
  (6) 자기가 알지 못할 때에는 그것을 인정한다.
  (7) 진실을 인정한다.

- 술이 머리로 들어가면, 비밀이 밖으로 밀려 나간다.

- 아이는 어릴 때 엄하게 꾸짖고, 크게 자라면 꾸짖지 말라.

- 아이를 꾸짖을 때에는 한 번만 따끔하게 꾸짖고, 언제나 잔소리로 계속 꾸짖어서는 안 된다.

- 주는 것에는 3가지가 방법이 있다.
  (1) 억지로 주는 것
  (2) 의무로 주는 것
  (3) 감사로 주는 것

- 풍족한 사람이란 자기가 갖고 있는 것으로 만족할 수 있는 사람이다.

- 책을 너의 벗으로 삼고 책꽂이를 정원으로 삼아라. 그리고 벗의 아름다움을 즐기며 정원의 열매를 따먹고 책의 향기를 즐기도록 하라.

- 결점이 없는 친구를 사귀려고 한다면 평생 친구를 가질 수 없다.

- 부끄러움을 모르는 것과 자부심은 형제간이다.

- 백성의 소리는 하나님의 소리다. 그러므로 귀 기울여 들어야 한다.

- 우물에 침을 뱉은 자는 언젠가 그 우물을 마시게 된다.

- 사람을 상처 입히는 것이 3개가 있다. 번민, 말다툼, 텅 빈 지갑. 그 중에서 텅 빈 지갑이 가장 크게 사람에게 상처를 입힌다.

- 세계는 진실, 사랑, 평화의 3가지 기반 위에 서 있다.

- 두 사람이 싸울 때 먼저 싸움을 포기하는 자가 더 고상한 사람이다.

- 노화를 재촉하는 4가지 원인 공포, 분노 아이들, 악처다.

- 뛰어난 사람은 두 가지 교육을 받고 있다. 그 하나는 교사로부터 받는 교육이요,

다른 하나는 자기 자신으로부터 받는 것이다.

• 불순한 동기에서 생기는 애정은 그 동기가 사라져 갔을 때에 죽어 버린다.

• 승자의 하루는 25시간이고, 패자의 하루는 12시간밖에 안 된다.

• 자기의 결점만을 걱정하고 있는 인간은 딴 사람이 갖는 결점은 알지 못한다.

• 하루를 공부하지 않으면 그것을 되찾기 위해서는 2일이 걸린다. 2일 공부하지 않으면 그것을 되찾기 위해서는 4일 걸린다. 1년 공부하지 않으면 그것을 되찾기 위해서는 2년이 걸린다.

• 껍질만 보지 말라. 안에 들어 있는 것을 보라.

• 남자는 결혼하면 죄가 불어난다. 남자의 집은 아내다.

• 거짓말쟁이에게 주어지는 최대의 벌은 그가 진실을 말했을 때에도 사람들이 믿어주지 않는 것이다.

• 남의 자비로 사는 것보다 가난한 생활을 하는 편이 낫다.

• 승자는 지는 것을 두려워하지 않지만, 패자는 이기는 것도 은근히 염려한다.

• 사람의 마음을 안정시키는 것은 3가지, 즉 명곡, 조용한 풍경, 깨끗한 향기이다.

• 상대에게 한 번 속았을 때는 그 사람을 탓하라. 그러나 그 사람에게 두 번 속았거든 자신을 탓하라.

• 인간은 4가지 타입이 있다.
  (1) 내 것은 내 것이고, 당신 것은 당신 것이다. (일반적인 타입)
  (2) 내 것은 당신의 것이고 당신의 것은 내 것이라는 인간. (별난 인간)
  (3) 내 것은 당신의 것이고, 당신의 것은 당신의 것이다. (정의감이 강한 인간)
  (4) 내 것은 내 것이고, 당신 것도 내 것이다. (나쁜 인간)

• 누가 현자(賢者)인가! 모든 사람들로부터 배우는 사람이 현자(賢者)다.

- 만약 친구가 야채를 갖고 있으면 고기를 주어라.

- 몸의 부분은 마음에 의존하고 있다.

- 물고기는 언제나 입으로 낚인다. 인간도 역시 입으로 걸린다.

- 눈에 보이지 않는 것보다는 마음이 보이지 않는 쪽이 두렵다.

- 돈은 악이 아니며, 저주도 아니다. 돈은 사람을 축복하는 것이다.

- 고양이나 쥐는 먹이가 된 동물을 함께 먹고 있을 때는 다투지 않는다.

- 자신의 일만을 생각하고 있는 인간은 그 자신도 될 자격이 없는 인간이다.

- 공짜로 처방전을 써주는 의사의 충고는 듣지 마라.

- 반성하는 자가 서 있는 땅은 가장 위대한 랍비가 서 있는 땅보다 더 가치가 있다.

- 가난은 수치가 아니다. 그러나 명예라고 생각하지 말라.

- 가난한 사람이 암탉 한 마리를 잡아먹을 때는 그가 병에 걸렸거나 아니면 암탉
  이 병에 걸렸거나 둘 중의 하나다.

- 남자가 여자에게 끌리는 것은 남자로부터 늑골을 빼앗아 여자를 만들었으므로
  남자는 자기가 잃은 것을 되찾으려고 하기 때문이다.

- 당나귀는 긴 귀로 구별할 수 있으며, 어리석은 자는 긴 혀로 구별할 수 있다.

- 돈은 빌려주지 않아도 되지만 책은 빌려주어라.

- 뛰어난 말에도 채찍이 필요하다. 현인에게도 충고가 필요하다.

- 마음이 아름답고 재치가 있는 여성도 남자가 없으면 제구실을 하지 못한다.

- 모든 병 중에서 마음의 병만큼 괴로운 것은 없다. 모든 악 중에서 악처만큼 나쁜

것은 없다.

- 비누는 피부를 위하여, 눈물은 마음을 위하여 존재한다.

- 평판은 최선의 소개장이다.

- 아이들을 가르친다는 것은 어떠한 것인가? 그것은 백지위에 무엇을 그리는 것과 같은 것이다. 노인에게 가르친다는 것은 어떠한 것과 같은 것일까? 이미 많이 쓰인 종이에 여백을 찾아서 써넣으려고 하는 것과 같은 것이다.

- 어떻게 살아야 옳고 훌륭한 삶인가 말하는 것도 물론 중요하지만 그것을 실천하는 것이 더욱 중요하다.

- 가장 큰 고통은 남에게 말할 수 없는 고통이다.

- 갓 열리기 시작한 오이는 그 오이가 장차 맛있게 될지 어떨지 모른다.

- 격렬하게 사랑을 하고 있을 때는 자기 자신에게 사랑을 하고 있는지 상대를 사랑하고 있는지 잘 생각해라.

- 금과 은(銀)은 불 속에서 정련되어야 비로소 빛이 난다.

- 나는 스승에게서 많은 것을 배웠고, 친구에게 많은 것을 배웠고, 심지어 제자들에게도 많이 배웠다.

- 칼을 갖고 있는 자는 책을 갖고 설 수 없다. 책을 갖고 서 있는 사람은 칼을 갖고 설 수도 없다.

- 포도주는 새 술일 때에는 신포도와 같은 맛이 난다. 그러나 오래되면 오래 될수록 맛이 좋아진다. 지혜도 똑같은 것이다.
  해를 거듭함에 따라 지혜는 닦아진다.

- 세상에서 가장 현명한 사람은 모든 사람으로부터 배울 수 있는 사람이요, 가장 사랑받는 사람은 칭찬하는 사람이요, 가장 강한 사람은 자신의 감정을 조절할 줄 아는 사람이다.

- 어떤 남자라도 여자의 이상한 아름다움에는 저항할 수 없다.

- 일을 끝까지 완결 짓지 못해도 좋다. 다만 일을 하다말고 전부 포기할 생각만은 하지 말라. 당신에게 그 일을 맡긴 사람은 언제나 희망을 잃지 않고 있다.

- 인간은 입이 하나 귀가 둘이 있다. 이는 말하기보다는 듣기를 두 배로 하라는 뜻이다.

- 의인은 죽은 후에도 산 자라고 불리고 있다. 그러나 악인은 살아 있어도 죽은 자라고 불린다.

- 웨이터가 매너가 좋으면, 어떤 술이라도 미주(美酒)가 된다.

- 아내를 이유 없이 학대하지 말라. 하느님은 그녀의 눈물방울 수를 늘 헤아리고 계시다.

- 자기를 아는 것이 최대의 지혜다.

- 죄를 미워하되 사람을 미워하지 마라.

- 향수는 상점에 들어가서 향수를 사지 않아도 나올 때는 향수의 향기가 난다.

- 어떤 사람은 젊고도 늙었고, 어떤 사람은 늙어도 젊다.

- 만난 사람 모두에게서 무엇인가를 배울 수 있는 사람이 세상에서 제일 현명하다.

- 다른 사람보다 뛰어난 사람은 정말로 뛰어난 사람이라고 할 수 없다. 이전의 자기보다 점점 나아지는 사람이 정말 뛰어난 사람이다.

Mentor란?

Mentor는 고대 그리스 이타이카 왕국 Odysseus(오디세우스)가 트로이 전쟁을 떠나면서 자신의 아들인 텔라마코스를 친구인 Mentor에게 맡기면서 장래를 지도해 줄 것을 부탁한 데서 유래한 것이다. 요즘 뜻으로는 현명하고 믿을 만한 상대, 지도자, 스승 등 영향력 있는 연장자나 후원자를 말한다. 그의 제자 같은 사람을 Mentee라 한다.

기존의 Monitoring 제도에서 Mentor와 Mentee의 역할을 바꿔보는 입장을 말하는데 미국의 한 회사에서 선배가 후배에게 배우는 것을 도입해 보니 어느 정도 효과가 있었다고 한다.

제8장

주제별 명언

책·학문·학습의 명언

· **學而時習之 不亦說乎** (論語의 學而篇 孔子)
  학 이 시 습 지　불 역 열 호

  배우고 때때로 익히면 또한 즐겁지 아니한가!

· 배우고 생각하지 않으면 곧 어둡고, 생각하고 배우지 않으면 곧 혼란스러운 것이다. (孔子)

· 사람은 어질더라도 배우지 않으면 현명해지지 못한다. (孔子)

· 널리 배워서 뜻을 두텁게 만들고, 간절하게 묻되 가까운 것부터 잘 생각해보면 인(仁)이 그 안에 있다. (孔了)

· 학문을 아는 자는 이를 좋아하는 사람만 못 하고 학문을 좋아하는 자는 이를 즐기는 자만 못 하다. (孔子)

· 배운 것을 응용할 줄 알아야 한다.
  아무리 많이 배워도 응용하지 않으면 쓸모가 없다. 하나를 배웠으면 수 없이 응용해야 한다. 응용하면 할수록 발전이 있기 때문이다. (손자병법)

· 학문이란 영구히 계속해서 닦아야 한다. (荀子)

· 학문은 결국은 실천하는 데 도달해야 최상에 도달하는 것이라 할 수 있다. (荀子)

· 학문은 귀로 들어오고, 입으로 나간다. (荀子)

· 가장 유능한 사람은 가장 배우기를 힘쓰는 사람이다. (괴테)

• 유능한 사람은 언제나 배우는 사람인 것이다. (괴테)

• 항상 사람들은 옛 사람을 연구하라고 말한다. 이는 현실세계에 주의하고 그것을 표현하도록 힘쓰라는 말과 다름없다.
  왜냐하면 옛 사람도 그들의 생존 중에 그렇게 한 것이므로. (괴테)

• 때 맞춰 면학에 힘써라. 세월은 사람을 기다리지 않는다. (白居易 陶潛)

• 널리 배우고 자세히 물으며 깊이 생각하고 분명히 분별하며 꾸준히 실천하라. (朱子)

  주자(朱子)는 중국 남송(南宋)의 유학자다. 이름은 희(熹), 자는 원회(元晦), 호는 회암(晦庵)이다. 안휘성 사람이며 주자학(朱子學)을 집대성하였다. 도학, 불교를 공부했다.
  주자학이란 이기설(理氣說), 즉 존재론 성즉리(性卽理)의 설인 윤리학, 경전의 주석, 역사 저술 등을 했고, 그 업적으로는 삼강오상(三綱五常), 즉 군신(君臣), 부자(父子), 부부(夫婦)의 삼강(三綱)과 인의예지신(仁義禮智信)의 오상(五常)과 인리천리(仁理天理)의 지(至)로 보는 입장에서 초월적 내재적으로 이론화한 것이다. 그 당시의 봉건 사회의 이데올로기로 장기간에 걸쳐 군림했다.

• 배우지 않으면 곧 늙고 쇠약해진다. (朱子)

• 소년은 늙기 쉽고 학문은 이루기 어려우니 촌음이라도 소홀히 해서는 안 된다.
  연못의 봄풀이 꿈속에서 깨지 못해서 섬돌 앞의 오동나무가 벌서 가을 소리를 낸다. (朱子)

• 오늘 배우지 않고 내일이 있다고 말하지 말며, 올해 배우지 아니하고 내년이 있다고 말하지 말라. 날과 달은 흘러가서 세월은 나를 위해 늦추지 않는다. 아! 늙었도다. 이 누구의 허물인가. (朱子)

• 젊었을 때 열심히 배우지 않으면 늙어서 후회한다. (朱子)

• 학문은 생각하는 것을 기초에 둔다. (朱子)

• 만난 모든 사람에게 무엇인가를 배울 수 있는 사람이 세상에서 제일 현명하다. (탈무드)

• 나는 스승에게 많은 것을 배웠고, 친구에게서 많이 배웠고, 심지어 제자들에게서도 많이 배웠다. (탈무드)

- 누가 가장 똑똑한 사람인가? 모든 경우, 모든 사물에서 무엇인가를 배울 줄 아는 사람이 똑똑한 사람이다.
  누가 굳센 사람인가? 자기 자신을 누를 수 있는 사람이 굳센 사람이다.
  누가 가장 풍족한 사람인가? 자기 자신의 몫에 불만이 없이 만족하는 사람이 풍족한 사람이다. (탈무드)

- 하루 공부하지 않으면 그것을 되찾기 위해서는 2일이 걸린다. 2일 공부하지 않으면 그것을 되찾기 위해서는 4일이 걸린다.
  1년을 공부하지 않으면, 그것을 되찾기 위해서는 2년이 걸린다. (탈무드)

- 기하학에는 왕도가 없다. (유클리드)

- 학문이라는 것은 오랜 기간 동안 고금의 인류의 경험을 이해하는 것이다. (루소)

- 교만한 사람은 학문을 경멸하고, 단순한 사람은 학문을 찬양하며, 현명한 사람은 학문을 이용한다. (베이컨)

- 꿀벌이 꽃에서 꿀을 창조하듯 습득한 남의 지식을 기초로 새로운 자기 학문을 창조해야 한다. (베이컨)

- 책이 학문을 따를지언정, 학문이 책을 따라서는 안 된다. (베이컨)

- 역사는 현명하게 하고, 수학은 예민하게 하며, 이학은 심원하게 하며, 윤리학은 중후하게 한다. (베이컨)

- 오늘 공부는 과연 성공적으로 치렀는가? 더 배울 것은 없었는가? 더 잘할 수는 없었는가? 게으름을 피운 일은 없는가? (피타고라스)

- 글을 읽어도 성현을 보지 못한다면 지필(紙筆)의 종이일 뿐이고 벼슬자리에 있어도 백성을 사랑하지 않는다면 관복 입은 도둑에 지나지 않는다. 학문을 하면서도 몸소 실천함을 수행하지 않는다면 입으로만 참선하는 사람일 뿐이요, 큰일을 일으키고도 은덕을 심지 않는다면 눈앞에서 잠시 피다가 지는 꽃일 뿐이다. (채근담)

- 바쁠 때 자기 본성을 어지럽히지 않으려면 한가할 때 심신을 맑게 길러야 하고,

죽을 때 마음이 흔들리지 않게 하려면 모름지기 살아 있을 때 사물의 참모습을 간파해야 한다. (채근담)

• 배우는 자는 항상 더 조심조심하는 마음이 있어야 할 것이며 또 서글서글한 멋도 있어야 한다. 만약 외골수로 졸라만 매고 깔끔만 떤다면 이는 싸늘함만 주고 따뜻한 봄기운이 없는 것이니 무엇으로 만물을 발육할 수 있으랴. (채근담)

• 공부를 잘한 사람만이 성공하는 것은 아니다. 배운 것을 응용할 줄 알아야 한다. (孫子兵法)

• 그대가 배운 것을 돌려줘라. 경험을 나눠라. (道敎)

• 배움은 젊음의 샘이다. 아무리 나이가 들었더라도 배움을 멈추지 마라. (道敎)

• 배우는 자가 적은 사람은 들에서 쟁기를 끄는 늙은 소처럼 살이 찔지라도 지혜는 늘지 않는다. (法句經)

• 배우는 자가 할 일은 나를 떠나는 것이다. 나를 떠난다는 것은 내 몸에 매이지 않는 것이다. (정법안장)

• 천장을 암기한들 모르면 무슨 이익이 있으리. 경(經)을 많이 왼다 해도 뜻을 모르면 무슨 소용이 있을까, 한 뜻이라도 듣고 행하면 도를 얻는다. (佛經)

• 일어나 앉아라. 잠을 자서 너에게 무슨 이익이 있겠는가? 화살에 맞아 고통을 받는 이에게 잠이 웬 말인가? 일어나 앉아라. 평안을 얻기 위해서 일념으로 배워라. (佛經)

• 하루 품삯은 곧 나오나, 일 년 농사는 가을에야 수확되듯이, 큰 이익은 늦게 얻어지고 공부는 오래 걸리니라. (원불교전서)

• 학문과 예술만이 인간을 신성에까지 끌어올린다. (베토벤)

• 학문은 몸의 보석과도 같으며, 학문하는 자는 세상의 보배와도 같다. (明心寶鑑)

• 배우기를 늘 다하며 못한 것 같이 할 것이요, 오직 배운 것을 잊지 않도록 하라.

(明心寶鑑)

- 배운 것은 한이 없으니 미치지 못한 것처럼 하고, 오직 배운 것을 잃을까 두려워하라. (論語)

- 溫故而知新 (論語)
  온 고 이 지 신
  옛 것을 익히고 새것을 배운다.

- 사람이 태어나서 배우지 않으면, 어두운 밤길을 가는 것과 같다. (姜太公)

- 손님이 오지 않으면 집안이 저속해지고, 시서(詩書)를 가르치지 않으면 자손이 어리석어진다. (景行錄)

- 아무리 작은 것도 이를 만들지 않으면 얻을 수 없고, 아무리 총명하더라도 배우지 않으면 깨닫지 못한다. 노력과 배움, 이것 없이는 인생을 밝힐 수 없다. (莊子)

- 학문을 하지 않으면 빨리 쇠(衰)하게 된다. 학문에는 끝이 없다. 학문에 충실 한 자는 노쇠하지 않는다. (近思錄)

- 황금이 상자에 가득 차 있다 해도 자식에게 경서 하나를 가르치는 것만 못하고, 자식에게 천금을 물려준다 해도 기술 한 가지를 가르치는 것만 못하다. (漢書)

- 가장 훌륭한 기술, 가장 배우기 어려운 기술은 세상을 살아가는 기술이다. (메이시)

- 일하는 사람은, 연구하는 사람은, 사상을 품은 사람은, 쓸데없는 말을 지껄이지 않으며 입을 다물고 실력을 기르는 학습에만 치중한다. (아인슈타인)

- 젊었을 때 우리들은 배우고, 나이 들고 나서 우리들을 이해한다. (에브라 에센바흐)

- 조금 배운 것은 위험한 것이다. (알렉산더 포프)

- 학문의 최대의 적은 자기 마음속에 있는 유혹이다. (처칠)

- 젊을 때에 배움을 소홀히 하는 사람은 과거를 상실하고 미래에도 죽는다. (에우

리 피데스고로 그리스 극작가)

- 많은 공부와 지식이 지혜를 가져다 줄 수 있는 것은 아니다. (헤라클레이토스)

- 배운 사람은 항상 자기 속에 재산이 있다. (필라드라스)

- 배울 겨를이 없다고 하는 자는 겨를이 있어도 배울 수가 없다. (淮南子)

- 배움이 없는 자유는 어제나 위험하며 자유가 없는 배움은 언제나 헛된 일이다.
  (존 F 케네디)
  1960년도 당시에 각국이 자유와 인권을 외치던 시기에 나왔던 민주주의 실천을 유럽 선진국과 미국이
  앞장 서 주장했던 산물이다.

- 세상에는 배울 것이 수없이 많다. 그러나 인생의 의미와 사회에 유익함이 없으
  면 모든 학문과 예술은 쓸모없게 될 뿐만 아니라 인생에 해만 끼치는 오락거리
  로 전락하게 된다. (톨스토이)

- 식욕이 없는 식사는 건강에 해롭듯이, 의욕이 동반되지 않은 공부는 기억을 해
  친다. (레오나르도 다빈치)

- 언젠가 날기를 배우려는 사람은 우선 서고, 걷고, 달리고, 오르고, 춤추는 것을
  배워야 한다. (니체)

- 엉터리로 배운 사람은 아무것도 모르는 사람보다 훨씬 더 어리석다. (벤자민 프
  랭클린)

- 사람의 위대함은 노력에 의하여 얻어진다. 문명이란 참다운 노력의 산물인 것이
  다. (스마일즈)

- 책은 꿈꾸는 것을 가르쳐 주는 진짜 선생이다. (가스통 바슐라르)

- 독서는 정신적으로 충실한 사람을 만든다. 사색은 사려 깊은 사람을 만든다. 그
  리고 논술은 확실한 사람을 만든다. (벤자민 프랭클린)

- 현대에 출판된 책을 꼭 읽어야 하는 이유는 자신이 알고 있는 세계를 더 알아야

하기 때문이다. (헨리 밀러)

· 책은 마음속의 재산이요, 세대와 알맞은 민족의 상속 재산이다. (헨리소로)

· 책의 세계는 인간이 창조해 낸 것 중 가장 괄목할 만한 것이며 유일하게 영구적
 인 것이다. (클래런스 데이)

· 사람은 한 권의 책을 쓰기 위해 도서관을 절반이상 뒤진다. (J. 보즈웰)

· 사람은 음식물로 체력을 배양하고 독서로 정신을 배양한다. (쇼펜하우어)

· 기대를 하고 책장을 열고, 수학을 얻고, 책장을 덮는 책, 이런 책이 진실로 양서
 다. (A.B. 올컷)

· 당신에게 가장 필요한 책은 당신으로 하여금 가장 많이 생각하게 하는 책이다.
 (마크 트웨인)

책·학문·교육의 영어명언

• Education is not preparation for life, education is life itself. (John Dewey)
학문은 인생의 준비가 아니라, 인생 그 자체다.

• Books are the quietest and most constant of friends. (찰스 W 엘리엇)
책은 가장 조용하고 변함없는 벗이다.

• A room without books is like a body without a soul. (Roma cicero)
책 없는 방은 영혼 없는 육체와도 같다.

• To know is nothing at all; to imagine is everything. (Albert Einstein)
안다는 것은 전혀 중요하지 않다; 상상하는 것이 가장 중요하다.

• Common sense is the collection of prejudices by age 18. (Albert Einstein)
상식은 18세까지 후천적으로 얻는 편견의 집합이다.

• The great aim of education is not knowledge but action. (허버트 스펜서)
교육의 위대한 목표는 아는 것이 아니라 행동하는 것이다.

• Education has for its object the for formation of character. (허버트 스펜서)
교육의 목적은 인격의 형성이다.

• Well done is better than well said. (벤자민 프랭클린)
실천이 말보다 낫다.

• Education is the best provision for old age. (아리스토텔레스)
교육은 노후를 위한 최상의 양식이다.

최근 우리 사회의 공부명언

- 공부할 때의 고통은 잠깐이지만 못 배운 고통은 평생이다.

- 학벌이 재산이다.

- 공부가 인생의 전부는 아니다. 그러나 인생의 전부도 아닌 공부 하나도 정복하지 못한다면 과연 무슨 일을 할 수 있겠는가?

- 공부는 시간이 부족한 것이 아니라 노력이 부족한 것이다.

- 지금 잠을 자면 꿈을 꾸지만 지금 공부하면 꿈을 이룬다.

- 성공은 아무나 하나 철저한 자기 관리와 노력에서 비롯된다.

- 행복은 성적순이 아닐지 몰라도 성공은 성적순이다.

- 미래에 투자한 사람은 현실에 투자한 사람이다.

- 학업성적은 투자한 시간의 절대량에 비례한다.

- 한 시간 더 공부하면 마누라(남편) 얼굴이 바뀐다.

- 오늘 걷지 않으면 내일은 뛰어야 한다.

- 가장 위대한 일은 남들이 자고 있을 때 이루어진다.

- 지금 눈이 감기는가? 그럼 미래를 향한 눈도 감긴다.

• 공부는 암기대회가 아니다. 적게 배워도 많이 응용하는 것이 실용적이다.

• 지금 이 순간에도 남들은 책장을 넘기고 있다.

• 꿈이 바로 앞에 있는데 당신은 왜 손을 내밀지 않는가!

• 당신은 지금 무엇을 위해 무엇을 하십니까? 쓸데없는 공상을 계속하면 귀중한 시간을 낭비하고 있습니다.

• 자연은 무대이고 인간은 배우(俳優)다.

• 진보가 필요한 것은 가능하다는 신념과 더불어 시작된다.

사랑에 관한 명언

- 사람은 사랑할 때 누구나 시인이 된다. (플라톤)

- 사랑은 홍역과 같은 것이다. 우리는 누구나 그것을 거쳐야 한다. (J.L 제롬)

- 사랑은 첫 인상과 함께 시작된다. (셰익스피어)

- 마음속의 사랑은 써 놓고 보내지 않은 편지와 같다. (미국속담)

- 아무도 사랑하는 것을 가르쳐 주는 사람은 없다. 사랑이란 우리의 생명과 같이 날 때부터 가지고 태어나는 것이다. (F.A밀러)

- 여자에게 아름답다고 말하지 말라. 대신 그녀와 같은 여자는 이 세상에서 지금까지 본적이 없다고 말해라. 그러면 만사가 쉽게 풀린다. (미국속담)

- 사랑은 서로 마주보는 게 아니라, 서로 같은 방향을 바라보는 것이다. (생 텍쥐베리)

- 사랑을 하다가 사랑을 잃은 편이 한 번도 사랑하지 않는 것보다 낫다. (테니슨)

- 사랑은 인간생활에 최후의 진리이며 최후의 본질이다. (슈아프)

- 사랑은 끝없는 신비이다. 그것을 설명할 수 있는 것이 전혀 없기 때문이다. (인도 타고르)

- 사랑에는 한 가지 법칙밖에 없다. 그것을 사랑하는 사람을 행복하게 만드는 것이다. (타고르)

• 참다운 사랑의 힘은 태산보다 강하다. 그러므로 그 힘은 어떠한 힘을 가지고 있는 황금일지라도 무너뜨리지 못한다. (소크라테스)

• 사랑이란 비극은 없다. 사랑이 없는 가운데서만 비극이 있다. (데스카)

• 한 사람도 사랑해보지 않았던 사람이 인류를 사랑하기란 불가능한 것이다. (H. 입센)

• 남자의 사랑은 그 인생의 일부이고, 여자의 사랑은 그 인생의 전부다. (바이론)

• 사랑이란 마치 열병 같아서 자기 의사와는 관계없이 생겼다가 꺼진다. (스탕달)

• 사랑은 늦게 올수록 격렬하다. (호리티우스)

• 어떠한 나이라도 사랑에는 약한 것이다. 그러나 젊고 순진한 가슴에는 그것이 좋은 열매를 맺는다. (푸시킨)

• 사랑을 하고 있는 사람의 귀는 아무리 낮은 소리라도 다 알아듣는다. (셰익스피어)

• 사랑은 나이가 들어 생기 없는 사람들을 젊게 만들어 주며 젊음을 찾는 사람들을 언제까지나 젊게 만들어 준다. (카트라이트)

• 당신과 나는 날개가 하나밖에 없는 천사입니다. 우리가 날기 위해서는 서로를 안아주어야 합니다. (러시아 노 크레센스)

• 남자는 항상 여자의 첫사랑이 되기를 원한다. 반면 여자는 좀 더 미묘한 본능이 있어 그들이 남자의 마지막 사랑이기를 원한다. (투루 로맨스)

• 나도 당신을 원하고, 당신과 함께 있고 싶고 당신의 일부분이 되고 싶어요. (메디슨 카운티의 다리)

• 위대한 행동이라는 것은 없다. 위대한 사랑으로 행한 작은 행동들이 있을 뿐이다. (테레사 수녀)

• 사랑은 늙어도 보석이다. (choi)

• 우정은 날개 없는 사랑이다. (바이런)

• 사랑이 충족되면 매력은 사라진다. (코르네이유)

• 사랑은 밖에서 아무리 열어 보려고 해도 안에서 걸어 잠그면 열리지 않는다. (사업가 Choi 사장)

• 슬기로운 사람만이 사랑할 줄 안다. (세네카)

• 사랑은 나이가 들어 생기 없는 사람들을 젊게 만들어 주며 젊음을 찾은 사람들을 언제까지나 젊게 만든다. (카트라이트)

• 존경하는 마음이 없으면, 진정한 사랑이 될 수 없다. (피히테)

• 사랑에는 신뢰가 필요하고 우정에는 통찰력이 필요하다. (보나르)

• 사랑은 지배하는 것이 아니라 자유를 주는 것이다. (에리히 프롬)

• 위대한 행동이란 것은 없다. 위대한 사랑으로 행한 작은 행동들이 있을 뿐이다. (테레사 수녀)

• 사랑으로 난 병은 사랑으로 치유해야 한다. (H.D 도오우의 일기)

• 사랑을 배워라, 특히 좋은 책을 사랑하는 것을 배워라. 세상의 모든 돈을 주고도 살 수 없는 보물이 좋은 책 안에 있다. 배우고 노력하고 애쓰지 않는다면 그 보물을 찾을 길이 없다. (로버트 잉거솔)

• 우리는 오직 사랑으로써 사랑을 배울 수가 있다. (아이리스 머독)

• 사랑은 왕궁에서뿐만 아니라 오두막집에서도 산다. (J 레이)

• 사랑의 반대말은 무관심이다. (발자크)

• 우리들이 진심으로 사랑하는 누군가를 두고서 또 따른 사랑을 한다는 것은 결코 있을 수 없다. (미상)

- 누군가를 사랑한다는 것은 우리의 인생의 과업 중에서 마지막 시험이다. 다른 모든 것은 그 준비 작업에 불과하다. (마리아 릴케)

- 육체적 욕망은 사랑보다 더 빨리 커진다. (니체)

- 주는 것은 받는 것보다 행복하며, 사랑하는 것은 사랑 받는 것보다 아름답고 사람을 행복하게 한다. (헤르만 헤세)

- 사랑이란 애걸해서도 안 되고, 요구해서도 안 된다. 사랑은 자신 속에서 확신에 이르는 힘을 가지지 않으면 안 된다는 것이다. 사랑은 결코 이끌어지는 것이 아니고 이끄는 것이다. (헤르만 헤세)

- 사랑은 고통과 절망의 맞은편에서 새로운 의미를 지닌 생명의 길을 개척한다. (헤르만 헤세)

- 사랑이여, 너야말로 진정한 생명의 꽃이며 휴식 없는 행복이다. (괴테)

- 사랑하는 것이 인생이다. 기쁨이 있는 곳에 사람과 사람사이의 결합이 우어진다. 사람과 사람사이의 결합이 있는 곳에 또한 기쁨이 있다. (괴테)

- 가장 귀중한 사랑의 가치는 희생과 헌신이다. (그라시안)

- 금속은 소리로 그 재질을 알지만, 사랑은 대화를 통해서 서로의 존재를 통해서 확인해야 한다. (그라시안)

- 사랑은 꽃처럼 향기로운 것이다. 아름다운 꽃은 스스로를 내세우지 않아도 그 향기를 맡고 저절로 찾아오는 벌들이 있기 때문이다. (그라시안)

- 사랑은 나의 영혼을 누군가에 던지는 것이다. (그라시안)

- 사랑은 모든 시간을 재구성하고, 모든 것들을 재구성한다. (그라시안)

- 사랑의 첫 번째 계명, 먼저 희생하라. 사랑하는 사람을 위해 기꺼이 희생할 수 있어야 한다. 자기의 희생은 사랑의 고귀한 표현이기 때문이다. (그라시안)

- 사랑이 깊을수록 우리가 겪게 될 고통 또한 커진다. (그라시안)

- 사랑에는 항상 약간의 광기가 섞여 있다. 그러나 또한 그 속에서도 항상 약간의 제정신도 있는 것이다. (니체)

- 사랑을 하고 있을 때 사람들은 다른 어떤 때보다도 훨씬 더 잘 견디어 낸다. 즉, 사랑이란 이름으로 모든 것을 감수하는 것이다. (니체)

- 만물은 성스러운 사랑에 의해서 움직여진다. (단테)

- 사랑을 할 때 사람들은 자신이 분명하게 믿고 있는 것까지도 종종 의심할 때가 많다. (라 로슈프코)

- 사랑이란 타오르는 불길과 같아서 계속적인 자극이 없는 한은 존재할 수가 없다. 따라서 욕망과 고민 없는 사랑은 그 순간 생명이 끊기고 마는 것이다. (라 로슈프코)

- 사랑하는 마음을 억제하는 것은 사랑하는 사람에게 받는 그 호된 처사보다도 더 잔인한 것이다. (라 로슈프코)

- 상대가 눈앞에 없으면 보통 사랑은 멀어지고, 큰 사랑은 가중된다. 바람이 불면 촛불은 꺼지고 화재는 더 불길이 센 것처럼. (라 로슈프코)

- 사랑은 지구 깊은 곳까지 뿌리를 박고 하늘 높은 곳까지 가지를 뻗는 나무가 되어야 한다. (버드란드 러셀)

- 사랑을 모르는 사람은 인생을 모르는 사람이다. 만약에 사랑을 모르는 사람이 있다면 그는 이미 죽은 사람이나 다름없다. (버드란드 러셀)

- 사랑은 그것이 자기희생일 때를 빼고는 사랑이라고 부를 가치가 없다. (로맹 롤랑)

- 사랑은 신뢰의 행위이다. 신이 존재하느냐 않느냐는 아무래도 좋다. 믿으니까 믿는 것이다. 사랑하니까 사랑하는 것이다. 대단한 이유는 없다. (로맹 롤랑)

- 사랑이란 두 개의 고독한 영혼이 서로 지키고, 접촉하고, 기쁨을 나누는 데 있

다. (릴케)

- 사랑은 규칙을 알지 못한다. (몽테뉴)

- 사랑은 너무 어려서 양심이 무엇인지 모른다. 그러나 양심이 사랑에서 태어나는 것을 누가 모르는가? (셰익스피어)

- 사랑이란 사랑받는 것보다는 오히려 사랑하는 것에 있다. (아리스토텔레스)

- 사랑을 얻으려면 자존심을 버려라. (엔드류 매투스)

- 사랑한다는 것은 자기를 넘어서는 것이다. (오스카 와일드)

- 사랑할 수 있다는 것은 모든 것을 할 수 있다는 것이다. (체호프)

- 사랑이란 영혼의 궁극적인 진리다. (R. 타고르)

- 사랑을 하고 있는 자는 타인의 충고에 귀를 기울이지 않는다. (탈무드)

- 사랑이란 자기의 희생이다. 그것은 우연에 의지하지 않은 유일한 행복이다. (톨스토이)

- 성당 안으로 경찰이 들어오면 맨 앞에 내가 있을 것이고, 그 뒤에 신부들과 수녀들이 있을 것이요. 우리를 다 넘어뜨리고 난 후에야 학생들이 있을 것이요. (김추기 경)

- 애인을 그림으로 그릴 때는 그림이지만 마음으로 그릴 때는 그리움이다. (미상)

- 어머니를 사랑하는 사람치고 마음씨 고약한 사람은 없다. (괴테)

- 하늘에는 별이, 땅 위엔 꽃이 있듯이 인간에게는 사랑이 있다. (미상)

- 우리는 사랑이 불완전하므로 사랑하는 것이다. (미상)

- 사랑은 결합이고, 미움은 결렬이다. (미상)

• 사랑이 신비함이 끝나면, 사랑은 쾌락도 끝난다. (A. 벤 〈연인의 감시〉)

• 사랑은 피를 말리는 고도의 심리전이다. (미상)

• 사랑이란 쉽게 변하기에 더욱 사랑해야 한다. (서머셋 몸)

• 사랑은 우리를 행복하게 하기 위해서 있는 것이 아니라, 우리가 고뇌와 인내에
  서 얼마만큼 견딜 수 있는가를 보이기 위해서 있다. (헤세)

• 사랑이란 인생의 종은 될지언정, 주인이 되어서는 안 되는 법이다. (버드란드 러셀)

• 사랑은 재판보다 더 정의롭다. (H.W 비처)

사랑에 관한 영어명언

- All is fair in love and war.
  사랑과 전쟁에서는 모든 것이 정당하다.

- If Jack's in love, he is no judge of Jill's beauty.
  만약 남자가 사랑에 빠졌다면 그 여자는 아름다움을 공정히 판단하지 못한다.
  *Jack 은 일반적인 남자의 뜻이고 Jill은 여자를 말한다.

- It is love, not reason, that is stronger than death.
  죽음보다 강한 것은 이성이 아니라, 사랑이다.

- Never love with all your heart, It only ends in aching.
  당신의 모든 마음을 사랑에 걸지 마라. 사랑은 그저 고통으로 끝날 수도 있는
  것이다.

- Love me little, love me long.
  나를 조금만 사랑해요, 그리고 나를 오래도록 사랑해주세요.

- Friendship often ends in love, but love in friendship never.
  우정은 종종 사랑으로 끝을 맺기도 하지만, 사랑은 결코 우정으로 바꿀 수 없다.

- If you'd be loved, be worthy to be loved.
  당신이 사랑 받고 싶다면 사랑 받을 만한 가치가 있는 사람이 되라.

- A broken hand works, but not a broken heart.
  부러진 손은 고칠 수 있지만, 상처받은 마음은 어찌할 도리가 없다.

- There is only one happiness in life, to love and be loved.
  삶에서 얻을 수 있는 한 가지 확실한 행복은 사랑하고 사랑 받는 것이다.

- An angry lover tells himself many lies.
  화를 내는 여인은 자기 자신에게 많은 거짓말을 하는 것이다.

- As soon as I just knew your love, you go away.
  나 이제야 사랑을 알게 되었는데, 당신은 날 떠나가네요.

- For better or worse, till death do us part I'll love you with every beat of my heart.
  좋을 때나 나쁠 때나 죽음이 우리를 갈라놓을 때까지 내 심장이 뛰는 그 순간마다 당신을 사랑하겠습니다.

- The magic of first love is our ignorance that it can ever end.
  첫 사랑이 신비로운 것은 우리가 그것이 끝날 수 있다는 것을 모르기 때문이다.

- Hatred paralyzes life; love releases it. Hatred confuses life; love harmonize it. Hatred darkens life; love illumines it.
  증오는 인생을 마비시키지만 사랑은 인생을 조화시킨다. 증오는 인생을 어둡게 하지만 사랑은 인생을 밝게 한다.

- Hate the sine, love the sinner. (마하 트마 간디)
  죄는 미워하되 죄인은 사랑하라.

- It is love, not reason, that is stronger than death.
  죽음보다 강한 것은 이성이 아니라 사랑이다.

- Love is blind, friendship closes its eyes.
  사랑은 눈이 먼 것이고 우정은 눈을 감는 것이다.

- If you would be loved, love and be lovable.
  당신이 사랑 받고 싶다면 먼저 사랑하라 그리고 사랑스럽게 행동하라.

- Love your neighbor as yourself.

너의 이웃을 내 몸처럼 사랑하여라.

- It takes a minute to have a crush on someone, an hour to like someone, and a day to fall in love with someone but it take a lifetime to really forget someone you have grown to love.
누군가에게 홀딱 반하는 것은 1분이 걸리고, 누군가를 좋아하게 되는 것은 1시간이 걸리며, 누군가에게 사랑하게 되는 것은 하루가 걸리지만, 사랑하게 된 누군가를 잊는다는 건 일평생이 걸리지요.

- As the best wine doth make the sharpest vinegar. so love with its joy clears and sharpens the vision.
최고의 와인이 강한 식초로 바뀌듯이 아무리 깊은 사랑일지라도 서로가 틀어졌을 때는 무서운 증오로 바뀌는 것이다.

- He who spares the rod hates his son, but he who loves him is careful to disciple him.
매를 아끼는 것은 자식을 사랑하지 않는 것이다. 자식을 사랑하는 사람은 훈계를 게을리 하지 않는다.

- Where there is great love, there is great paine.
위대한 사랑은 위대한 고통이 따른다.

- A good horse never stumbles, a good wife never grumbles.
훌륭한 말(馬)은 넘어지지 않고, 양처는 불평하지 않는다.

- Woman is week, but mother is strong.
여자는 약하나 어머니는 강하다. (셰익스피어)

- Love is what makes you, Smile when you're tired.
사랑은 당신이 만드는 것이다. 당신이 지칠 때 웃어라.

우정·친구에 관한 명언

- 참된 우정은 앞뒤가 같다. 앞은 장미로 보이고, 뒤는 가시로 보이는 것이 아니다. 그러므로 참된 우정은 삶의 마지막까지 변하지 않는다. (류카이르)

- 다정한 벗을 찾기 위해서라면 철리길도 멀지 않다. (톨스토이)

- 좋은 친구가 생기기를 기다리는 것보다 스스로 누군가에 친구가 되었을 때 행복하다. (러셀)

- 친구란 두 신체에 깃든 하나의 영혼이다. (아리스토텔레스)

- 아버지는 보물이요, 형제는 위안이며, 친구는 보물도 되고 위안도 된다. (벤자민 프랭클린)

- 친구는 나의 기쁨을 배로 하고 슬픔을 반으로 한다. (키케로)

- 사랑이란 지성보다도 더 귀하고 나를 행복하게 해준 것은 우정이다. (헤르만 헤세)

- 친구를 갖는 것은 또 하나의 인생을 갖는 것이다. (그라시안)

- 친구란 당신에 대한 모든 것을 알면서도 여전히 당신을 좋아하는 사람이다. (앨버트 허버드)

- 그 사람을 알고 싶으면 그의 친구를 보라. (孔子)

- 사람은 친구와 한 숟가락의 소금을 나누어 먹었을 때 비로소 그 친구를 알 수 있다. (세르반테스)

• 속마음을 나눌 수 있는 친구만이 인생의 역경을 헤쳐 나갈 수 있는 힘을 제공한다. (그라시안)

• 친구를 만드는 유일한 길은 스스로 친구가 되는 것이다. (에머슨)

• 참다운 벗은 좋을 때는 초대해야만 나타내고 어려울 때는 부르지 않아도 나타난다. (보나르)

• 친구를 위해서 자기생명을 버리는 것보다 더 큰 사랑은 없다. (요한복음)

• 좋은 친구와 좋은 책, 살아 있는 양심이야말로 가장 이상적인 생활이다. (마크트웨인)

• 나는 성장하는 과정에서 훌륭한 스승과 좋은 벗을 만나 내 삶에 큰 도움을 받았다. 특히 저학년 때를 더욱 잊을 수 없다. (발포아)

• 모든 일을 수행함에 있어서 정신적인 도움을 주고받는 것은 친구이다. (저자)

• 사회에 친구가 없으면 얼마나 외로울까를 생각해보라. 끝이 안 보이는 사막을 걸어갈 때는 친구나 동료는 구세주가 아니겠는가! (저자)

• 좋은 친구는 평생의 길을 같이 가지만, 나쁜 친구를 만나면 평생을 후회하면서 산다. (저자)

• 내 삶의 날개가 되어 준 친구와 좋은 책은 평생지우(平生之友)이다. (저자)

• 참된 벗에게는 과실을 보면 진심으로 충고 해주고, 좋은 일에 함께 기뻐해주며, 고통과 액운을 당해도 버리지 않는다. (미상)

• 돈이 약간 생기면 양서를 골라 사 주고 싶은 사람이 나의 친구이다. (저자)

• 원수를 만들어 보지 않은 사람은 친구도 사귀지 않는다. (영국시인 알프레드 테니스경)

• 훌륭한 친구는 제2의 재산이다. (아리스토텔레스)

• 새로 사귄 친구가 신선할 수 있지만 오래된 친구처럼 슬픔의 눈물을 닦아 줄 순 없다. (미상)

• 우정은 날개가 없는 사랑이다. (바이런)

커피의 유래

기원전 6세기의 어느 날 밤에 에티오피아의 목동인 칼디는 자신이 기르던 염소들이 빨간 열매를 따먹고는 흥분하여 날뛰는 것을 보았다. 그래서 그 목동도 열매를 직접 맛을 보니 이상하게도 기분이 좋아지면서 힘이 나는 것을 느끼게 되었다. 이 소문을 들은 마을 사람들은 그 열매가 악마의 유혹이라고 생각하고 불살라 버렸다. 그런데 그때 불길에서 품어 나오는 향이 매우 기분 좋은 상쾌한 냄새에 그 마을 사람들은 그 열매를 태우거나 볶아서 먹기도 하다가 물과 같이 혼합해서 그들의 취향에 맞추어 마신 것이 오늘날의 커피가 된 것이다.

우정·친구에 관한 영어명언

· A friend in power is a friend lost. (헨리 애덤스)
  힘 있을 때 친구는 친구가 아니다.

· It is easier to forgive an enemy than to forgive a friend. (윌리엄 블렉 쿼터스)
  친구를 용서하는 것보다는 원수를 용서하는 것이 더 쉽다.

· Don't walk in front of me. I may not follow.
  Don't walk behind me. I may not lead.
  Walk beside me and just be my friend. (알베르트 까뮈)
  앞서 걷지 마라. 내가 따르지 않을 수도 있다. 뒤에서 걷지 마라. 내가 이끌지
  않을 수도 있다. 옆에 나란히 걸으면서 내 친구가 되어 달라.

· It is not a lack of love, but a lack of friend of friendship that makes
  unhappy marriages. (니체)
  불행한 결혼을 만드는 것은 사랑의 결핍이 아니라 우정의 결핍이다.

· True friends, like diamonds, are precious and rare.
  False friends, like autumn leaves, are found everywhere. (미상)
  진정한 친구는 다이아몬드처럼 귀하고 드물다. 그러나 잘못된 친구는 가을 낙엽
  처럼 사방에 널려 있다.

· Hold a true friend with both your hands. (니체)
  진정한 친구는 당신의 두 손으로 꼭 잡아주어라.

· There are three faithful friends —an old wife, an old dog, and ready money.
  (영국속담)

충실한 친구가 셋이 있다. 즉 늙은 아내, 늙은 개, 그리고 현금이다.

- True friendship is like sound health, the value of it is seldom known until it is lost. (미상)
진정한 우정은 튼튼한 건강과 같아 그걸 잃어버리기 전에는 그 가치를 알지 못한다.

독서에 관한 명언

• 사람들은 죽어도 책은 결코 죽지 않는다. 어떤 힘도 기억을 제거할 수는 없다. 책은 무기이다. (루스벨트)

• 가장 싼 값으로 가장 오랫동안 즐거움을 누릴 수 있는 것, 바로 책이다. (몽테뉴)

• 책이 없는 백만장자가 되느니 보다 차라리 책과 더불어 살 수 있는 거지가 되는 것이 한결 낫다. (로즈 메콜리)

• 책 읽는 민족은 번영하고, 책 읽는 국민은 발전한다. (안병욱)

• 책은 위대한 천재가 인류에게 남겨주는 유산이며, 그것은 아직 태어나지 않은 자손들에게 주는 선물로서 한 세대에서 다른 세대로 전달된다. (에디슨)

• 책은 청년에게는 음식이 되고, 노인에게는 삶의 깊이를 알려 준다. (저자)

• 좋은 책을 읽는 것은 과거에 가장 뛰어난 사람들과 대화를 나누는 것이다. (데카르트)

• 내가 세계를 알게 된 것은 책에 의해서다. (사르트르)

• 배 없이 해전에서 승리할 수 없는 것 이상으로 책 없이 사상전(思想戰)에서 이길 수 없다. (프랭크린 루즈벨트)

• 독서는 무엇을 모르고 있는지를 해결해준다. (저자)

• 세상을 살아가면서 양서를 몇 권 읽고 나면 세상이 달라지고, 책 속의 명언을

발견할 때마다 즐거움이 증가한다. (저자)

• 친구를 고르듯이 책의 내용을 고른다. (미상)

• 시간이 없어서 책을 못 읽는다는 사람은 시간이 있어도 책을 읽지 않는다. (淮南子)

• 생각하지 않고 책을 읽는 것은 씹지 않고, 식사하는 것과 같다. (E 버크)

• 독서가 정신에 미치는 영향은 운동이 육체에 미치는 영향과 다름이 없다. (에디슨)

• 양서를 읽노라면 삼천 년도 더 사는 것 같은 느낌이 든다. (에머슨)

• 기록을 살펴보면 사람이 늙어가며 겪는 생활의 가치는 그 사람이 사는 동안에 얼마나 책을 읽었는가에 따라서 달라진다. (아놀드)

• 자손에게 만금을 물려준다 해도 그것은 한 권의 경전(經典)을 주는 것만 못하다. (漢書)

• 남아(男兒)라면 모름지기 다섯 수레 분의 책을 읽어야 한다. (杜甫)

• 독서는 집안을 일으키는 근본이다. (明心寶鑑)

• 악서는 지적인 독약으로서 정신을 독살한다. (미상)

• 약으로 병을 고치듯이 독서로 마음을 다스린다. (율리우스 카이사르)

• 사람은 음식물로 체력을 발육케 하고 독서로 정신력을 배양한다. (쇼펜하우어)

• 과거의 이 모든 세상은 몇 권의 책으로 지배해 왔다. (볼테르)

• 양서 10훈
   1. 좋은 책을 읽으면 사람의 마음을 감동시킨다.
   2. 좋은 책을 읽으면 확고한 신념을 갖게 한다.
   3. 좋은 책을 읽으면 악을 제거하고 사랑을 배운다.
   4. 좋은 책을 읽으면 여러 스승의 가르침을 받는다.

5. 좋은 책을 읽으면 사람의 미래를 바꾼다.
6. 좋은 책을 읽으면 할 수 있다는 용기를 준다.
7. 좋은 책을 읽으면 행동하는 양심으로 바꿀 수 있다.
8. 좋은 책을 읽으면 자연과 모든 생물체를 사랑한다.
9. 좋은 책을 읽으면 모든 사람과 소통할 수 있다.
10. 좋은 책을 읽으면 인류를 행복하게 만드는 데 힘쓴다.

• 독서는 약처럼 당장 효과가 나타나거나 행복을 만들어 주지 않는다. 그러나 한 권 한 권 읽어가는 동안에 내가 무엇을 알고 무엇을 모르고 있는지를 스스로 깨닫게 하는 데 도움이 됨에 틀림없다. (패디 먼)

• 버리고 버렸더니 한줌 시가 되더라. (서정주)

부모에 관한 명언

• 어머니는 우리의 마음속에 얼을 주고, 아버지는 빛을 주신다. (미상)

• 온갖 실패와 불행을 겪으면서도 인생의 신뢰를 잃지 않는 낙천가는 대개 훌륭한 어머니의 품에서 자라난 사람들이다. (미상)

• 부모의 사랑은 내려갈 뿐이고 올라오는 법이 없다. 즉, 내리사랑이다.
  (C.A. 엘베시우스)

• 자녀를 사랑하는 마음의 반만 떼어 어버이를 섬기면, 효자란 소리를 듣는다. (孔子)

• 천하의 모든 물건 중에는 내 몸보다 더 소중한 것이 없다. 그런데 이 몸은 부모가 주신 것이다. (李珥)

• 이 세상에서 제일 안전한 피난처는 어머니의 품속이다. (풀로리앙)

• 부모의 희망과는 다른 희망을 표시했다 하더라도 부모는 반대하지 말아야 한다.
  (미상)

• 내가 부모에게 효도하면 자식이 또한 나에게 효도한다. 내가 불효하는데 자식은 무엇을 보고 배울 수가 있을까! (미상)

• 청춘은 퇴색되고 사랑은 시들고 우정의 나뭇잎은 떨어지기 쉽다. 그러나 어머니의 온후한 희망은 모든 것을 견디며 살아간다. (올리버 홈즈)

• 나무가 고요하고자 하나 바람이 멈추지 않고, 자식이 효도하고자하나 어버이가 기다리지 않는다. (한씨외전)

이미 부모는 늙어서 효도할 시간이 없음을 애석하게 생각하는 자식의 도리에서 나온 말이다.

• 부모 앞에서는 결코 늙었다는 말을 해서는 안 되는 것이다. (小學)

• 부모를 공경하는 효행은 쉬우나, 부모를 사랑하는 효행은 어렵다. (莊子)

• 부모를 사랑하는 사람은 남을 미워하지 않으며, 무모를 공경하는 사람은 남을 얕보지 않는다. (佛經)

• 자기 자식에 대하여 아는 아버지는 슬기롭다. (셰익스피어)

• 자식이 효도하면 어버이는 즐겁고, 집안이 화목하면 모든 일이 이루어진다. (明心寶鑑)

• 한 사람의 아버지가 백 사람의 선생보다 낫다. (조지 허버트)

• 설사 자식에게 업신여김을 받아도 부모는 자식을 미워하지 않는다. (소포클레스)

• 사람이 바꾸려 해도 바꿀 수 없는 것이 한 가지 있다. 그 것은 자식의 부모이다. (B 프랭클린)

• 큰 도(道)가 행해지면 사람은 자기 부모만을 부모로 생각하지 않고, 자기 자식만을 자기 자식으로 생각하지 않는다. (공자)

• 아버님 날 낳으시고 어머님 날 기르시니 두 분 곧 아니시면 이 몸이 살았을까! 하늘같은 은덕을 어디다 갚사오리까! (정철)

• 한 사람의 양모(良母)는 백 사람의 교사에 필적(匹敵)한다. (헤르바르트)

• 어머니는 어린 것의 피난처요, 호소 처요, 선생이요, 동무요, 간호사요, 인력거, 자동차, 기차 대신이요, 모든 것이다. 밥 주고, 물주고, 옷 주고, 버선주고, 사랑 주고, 참외주고, 떡 주고, 누룽갱이 긁어두었다 주고, 놀다가 들어오면 과자주고, 동네 잔칫집에 가서 가져온 빈대떡 주고,...모든 것은 어머니가 준다. (전영택 나의 어머니)

부모님에 관한 영어명언

- A man excite the world, but a woman excite the man. (미국속담)
  남자는 천하를 움직이고, 여자는 그 남자를 움직인다.

- A good wife makes a good husband. (속담)
  좋은 아내는 좋은 남편을 만든다.

- A father maintains ten children better than ten children one father.
  (독일 속담)
  열자식이 한 아버지를 봉양하는 것보나 한 아버지가 10자식을 키우기가 더 낫다.

- Father's virtue is the best heritage for his child. (속담)
  아버지의 덕행은 최상의 유산이다.

- We never know the love the parents till we become parents ourselves. (미국
  인 정치가 Henry Ward Beecher)
  우리가 직접 부모가 되기 전까지는 무모님의 사랑을 알지 못한다.

- When you teach your son, you teach your son's son.
  당신의 아들 아들을 가르치는 것은 아들의 아들을 가르치는 것이다.

- The joys of parents are secret, and so are their grieves and fears.
  부모님의 기쁨이 비밀인 것처럼, 그들의 근심과 슬픔 또한 비밀이다.

고독에 관한 명언

• 고독은 근심의 어머니다. (퍼블릴리우스 시러스)

• 모든 사람에게 있어서 고독은 하나의 친구다. 고독만큼 사귀기 쉬운 친구도 없다. (호로)

• 이 세상에서 가장 강한 인간은 고독 속에서 혼자 서는 인간이다. (입센)

• 외로움은 절망이 아니라, 오히려 기회이다. (道敎)

• 산다는 것은 어느 꿈을 그리워하는 고독이다. (조병화 시인)

• 단지 신과 함께 있을 때만이 고독을 견딜 수 있다. (앙드레 지드)

• 내 안에서 나 혼자 살고 있는 고독의 장소가 있다. 그 곳은 말라붙은 마음을 소생시키는 단 하나의 장소다. (펄 벅)

• 금식이 몸에 필요하듯이 고독은 마음에 필요한 것이다. 그러나 그것이 과도하게 연장된다면 위험하다. 그러나 필요한 것임에는 틀림이 없다. (바우베날구스)

• 높은 지위에 있는 사람은 고독하다. (디어도어 루빈)
  지위가 높으면 우선 가깝게 지내던 친구도 멀어지고 고독한 것이다.

• 고독은 방문하기엔 좋은 장소이나 오래 머물러 있기엔 쓸쓸한 장소다. (조지 버나드 쇼)

• 강한 사람이란 가장 훌륭하게 고독을 견디어 낸 사람이다. (쉘러)

• 인간은 사회에서 어떠한 사물을 배울 수 있을 것이다. 그러나 영감은 오직 고독에서만 얻을 수 있다. (괴테)

• 재능은 고독 속에서 이루어지며, 인격은 세파 속에서 이루어진다. (괴테)

노력·성공·실패·희망·도전에 관한 명언

• 노력이 적으면 얻는 것도 적다. 인간의 재산은 그의 노고에 달려 있다. (헤리크)

• 떨어지는 물방울이 돌에 구멍을 낸다. 승리의 여신은 노력을 사랑한다. 노력 없는 인생은 수치 그 자체다. 어제의 불가능이 오늘의 가능성이 되며, 명예는 정직한 노력에 있음을 명심하라. (M.마르코니)

• 사람이 위대하게 되는 것은 노력에 의해서 얻어진다. 문명이란 참다운 노력의 산물인 것이다. (스마일즈)

• 실패는 고통스럽다. 그러나 최선을 다하지 못했음을 깨닫는 것은 몇 배 더 고통스럽다. (엔드류 메튜스)

• 사람을 강하게 만드는 것은 사람이 하는 일이 아니다. 하고자 노력하는 것이다. (어니스트 헤밍웨이)

• 배우지 않으면 곧 늙고 쇠퇴해진다. (朱子)

• 及時當勉勵 歲月不待人 (陶潛)
  급 시 당 면 려   세 월 불 대 인
  때 맞춰 면학에 힘써라. 세월은 사람을 기다리지 않는다.

• 가장 어려운 기술은 역경을 딛고 살아가는 기술이다. (메이시)

• 실패를 걱정하지 말고 부지런히 목표를 향하여 노력하라. 노력한 만큼 보상을 받을 것이다. (노만 V 필)

• 사나운 말(馬)도 잘 길들이면 명마가 되고, 품질이 나쁜 쇠붙이도 잘 다루면 훌

률한 그릇이 되듯이 사람도 마찬가지다. 타고난 천성이 좋지 않아도 열심히 노력하면 뛰어난 인물이 될 수 있다. (채근담)

• 방황과 변화를 사랑한다는 것은 살아 있다는 증거다. (바그너)

• 실패로부터 성공을 개발하라. 실패는 성공에 이르게 하는 가장 분명한 디딤돌이다. 인간에게 실패로부터 배운 교훈보다 더 값진 교훈은 없다. (데일 카네기)

• 10분 뒤와 10년 뒤의 자신의 모습을 동시에 생각하라. (피터 드러커)

• 진정한 성공은 성공할 수 없는 것이라는 두려움을 극복하는 것이다. (폴 스위니)

• 길을 가다가 돌이 나타나면 약자는 그것을 걸림돌이라고 말하고, 강자는 그것을 디딤돌이라고 말한다. (토마스 칼라일)

• 'No'을 거꾸로 쓰면 'On'이라는 전진이나 시작의 뜻이 되듯이 모든 문제는 반드시 문제를 푸는 열쇠가 있다. 끊임없이 생각하고 찾아내라. (노먼 빈센트 필)

• 불가능은 소심한 자의 환상이요, 비겁한자의 도피처이다. (나폴레옹)

• 좌절을 경험한 자는 자신만의 역사를 갖게 된다. 그리고 인생을 통찰할 수 있는 지혜의 길로 들어선다. (쇼펜하우어)

• 실패한 자는 다시 일어설 수 있지만 좌절한 자는 다시 일어설 수 없다. 실패와 좌절의 차이는 내 자신의 한계를 인정하느냐의 차이다. (탈무드)

• 승자가 즐겨 쓰는 말은 "다시 한 번 해보자"이고 패자가 즐겨 쓰는 말은 "해봐야 별 수 없다."이다 (탈무드)

• 성공은 수만 번의 실패를 감싸준다. (조지버나드쇼)

• 실수 없이 큰 발명을 한 사람은 없다. (새뮤얼 스마일즈)

• 독수리는 마지막 성공을 거둘 때까지는 온 생명을 바쳐 노력한다. (여안교)

· 절망은 어리석은 자의 결론이다. (스티븐슨)

· 상처 받은 굴이 진주를 만든다. (랠프월드 에머슨)

· 겨울이 오면 봄이 멀지 않으리. (셸리)

· 내 비장한 무기는 아직 내 손안에 있다. 그것은 희망이다. (나폴레옹)

· 교육의 위대한 목표는 앎이 아니라 행동이다. (하버트 스팬서)

· 승리한 세력은 눈에 띄는 곳으로 끌어내고, 그들이 집어 삼킨 세력은 보이지 않는 곳으로 밀어 넣음으로써 현존하는 질서에 불가죄 성이라는 외관을 부여한다. (영국 토니 교수)

· 시대가 쇠퇴하고 있을 때 모든 경향은 주관적이다.
그러나 반대로 여러 가지 새로운 시대를 위해 무르익어 가고 있을 때, 모든 경향은 객관적이다. (괴테)

노력·성공·실패·희망·도전의 영어명언

· Failure comes in two ways those who do it without giving a thought. Those who thought about it but do nothing. (Anonyous)
실패는 두 가지 방식으로 찾아온다. 아무런 생각이 없는 자에게 생각은 하지만 실행하지 않는 자에게는 아무것도 못한다.

· Men are born to succeed, not fail. (헨리데이비드 소로우)
사람은 실패가 아니라 성공하기 위해서 태어난다.

· Forget the times of your distress, but never forget what they taught you. (Herbert S. Gasser)
좌절의 시간을 잊으라. 그러나 그것이 너에게 준 교훈은 절대로 잊지 말라.

· You can learn a little everything from victory; you can learn everything from defeat. (미국야구선수 크리스티매튜스)
승리는 적게 배우고 패배하면 많이 배운다.

· Nothing is more humiliating than to see idiots succeed in enterprises we have failed in. (속담)
자신이 실패한 사업을 바보 같은 사람들이 훌륭하게 성공시킨 것을 보는 것만큼 뼈저린 굴욕은 없다.

· Rome was not built in a day. (세르반테스)
로마는 하루아침에 이루어지지 않았다.

· Success doesn't come overnight. (격언)
성공은 하루 밤사이에 오지 않는다.

• Destiny is no matter of chance. It is a matter of choice.
It is not a thing to be waited for, it is a thing to be achieved.
(윌리엄 제니스 브라이언)
운명은 우연이 아닌, 선택이다. 기다리는 것이 아니라, 성취하는 것이다.

• If you wish success in life, make perseverance your bosom friend, experience
your wise counselor, caution your elder brother and hope your guardian
genius. (애디슨)
인생에서 성공하려거든 끈기를 죽마고우로, 경험을 현명한 조언자로, 신중을 형
님으로, 희망을 수호신으로 삼으라.

• You can't succeed if you are afraid of failure. (속담)
실패를 두려워하면 성공할 수 없다.

• The rules of success won't work unless you do. (서양속담)
성공의 법칙은 행동하지 않으면 효력이 없다.

• Challenges are what make life interesting; overcoming them is what makes
life meaningful. (조슈아 J. 마린)
도전은 인생을 흥미롭게 만들며, 도전의 극복이 인생을 의미 있게 한다.

• To win without risk is to triumph without glory. (Pierre Cornille)
아무런 위험 없이 승리하는 것은 영광 없는 승리일 뿐이다.

• Never do things others can do and will do if there are things others cannot
do or will not do. (아멜리아 에어하트)
다른 사람들이 할 수 있거나 할 일을 하지 말고, 다른 이들이 할 수 없고 하지
않을 일들을 하라.

• He who finds diamonds must grapple in mud and mire because diamonds
are not found in polished stones. They are made. (헨리 B 윌슨)
다이아몬드를 찾는 사람이 진흙과 수렁에서 분투해야 하는 이유는 이미 다듬어
진 돌 속에서는 찾을 수 없기 때문이다. 다이아몬드는 만들어 지는 것이다.

• Happiness comes of the capacity to fell deeply, to enjoy simply, to think

freely, to risk life, to be needed. (스톰 제임스)
행복은 깊이 느끼고, 단순하게 즐기고, 자유롭게 사고(思考)하고, 삶에 도전하고, 남에게 필요한 사람이 되는 능력에서 나온다.

• Old soldiers never die; They just fade away. (Douglas Mac Arthur)
노병은 죽지 않고 다만 사라질 뿐이다.

• A drowning man clutch at a straw. (영국속담)
물에 빠진 사람은 지푸라기라도 잡는다.

• No pains, no gains. (Robert Herrick)
노력 없이는 수확도 없다.

• Look before you leap. (서양 속담)
뛰기 전에 살펴라.

• Nothing ventured, nothing gained. (서양 속담)
모험을 하지 않고는 수확도 없다.
호랑이 굴에 들어가야 호랑이를 잡을 수 있다.

• He laughs best who laughs last. (영어 속담)
마지막으로 웃는 자가 진짜 승자다.

• Company in distress makes distress less. (영어 속담)
힘들 때의 친구가 고난을 덜어준다.

• Prosperity makes friends, adversity tries them. (영어 속담)
번영은 친구를 만들고, 역경은 친구를 시험한다.

• Everyone becomes brave when he observes one who despairs. (영어 속담)
절망에 빠져 있는 사람을 보게 되면 어느 누구도 용기가 치솟는다.

• Wisdom comes along through suffering. (영어 속담)
지혜는 고난을 통하여 체득된다.

- We just can't ship junk. (Steve Jobs)
  쓰레기 같은 제품은 절대로 팔지 않는다.

- Stay hungry, stay foolish. (Steve Jobs)
  항상 갈구하라, 우직하게 남아라.

- If you live each day as if it was your last, someday you'll most certainly be right. (Steve Jobs)
  매일을 인생의 마지막 날처럼 산다면, 언젠가는 꼭 성공할 것이다.

- Let's go invent tomorrow rather than worrying about what happened yesterday. (Steve Jobs)
  과거에 대해 연연하기보다는 함께 내일을 만들어 나아가자.

- People think it's this veneer. (Steve Jobs)
  사람들은 디자인을 단지 겉치장 정도로만 생각한다.

- People don't have time to choose everything in their live. (Steve Jobs)
  사람들이 살아가면서 선택의 순간에 모든 것을 고민할 시간이 없다.

- Success is not final, failure is not fatal: It is the courage to continue that counts. (Winston Churchill)
  성공은 마지막이 아니고 실패는 운명이 아니다. 그것은 계속하는 용기이다.

- I have failed over and over again in my life. And that is why I success. (Michal Jordan)
  나는 내 생애에 거듭 실패했다. 그것이 내가 성공한 이유이다.

아름다움·덕행·효행·선과 악의 명언

- 악을 피하기 위해서 선을 저지름은 선(善)일 수 없다. (쉴러 발렌슈타인)

- 악은 즐거움 속에서도 괴로움을 주지만, 덕은 고통 속에서도 우리를 위로해 준다. (C.C 콜튼 라콘)

- 선의 끝은 악이요, 악의 끝은 선(善)이다. (라 로시코프 금언집에서)

- 싸움은 사람을 악하게 만들고, 양서(良書)는 사람을 순화시킨다. (저자)

- 좋은 일에는 남이요, 궂은 일에는 가족이다. (헤르메스)

- 긴 병에는 효자가 없다. (중국속담)

- 못 배운 자식이 효자 노릇하고, 못 생긴 나무가 선산 지킨다. (한국속담)

- 효는 모든 덕행(德行)의 근본이며 또한 교화의 근원이다. (공자)

- 冬溫夏凊 = 冬暖夏凊 (중국고사)
  동 온 하 청   동 온 하 청
  겨울에는 따뜻하게 여름에는 서늘하게 해드린다는 것으로 부모님께 효도한다는 뜻이다.

- 望雲之情 (中國唐書)
  망 운 지 정
  객지에서 부모를 생각하는 마음

- 老萊之戲 (中國 周나라의 老萊子)
  노 래 지 희

중국 주(周)나라 때 노래가 나이 70세에 어린이의 옷을 입고 부모를 즐겁게 해드리기 위해 어린이 장난을 한 데서 유래한 말이다.

- 犬馬之養 (論語의 爲政 篇)
  _{견 마 지 양}
  집에서 기르는 개나 말처럼 부양하는 공경의 마음 없이 그저 부모를 마지못해 부양하는 것을 말한다.

- 反哺報恩 (중국 금경)
  _{반 포 보 은}
  자식이 부모가 길러준 은혜를 갚는 것을 말한다.

- 昏定晨省 (禮記 曲禮 篇)
  _{혼 정 신 성}
  조석으로 부모의 안부를 묻고 보살핌을 말한다.

- 慈烏反哺 (무명씨)
  _{자 오 반 포}
  까마귀도 어릴 적에 먹여주던 어미 까마귀가 늙으면 자식 까마귀가 먹이를 먹여주는 짐승의 효행을 말한다.
  哺: 먹을 포

- 향수는 뿌리지 않으면 아무런 효과가 없다. (익명)

- 꽃의 향기는 주위만 풍기지만, 사람의 향기는 온 지구를 덮을 수 있다. (익명)

아름다움·덕행·효행·선과 악의 영어명언

- Don't back him into a corner. (영국속담)
  그를 구석으로 몰아넣지 마라.

- Cut off your nose to spite your face. (영국속담)
  코를 자르면 너의 얼굴이 다친다.

- A rose is sweeter in bud than full blown. (John Lyly)
  장미는 피어 버린 꽃보다 봉오리가 더 아름답다.

- A rose too often smelled loses its fragrance. (영국속담)
  장미의 향기는 매우 잘 없어진다.

- Every rose has its thorn. (영국속담)
  모든 장미는 가시를 가지고 있다.

- Love built on beauty, soon as beauty, dies.
  미가 사랑을 만들었다면, 그 아름다움은 쉽게 없어질 것이다.

- Beauty is but skin deep. (미국속담)
  아름다움은 한 가죽 꺼풀에 불과하다.

- Beauty is in the eye of the beholder. (John Donne)
  아름다움은 사람의 눈에 달려 있다.

- Love is beautiful, but it was a short period. (무명씨)
  사랑은 아름답지만 그러나 그것은 단기적이다.

• Charity begins at home. (영국속담)
  자비는 집에서 시작된다.
  팔은 안으로 굽는다.

• Do to others as you would be done by others. (영국속담)
  당신에게 해주기를 바라는 것처럼 남에게도 그렇게 해주세요.

• Wisdom at times is found in folly. (영국속담)
  지혜로움은 때때로 어리석음 속에서 발견된다.

• Being the richest man in the cemetery doesn't matter to me... Going to bed at night saying we've done something wonderful ... that's what matters to me. (Steve jobs)
  부자가 되는 것에는 관심이 없다. 잠자리에 들 때 "놀라운 일을 해냈어."라고 말할 수 있는 것이 중요하다

• We're here to put a dent in the universe. (Steve Jobs)
  우리는 우주에 흔적을 남기기 위해 여기에 있다.

말·진실·지혜·명예·약속·희망·성실의 명언

• 훌륭한 말은 훌륭한 무기다. (풀러)

• 성실한 한마디의 말은 백만 마디의 헛된 찬사보다 낫다. (카네기)

• 어리석은 사람은 대충 책장을 넘기지만, 현명한 사람은 공들여서 읽는다. (장파울)

• 지성이란 그것을 갖고 있지 않는 사람에게는 보이지 않는다. (쇼펜하우어)

• 그래도 지구는 돈다. (갈릴레오 갈릴레이)

• 어찌 자신이 진실치 못하면서 남이 나에게 진실하기를 바랄 수 있는가? (셰익스피어)

• 보는 것이 믿는 것이겠지만 느끼는 것이 진실이 된다. (토마스 풀러)

• 진실은 정당한 명분을 결코 해치지 않는다. (간디)

• 진실은 학교에서 배우지만, 사회에서는 진실 속에서 정의를 구체적으로 배운다. (저자)

• 진실은 말에는 꾸밈이 없고, 꾸미는 말에는 진실이 없다. (老子)

• 침묵을 당하는 모든 진실은 독이 된다. (니체)

• 행동은 말보다 목소리가 크다. (탈무드)

- 명성을 얻은 예술가는 그 때문에 괴로워한다. 따라서 그들의 처녀작이 때로는 최고다. (베토벤)

- 거짓과 진실은 존재한다. 다만 구분하지 못할 뿐, 진실 같은 거짓도 존재한다. 다만 믿고 싶을 뿐이다. (익명)

- 허영심은 말을 많이 하게 하고, 자존심은 침묵하게 한다. (쇼펜 하우어)

- 아무리 똑똑하고, 미인으로 태어났어도 이 세상은 사람과 사람과의 인간관계로 이루어졌기에, 타인과의 접촉이 힘든 사람은 괴로울 수밖에 없다. (익명)

- 성실한 한 마디에 말은 백만 마디의 헛된 찬사보다 낫다. (카네기)

- 누구나 약속하기는 쉽다. 그러나 그 약속을 이행하기란 쉬운 일이 아니다. (에머슨)

- 만일 당신이 약속시간보다 빨리 도착한다면 당신은 걱정 많은 사람이다. 만일 늦게 간다면 도발가(挑發家)이고, 정확히 시간에 맞추어 간다면 강박관념의 소유자이다. 만일 영영 가지 않는다면 머리를 의심해 봐야 할 것이다. (앙리 장송)

- 비통 속에 있는 사람과의 약속은 가볍게 깨진다. (J.메이스 필드)

- 사람들은 약속을 어기지 않는 것이 양자에게 다 같이 유리 할 때 약속을 지킨다. (솔론)

- 오랜 약속보다 당장의 거절이 낫다. (덴마크 격언)

- 아이에게 무언가 약속하면 반드시 지켜라. 지키지 않으면 당신은 아이에게 거짓말을 하는 것을 가르치는 것이다. (탈무드)

- 거짓은 거짓으로 성심은 성심으로 보답된다. (토마스만)

- 백 권의 책에 쓰인 말보다 한 가지 성실한 마음이 더 크게 사람을 움직인다. (B. 프랭클린)

- 독창성의 장점은 참신이 아니라 성실이다 믿는 사람은 독창적인 인간이다. (토

마스 칼라인)

• 성실한 행동만으로는 일을 올바로 처리할 수 없다. 성실과 지혜가 제대로 결합해야 한다. (그라시안)

• 말이 짧을수록 분쟁도 적어진다. 항상 신중한 태도로 말하고, 경쟁 관계에 있는 사람에게는 더욱 조심해서 말하라. 아무리 사소한 말도 가장 중요한 말을 하는 것처럼 하라. (발타자르 그라시안)

• 오직 천하의 지극히 성실한 사람만이 남을 교화시킬 수 있게 된다. (中庸)

• 지혜를 짜내려고 애쓰기 전에 먼저 성실하라. 성실이 나무라면 지혜는 그 열매다. (디즈레일리)

• 말은 사고의 도구이며 사고(思考)가 모여서 문화를 이루는데 문화가 높은 수준으로 올라가지 않으면 진정한 선진국이 아니다. 즉 사고의 표현은 말이다. (무명씨)

• 희망이란 원래부터 있는 것이라고 보기도 어렵고 없는 것이라고 보기도 어렵다. 그것은 지상의 길과 같다. 원래 지상에는 길이 없다. 걷는 사람이 많아지면 길이 된다. (중국 루쉰)

• 희망은 일상적인 시간이 영원과 속삭이는 대화다. 희망은 멀리 있는 것이 아니다. 바로 내 곁에 있다. 나의 일상을 점검하자. (릴케)

• 희망은 사람을 성공으로 이끄는 신앙이다. 희망이 없으면, 아무것도 성취할 수가 없다. (미국 헬렌 켈러)

• 희망은 일생의 어떤 때에도 우리들을 버리지 않는다. (스티븐슨)

• 희망은 가난한 인간의 빵이다. (탈레스)

• 우리들은 과거에의 집착보다 미래의 희망으로 살고 있다. (영국 소설가 G. 무어)

• 이 세상을 움직이는 힘은 희망이다. 얼마 후 성장하여 새로운 종자를 얻을 수 있다는 희망이 없다면, 농부는 밭에 씨를 뿌리지 않는다. 아이가 태어난다고 하

는 희망이 없다면 젊은이는 결혼할 수가 없다. 이익을 얻게 된다는 희망이 없다면 장사꾼은 장사를 할 수가 없다. (마틴 루터)

• 역경은 희망에 의해서 극복된다. (메난드로스)

• 한 가지 거짓말은 거짓말이고 두 가지 거짓말도 거짓말이다. 세 가지 거짓말은 정치이다. (히브리 격언)

• 가장 최상의 길은 없다. 단지 많은 사람이 가고 있다면 그 길이 최상이다. (중국 루쉰)

• "나는 당신에게 잔소리를 하지 않으려고 노력하는 중인데" (현재의 action)

• "내가 원래 잘 잊어 먹는 버릇이 있거든" (과거와 현재의 action)

• "당신이 아침마다 나를 깨워주겠어요" (미래의 action)

위의 말을 자신의 행동을 말해보기 위한 현재, 과거, 미래에 대해서 말해보는 것이다.

말·진실·지혜·명예·약속·희망·성실의 영어명언

• Action speak louder than words. (속담)
  말보다 행동이 더 낫다.

• Easier said than done. (속담)
  행동보다 말하기는 쉽다.

• Good wine needs no bush. (속담)
  좋은 포도주는 판단을 필요하지 않는다. (속담)

• Greet honours are great burden. (속담)
  큰 명예는 큰 짐이다.

• All fame is dangerous; good bring envy; bad, sham. (Thomas Fuller)
  명성은 그것이 좋은 것이던 나쁜 것이던 간에 위험하다. 좋은 명성은 질투를 낳고, 나쁜 명성은 수치를 낳기 때문이다.

• It requires wisdom to understand wisdom; the music is nothing if the audience is deaf. (Walter Lippman)
  지혜를 이해하려면 지혜가 있어야 한다. 제 아무리 훌륭한 음악이라지만 청중이 귀머거리라면 무슨 가치가 있겠는가?

• The function of wisdom is discriminate between good and evil. (Cicero)
  지혜의 기능은 선과 악을 구별할 것이다.

• Honesty is the best policy. (영어속담)
  정직이 최선의 정책이다.

- Since a politician never believes what he says, he is surprised when others believe him. (Charles de Gaull)
  정치가는 자신이 한 말을 믿지 않기 때문에, 다른 사람들이 자신을 믿으면 놀란다.

- Only the person who has faith in himself is able to be faithful to others. (한 미국 정신 분석학자 Erich Fromm)
  스스로 신뢰하는 사람만이 다른 사람에게 성실할 수 있다.

- It is only with the heart that one can see rightly; what is essential is invisible to the eye. (프랑스 작가Antoine de Saint-Exupery)
  사람은 오로지 가슴으로만 올바로 볼 수 있다. 본질적인 것은 눈에 보이지 않는다.

- The Bible promises no loaves to the loafer. (미상)
  성경은 게으름뱅이에게 빵을 약속하지 않는다.

- Hope is a waking dream. (아리스토텔레스)
  희망은 백일몽이다.

- Hope is only the love of life. (아미엘)
  희망만이 인생의 유일한 사랑이다.

- Hope is necessary in every condition. (사무엘 존슨)
  희망은 어떤 상황에서도 필요하다.

- While there is life, there is hope. (키케로)
  삶이 있는 한 희망은 있다.

- Great hopes makes great men. (토마스 풀러)
  큰 희망이 큰 사람을 만든다.

- A soft answer is a specific cure for anger. (영미속담)
  부드러운 대답은 노여움을 가라앉히는 특효약이다.

인생·삶·죽음의 명언

- 순간을 지배하는 사람이 인생을 지배한다. (에센 바흐)

- 인생은 불확실한 항해이다. (셰익스피어)

- 램프가 타고 있는 동안 인생을 즐겨라. 시들기 전에 장미를 꺾어라. (우스테리)

- 한가한 인간은 고인 물처럼 끝내 썩어 버린다. (프랑스)

- 한명의 숙음은 비극이요, 백만 명의 죽음은 통계다. (스탈린)

- 죽음을 두려워하지 않는 사람은 오직 한 번 죽는다. (지오바니 팔코네)

- 정치는 전쟁만큼이나 짜릿하고 그만큼 위험하다. 그런데 전쟁에서 한 번만 죽을 수 있지만 정치에서는 여러 번 죽을 수 있다. (윈스턴 처칠)

- 위대한 의사가 위대한 장군보다 더 많은 사람을 죽인다. (라이프니즈)

- 인내는 쓰다. 그러나 그 열매는 달다. (루소)

- 인간의 가장 행복한 시간은 일에 몰두하고 있을 때이다. 인간의 고독감은 삶의 공포일 뿐이다. (오닐)

- 천재는 위업을 시작하나 노력만이 그 일을 끝낸다. 청년기란 실패, 중년기는 고투, 노년기는 후회이다. (디즈레일리)

- 인간의 운명은 모두 자신의 성격에 의해 좌우된다. (퍼블리우스 시러스)

- 내가 살아 있는 동안에 나로 하여금 헛되이 살지 않게 하라. (에머슨)

- 살아 있는 졸병이 죽은 황제보다 훨씬 가치가 있다. (나폴레옹)

- 우리의 삶은 투쟁 이다. 곧 선과 악의 투쟁, 진리와 오류의 투쟁, 자유와 구속의 투쟁, 사랑과 투쟁이다. (마찌니)

- 꽃이 떨어지면 열매의 시작이다. 그 열매는 인격이다. (무명씨)

- 배는 항구에 정박하면 안전하지만 늘 배를 항구에 정박시키려고 만드는 것은 아니다. (존 A. 셰드)

- 보수는 부패로 망하고 진보는 분열로 망한다. (불란서 정치판의 이야기)

- 부자들의 잘못은 돈으로 덮을 수 있고, 의사의 잘못은 흙으로 덮을 수 있다. 그러나 군주의 잘못은 국민을 무덤으로 덮을 수 있다. (서양속담)

- 당신의 친절한 행동으로 보여주는 유쾌함은 곧 자신에게 돌아온다. 뿐만 아니라 이자를 얹어 오기도 한다. (아담스미스)

인생·삶·죽음의 영어명언

- Although the world is full of suffering, it is full also of the overcoming of it. (Hellen Keller)
세상은 고통으로 가득하지만 한편 그것을 이겨내는 일로도 가득 차 있다.

- Intelligence recognizes what has happened. Genius recognizes what will happen. (미국 시인 존치아디)
지성은 일어난 일을 알고, 천재는 일어날 일을 안다.

- Life is not fair- get used to it. (빌 세이츠)
인생이란 원래 공평하지 못하다. 그냥 받아 들여라.

- If a man takes no thought about is distant, he will find sorrow near at hand. (공자)
사람이 먼 일을 생각하지 않으면 바로 앞에 슬픔이 닥치는 법이다.

- A good medicine tastes bitter. (공자)
좋은 약은 입에 쓰다.

- I have failed over and over again in my life. And that is why I succeed. (미국의 농구선수 마이클 조던)
나는 내 인생에 있어서 실패를 거듭했다. 그런데 그것이 바로 내가 성공한 이유이다.

- Life is not divided into semesters. You don't get summers off and very few employers are interested in helping you find yourself. Do that on your own time. (빌 게이츠)

인생은 학기처럼 구분되어 있지도 않고 여름 방학이란 것은 아예 있지도 않다. 네가 스스로 알아서 하지 않으면 직장에서는 가르쳐주지 않는다. (미상)

- If you mess up, it's not your parents' fault, so don't whine about your mistakes, learn from them. (빌 게이츠)
  당신의 인생을 당신이 망치고 있으면서 부모 탓을 하지 마시오. 불평만 일삼을 것이 아니라 잘못한 것에서 교훈을 얻으시오.

- Forget the times of your distress, but never forget that they taught you. (Herbert S. Gasser.)
  좌절의 시간을 잊으라. 그러나 그것이 당신에게 준 교훈을 잊지 말라.

- Study the past if you would define the future. (공자)
  미래를 결정지고 싶다면 과거를 공부하라.

- Solitary trees, if they grow all, grow strong. (윈스턴 처칠)
  고독한 나무가 자라기만 한다면 강하게 자란다.

성격에 관한 명언

• 나의 성격은 나의 행위의 결과다. (아리스토텔레스)

• 누구나 자신의 성격에 한계가 있다. 그 성격의 한계를 벗어나 향상되기는 어렵다. 그러나 인격은 노력으로 고칠 수 있다. (J.몰리)

• 모난 물건은 모난 데가 걸려서 잘 구르지 못한다. 그러나 둥글면 잘 구른다. 사람도 그 성격이 모난 데가 있으면 남과 어울리지 않는다. (채근담)

• 사람의 성격은 그들에게 주는 어떤 가르침보다 그들의 직업에 더 많이 의존하고 있다. (존 러스킨)

• 사람의 성격이 원만 하면 얼굴 기색까지도 온화해져서 보는 사람의 눈에도 즐거움을 주게 된다. (오비디우스)

• 늑대는 이빨을 잃어도 그 천성은 잃지 않는다. (풀러)

• 밝은 성격은 어떤 재산보다 귀중한 것이다. (앤드류 카네기)

• 물을 제어하는 것은 반드시 둑으로 하고, 성품을 제어하는 것은 예법으로 한다. (明心寶鑑)

• 성격의 씨앗을 뿌리면 운명의 열매가 열리고, 습관의 씨앗을 뿌리면 성격의 열매가 열리고, 성격의 씨앗을 뿌리면 운명의 열매가 열린다. (나폴레옹)

• 어느 누구라도 자신의 성격이 지닌 한계를 초월하기 어려운 법이다. (존 몰리)

- 재능은 저절로 배양된다. 그러나 성격은 세상이 거친 파도에 휩쓸리면 만들어진다. (괴테)

- 뭔가 원하는 게 있다면 행동에 옮겨야 하고 그것도 재빨리 행동해야 한다. (조지부시 미국대통령)

- 사람의 성품은 후천적으로 개선될 수 없다. 심신의 수양을 통해서 다듬어질 수 있어도 근본의 성질은 변화가 되지 않는 것이다. (이각설)

- 타인을 정말로 잘 알고 있는 사람은 없다. 기껏해야 자신과 같은 것이라고 생각할 뿐이다. (존 스타인벡)

- 인간은 누구나 하는 일에 대하여 항상 자부심을 가지고 있다. 그렇기 때문에 스스로 기만 당하기 쉬운 것이다. (마키아벨리)

- 신중한 것보다는 과감한 것이 더 좋다고 분명히 생각합니다. 운명은 여성이므로 그녀는 항상 청년들에게 이끌립니다. 왜냐하면 청년들은 덜 신중하고, 보다 공격적이며, 그녀를 더욱 대담하게 다루고 제어하기 때문입니다. (마키아벨리의 군주론에서)

- 필요가 발명의 어머니라면, 불만은 진보의 아버지다. (데이비드 록펠러)

- 두 점사이가 가장 먼 거리는 관료주의다. (익명의 정치인)

- 가파른 산을 올라 갈수록 자세가 중요하다. (어느 연예인)
  산에 오를 때 자세를 뻣뻣하게 올라가면 굴러 넘어지기 때문이다. 마찬가지로 모든 일에 임했을 때 겸손한 자세를 가지라는 뜻이다.

- 남자는 여자가 둘이면 영혼을 잃어버리고 살아야 하고, 집이 두 채면 양심을 버리고 살아야 한다. (사업가 김지우 사장)

건강·질병·슬픔·웃음·나이의 명언

• 부귀, 영화, 학식, 미덕, 명예, 사랑도 건강이 없으면 퇴색되고 사라져 버린다.
  (몽테뉴)

• 건강은 제1의 부(富)다. (에머슨)

• 건강은 운동에서 오고 만족은 건강에서 온다. (스마일스)

• 운동은 하루를 짧게 하지만 인생은 길게 해준다. (조스린)

• 칼에 의해 죽는 사람들 보다는 과식과 과음에 의해서 죽은 사람이 많다. (윌리암
  오슬러경)

• 노화를 재촉하는 4가지 원인은 공포, 분노, 아이들, 악처이다. (탈무드)

• 인간의 행복은 거의 건강에 의하여 좌우되는 것이 보통이며 건강하기만 하다면
  모든 일은 즐거움과 기쁨의 원천이 된다. (쇼팬하우어)

• 우유를 마시는 사람보다 우유를 배달하는 사람이 더 건강하다. (영국 속담)

• 요리법이 발달 되고나서 사람들은 필요한 것보다 두 배나 더 많은 음식을 먹는다.
  (프랭클린)

• 신은 병을 고치고 의사는 치료비를 받는다. (프랭클린)

• 자연과 멀어지면 질병에 가까워진다. 자연과 시간과 인내는 삼대 의사다.
  (어느 자연의 학자)

- 백 명의 의사를 부르지 말고 저녁 때의 음식을 삼가라. (샹보르)

- 웃는 사람은 웃지 않는 사람보다 오래 산다. 건강은 실제로 웃음의 양에 달렸다는 것을 아는 사람은 거의 없다. (호프)

- 매일 최소 2시간 정도로 운동을 하라 운동을 게을리 하면 몸속에 병 세포가 자란다. (어느 스포츠 과학자)

- 오늘 가장 좋게 웃는 자는 역시 최후에도 웃을 것이다. (니체)

- 웃음이야말로 마음을 함께 치료하는 최고의 수단이다. (히포크라테스)

- 일생 동안 울고 허송해서도 안 되고, 웃고만 보내서도 안 된다. (탈무드)

- 노화는 활동하지 않거나 희망의 목적을 상실할 때 시작된다. (탈무드)

- 대체로 약은 효력이 없다는 것을 알고 있는 자가 가장 훌륭한 의사다. (프랭클린)

- 병원 대합실의 식물이 말라죽어가는 의사에게는 절대가지 말아야 한다. (봉배크)

- 진정으로 위대한 생각은 걷는 동안에 나온다. (니체)

- 건강한 신체는 정신을 강하게 만든다. (제퍼슨)

- 질병은 수천 개나 되지만 건강은 하나밖에 없다. (L.뵈르네)

- 병든 제왕보다 구두 수선공이 더 훌륭한 사람이다. (미거스탑)

- 입이 무겁고 발이 따뜻한 사람은 오래 산다. (에드워드 허버트)

- 병은 그 사람 자신이 오랫동안 스스로가 만들어 놓은 인과응보(因果應報)이다. (히로아키)

- 어떤 병에 걸렸는지 보지 말고 누가 걸렸는지를 보라. (히포크라테스)

- 이 세상에 가장 좋은 의사는 식이요법, 안전, 명랑이라는 의사다. (조나단 스위프트)

- 슬픔은 오래된 즐거움인지 모른다. (브라우닝)

- 슬픔이란 자기 부정에서 오는 표현이다. (장자)

- 슬픔의 유일한 치료법은 무슨 일을 열심히 하는 것이다. (J. 루이스)

- 만나고, 알게 되고, 사랑하고, 그리고 헤어져 버리는 것이 하도 많은 인간의 슬픈 사연이다. (콜리지)

- 슬픔은 나누면 반으로 줄고, 기쁨을 나누면 그 배가 된다. (영국속담)

- 스트레스는 인생의 악센트(accent)이다. 스트레스 없는 사회라지만 완전 무균상태에서는 어떤 생물도 살아남지 못한다는 것을 명심해야 한다. 스트레스가 적은 평탄한 생활일수록 탄력이 떨어지고 나태와 권태에 빠지기 쉽다. 지나쳐도 안되지만 적당히 있는 것은 약이 된다. 그리고 현대인은 웬만한 스트레스는 잘 적응할 수 있게 훈련이 되어 있다. 지나친 공포는 금물이다. 스트레스도 생활의 구성 요소다. 인생의 한 부분이다. 스트레스와 함께 사는 슬기를 닦아야 한다. (이시형 박사)

- 도덕적으로 건전하면 기도를 드리지 않아도 복이 오고 장수를 바라지 않아도 장수할 수 있으며, 덕행이 좋지 않으면 아무리 좋은 약을 써도 장수할 수 없다. (손사막의 천금요방)

- 장내에서 음식이 부패하여 암모니아, 아미노 등의 중독물질이 생기는 것, 즉 자가중독이야 말로 만병의 요인이며, 노화의 원인이 된다. (노벨 수상자 메치니코프)

- 한 번에 30회 이상 씹으면 충분한 타액이 나온다. 타액은 30초로 발암물질의 독성을 없앤다. (니시오카 교수)

- 소식을 하면 할수록 병 치유에는 효과적이다. (이시하라 유우미)

- 섹스는 자신의 일부이다. 그 일부를 부정해가며 정숙한 여자가 되어야 한다고

생각하는 것은 잘못이다. 섹스를 포함한 모든 것은 서로 주고받아야 한다. (엘레노어 S. 필드)

• 술에 취한 뒤에 방사하면 작게는 기미와 해수가 생기고 크게 장맥(臟脈: 오장)을 상해서 수명을 단축시킨다. (허준)

• 조물주는 여자에게는 산고(産苦)의 고통을, 남자에게는 정력의 고통을 주었다. (김태일)

• 나이를 먹는다고 하는 것은 사물을 볼 줄 알게 됨을 말한다. (에센 바흐)

• 나이를 먹었다고 해서 현명해지는 것은 아니다. 조심성이 많아질 뿐이다. (헤밍웨이)

• 젊은 시절에는 하루가 짧고 1년은 길다. 나이를 먹으면 1년은 짧고 하루는 길다. (베이컨)

• 자기 나이에 알맞은 이성과 지성을 갖지 못하는 사람은 그 나이가 가지는 온갖 불행을 면치 못한다. (볼테르)

• 바쁜 사람에게는 나쁜 버릇을 가질 시간이 없는 것처럼 늙을 시간이 없다. (앙드레 모로아)

• '젊게 보입니다'라는 말은 늙었다는 증거다. 어린 사람에게 젊게 보인다는 말은 하지 않기 때문이다. (어빙)

• 무엇인가 큰일을 성취하려면 나이를 먹어도 청년이다. (괴테)

• 아무리 나이를 먹었다 해도 배울 수 있을 만큼은 충분히 젊은 것이다. (아이큐로스)

• 사람은 나이를 먹는 것이 아니라, 좋은 포도주처럼 익는 것이다. (필립스)

• 아무렇게나 사는 40대보다는 일하는 70살의 노인이 더 명랑하고 더 희망이 많다. (올리버 웬델 홈즈)

• 인간은 나이가 먹음에 따라서 새로운 친구를 사귀지 않으면, 곧 외로움을 느끼게 된다. 인간은 꾸준히 우정을 수선해 나가지 않으면 안 된다. (새뮤얼 존스)

• 당신이 있어 내가 존재하듯이 늘 행복한 마음으로 당신과 같은 생각으로 영혼 함을 잊지 않도록 항상 기도합니다. (「좋은 글」 모음에서)

• 포식은 칼보다 무섭다. (자연 건강법학자)
  아무리 맛있는 음식도 과식하면 결국 몸을 병들게 한다.

• 藥食同源
  약 식 동 원
  약과 먹는 것은 같은 데서 나온다. 즉, 밥 잘 먹으면 건강에 좋다는 말이다.

건강·질병·슬픔·웃음·나이의 영어명언

- We never appreciate value of health until we lose it. (건강명언)
  우리는 건강을 잃고 나서야 비로소 그 건강의 중요함을 알게 된다.

- A health of your own and a good wife are worth gold and pearls. (서양속담)
  건강과 어진 아내는 황금, 진주와 같다.

- Health adminsters to peace of mind. (서양명언)
  건강은 마음의 평화에 도움을 준다.

- Good health is above wealth. (서양속담)
  건강이 부보다 낫다.

- Health and understanding are the two great blessing. (서양속담)
  건강과 이해는 두 개의 큰 축복이다.

- Poverty and poor health often go hand in hand. (서양속담)
  가난과 건강부실은 흔히 같이 간다.

- We cannot estimate the value of health too much. (서양속담)
  우리는 건강의 가치를 아무리 평가해도 지나치지 않는다.

- People are all desirous of happiness and health. (서양속담)
  사람들은 모두 행복과 건강을 원한다.

- Nothing can make up for the loss of your health. (서양속담)
  너의 잃어버린 건강을 보상할 수 있는 것은 아무것도 없다.

- If you get wealth at the expense of health, you can scarcely be said to have succeeded in life. (건강 속담)
  당신이 건강을 희생해서 재산을 얻었다면 인생에 있어서 성공했다고 할 수는 없을 것이다.

- Good health is essential to success in life. (건강 속담)
  인생에 있어서 건강은 성공에 있어서 없어서는 안 되는 것이다.
  성공에 필수적인 것이다.

음악·자신감에 관한 명언

• 음악은 세계 공통어이다. (J 윌슨)

• 음악은 보이지 않는 춤이요. 춤은 소리 없는 음악이다. (장 폴 리히터)

• 음악은 천사의 말이다. (토마스 카알라일)

• 음악을 만들어 내는 것은 어떤 의미에서는 어린이들을 만들어내는 것이다. (니체)

• 음악은 남자의 가슴으로부터 나와 여자의 눈물을 자아낸다. (베토벤)

• 음악과 리듬은 영혼의 비밀 장소로 파고든다. (플라톤)

• 음악이 있는 곳에 악이 있을 수 없다. (세르반테스 돈키호테)

• 음악은 인류의 공통어이고, 시는 위안이며 기쁨이다. (H.W.롱펠로우)

• 음악은 또 하나의 천재이다. (알퐁스 도테)

• 음악 감상에는 두뇌가 필요하다. (루치아노 파바로티)

• 음악의 언어는 무한하다. 여기에는 모든 것이 들어 있고, 모든 것을 설명할 수 있다. (발자크)

• 음악이 천사의 언어라고 한 것은 올바른 표현이다. (칼라일)

• 음악은 우리에게 사랑을 가져다주는 분위기 좋은 음식이다. (세익스피어)

• 내 자신에 대한 자신감을 잃으면 온 세상이 내 적이다. (에머슨)

• 우물이 마르고서야 비로소 물의 가치를 안다. (서양 속담)

• 삶에 있어서 가장 어려운 것은 선택이다. (교회 어느 목사)

• 만족은 과정이 아니라 과정에서 온다. (제임스딘)

• 자신감은 위대한 과업의 첫째 요건이다. (사무엘 존슨)

• 인생은 경주가 아니라, 그 길의 한 걸음 한 걸음을 음미하는 여정이다. (코카콜라 회장의 2000년 신년사 중에서)

• 모든 사람의 일생은 대화의 연속이다. (Deborah Tannen)

• 우리가 쓰는 것 중 가장 값비싼 것은 시간이다. (테오프라스토스)

• 移風易俗 莫善於樂 (孝經)
　이 풍 이 속　막 선 어 악
풍속을 떠나 음악보다 좋은 것은 없다.

포악·잔인·폭력의 명언

- 악은 행하는 자는 스스로 악을 행한다. (아우렐리우스)

- 악은 특히 그것을 지은 자를 압박한다. (아우렐리우스)

- 악한 일은 악에 의해서 더욱 굳어진다. (셰익스피어)

- 악은 인격과 더불어 시작된다. (A 무니에)

- 악에 도달하는 길에는 군중이 대단히 많고, 그 길은 평탄하고 또 가까운 법이다. 그러나 도의에 정상에 오르려면 고통으로써 하지 않으면 안 된다. (작자미상)

- 인간이여, 악의 장본인을 찾으려 하지 말라. 이 장본인이야말로 너 자신이다. 네가 행한 어느 것이라도 너 자신으로부터 나온다. (루소)

- 우리들이 고통을 참으면 참을수록, 잔악성은 더 강해진다. (허버트)

- 잔혹한 이야기만큼 사람들의 관심을 끄는 것은 없다. '적이 어떻게 아이를 죽이고, 자녀를 강간 했는가' 하는 뉴스를 보도해 놓고 실패한 일은 없다. (S 존슨)

- 모든 환희에는 모든 쾌락에서와 같이 잔인성이 깃들어 있을 것이다. (O. 와일드)

- 모든 폭력은 싸우지 않고 상대를 굴복시킬 수는 있으나, 상대를 순종시킬 수는 없다. (톨스토이·셰익스피어)

- 폭력의 백성은 많은 머리를 갖고 있지만 뇌수는 없다. (T. 폴러)

• 나쁜 말뚝은 항상 깊이 박혀 있다. (영국속담)

• 사람이 과거와 현재에 대해 아는 것이 적을수록, 미래에 대한 판단은 더욱 불확실해진다. (지크문트 프로이트)

• 너무 고르는 자가 가장 나쁜 것을 갖는다. (영국 속담)

• 높은 나무일수록 바람이 세다. (영국 속담)

• 늙은 수탉이 우는 것을 어린 수탉이 배운다. (영국 속담)

쉬어 갑시다.

미·소 전쟁에서 미국 케네디 대통령이 저지선 근처에서 미국 구축함들이 러시아 잠수함을 공격했을 때 러시아 핵 함장 비실리 아르키포프(Vasily Arkhipo)는 핵 미사일을 발사하라는 본국의 명령을 거부했다. 만약 그때 발사했다면 양국은 쑥 대밭이 되었을 것이다. 군대의 명령을 그대로 받아들였다면 지금과 같은 양대 강국은 존재하지 않았을지도 모른다. 상부의 명령이라고 무조건 받아들이는 것만 능사가 아니다. 지휘자의 판단이 얼마나 중요한가를 보여주는 것이다. 생각건데 폭력에는 재앙이 잠재되어 있다는 사실을 지휘자는 알고 있어야 한다. 서로가 살아야 한다는 win-win정책이 필요하다.

　　　　　　　　　　　　　　　　　　　　　　　　　　－비실리 아르키포프

마음을 다스리는 삶의 지혜에 관한 명언

· 느낌이 없는 책은 읽으나 마나, 깨달음이 없는 종교는 믿으나 마나.
  진실 없는 친구는 사귀나 마나, 자기 희생이 없는 사랑은 하나마다이다.
  (아리스토텔레스)

· 양서를 읽을 때마다 나는 2천년도 더 사는 것 같다. 2천년의 명언이 지금도 나에
  게 지혜를 준다. 그 지혜는 부모님이나 주위의 어떤 사람도 다 줄 수 없는 보물
  창고이다. (저자)

· 독서는 단순히 지식의 재료를 공급하고 자신의 사고(思考)의 힘을 제공해준다.
  (존 로크)

· 독서란 사람이 밥을 먹고 운동을 하는 것과 같다. (밀러)
  책 한 번 읽었다고 해서 다 아는 것은 아니다. 다시 읽고 애독하는 데서 그 구실을 다하는 것이다.

· 독서는 충실한 인간을 만들고, 그것에 의심을 갖는 것은 각오가 선 인간을 만들
  며, 필기는 정확한 인간을 만든다. (베이컨)

· 지금까지의 세계전체가 결국은 책으로 지배되어 왔다. (볼테르)

· 선박 없이 해전에서 승리할 수 없는 것 이상으로 책 없이 사상전에서 이길 수
  없다. (프랭크린 루즈벨트)

· 사람의 품격은 그가 읽는 책으로서 판단할 수 있는 것은 마치 그가 교제하는 벗
  으로 판단되는 것과 같다. (스마일즈)

· 두뇌 세탁에는 독서보다 좋은 것은 없다. 건전한 오락 가운데 가장 권장해야 할

것은 자연과 벗하는 것과 독서하는 것이다. (도꾸도미로까)

• 법률은 죽지만, 책은 죽지 않는다. (리튼)

• 책이 없다면 신(神)도 침묵을 지키고, 정의는 잠자며, 자연과학은 정지되고, 철학도 문학도 말이 없을 것이다. (토마스 바트린)

• 얼굴이 잘생기고 못생긴 것은 운명의 탓이나, 독서의 힘은 노력으로 갖추어질 수가 있다. (셰익스피어)

아직도 희망은 있다.

지하철 속에서 외판원이 희망과 절망이 교차되면서 간절한 호소력을 담는 메시지보다는 자신 있게 자기상품을 꼭 필요해서 사야만 하는 고객들에게 마음을 움직여 주어야 한다.

그러나 손님들의 반응이 싸늘해서 듣지도 보지도 않는 경우에 외판원의 표정은 굳어져 버린다. 10개의 차량 가운데 과연 몇 개나 팔 수 있을까 걱정을 할 것이다. 이 외판원은 마지막 칸의 차량이 있으니까 하고 희망을 가져야 한다. 이 열차에서는 내가 제품 설명을 잘못했다고 생각한 나머지 더 열심히 설명을 바꿔 보기로 하고 다음 지하철에는 희망을 걸고서 옮겨 타고 설명을 했더니 예상이 적중해 10개 이상을 팔았다. 또 더 팔 수 있다는 자신감으로 갔더니 재수 없이 역무원에게 발각되었다.

이런 것들은 간단히 말해서 우리가 살아가는 전체의 삶의 축소형을 보여주는 하루 같은 것이다. 넘어지기 전까지는 우리는 서 있다는 사실을, 굶어 죽기 전까지는 아직 죽지 않았다는 사실을 알면 우리는 살아 있다.

왜냐하면 아직 희망이 남아 있기 때문이다.

우리의 목표는 "지금까지"가 아니라 "지금부터"입니다.

결혼과 사랑

- 돈으로 결혼하는 사람은 낮이 즐겁고, 육체로 결혼한 사람은 밤이 즐겁다. 그러나 마음으로 결혼한 사람은 밤낮이 즐겁다. (좋은 글 중에서)

- 신(神)은 새 부부가 생길 때마다 새로운 말을 해 준다. (탈무드)

- 결혼이라는 굴레는 무척 무겁다. 부부뿐만 아니라 자식까지도 함께 운반해야 하니까. (유태인의 격언)

- 초혼은 하늘에 의해서, 재혼은 인간에 의해서 맺어진다. (탈무드)

- 결혼을 위해서는 걷고, 이혼을 위해서는 달려라. (유태인의 격언)

- 섹스는 냇물과 같다. (유태인의 격언)

- 여자와 싸우는 것은 우산을 받쳐 들고 샤워하는 거와 같다. (프로이드)
  부부 싸움은 칼로 물배기.

- 늙은이가 젊은 아내를 맞으면, 늙은이는 젊어지고 아내는 늙는다.
  (유태인의 격언)

- 사랑의 법은 치외법(治外法)이다. (J. 가우어)

- 사랑은 홍역과 같다. 우리 모두가 한 번은 격고 지나가야 한다. (J. K. 제롬)

- 여자는 사랑하는 사람을 위해서 평생을 희생할 수 있고, 남자는 자신을 인정해 주는 사람을 위해 목숨을 바칠 수 있다. (한스 에리히 노샤크)

• 생각하는 것이 인생의 소금이라면 희망과 꿈은 인생의 사랑이다. (리튼)

• 아무도 사랑하는 것을 가르쳐 주는 사람은 없다. 사랑이란 우리의 생명과 같이 날 때부터 가지고 태어난 것이다. (F.M밀러)

• 사랑의 신비함이 끝나면, 사랑의 쾌락도 끝난다. 생각하는 것이 인생의 소금이라면 희망과 꿈은 인생의 사랑이다. (A. 벤)

• 사랑의 기쁨은 순간이요. 사랑의 고통은 평생일 수도 있다. (미상)

생해와 사해 이야기

이스라엘에는 요단강 부근에 두 개의 호수가 있다. 하나는 사해(死海)와 또 다른 하나는 생해(生海)가 있다.

사해는 죽은 바다라 해서 붙여진 이름인데 바다의 물이 다른 데로 흘러 나가지 못한다. 그러나 살아 있는 바다인 생해는 한 쪽에서 물이 들어오면 흘러 나간다. 자선을 베풀지 않는 것은 사해처럼 돈이 들어오면 나가지를 않고, 자선을 베푸는 것은 살아있는 생해와 같다.

사해는 물고기는 살지 못한다. 그러나 이 바다는 오늘날에는 유명한 휴양지가 되었다.

돈과 부(富) 그리고 교육

- 많은 것을 가진 부자에게는 자식은 없고, 상속인만이 있다. (탈무드)

- 돌처럼 굳어진 마음은 황금 망치로만 풀 수 있다. (유태인의 격언)

- 부자를 칭송하는 사람은 그 부자보다는 돈을 칭송하는 것이다. (유태인의 격언)

- 돈이란 악함도 아니며, 인간을 축복하는 것이다. (유태인의 격언)

- 돈 벌기는 쉽지만 돈을 쓰기가 더 어렵다. (유태인의 격언)

- 이미 끝나 버린 일을 후회하기 보다는 하고 싶었던 일을 하지 못한 것을 후회하라. (탈무드)

- 가장 훌륭한 지혜는 친절함과 겸허함이다. (탈무드)

- 몸을 닦는 것은 비누이고, 마음을 닦는 것은 눈물이다. (유태인의 격언)

- 신(神)은 인간의 마음을 먼저 보고, 그 다음 그의 두뇌를 본다. (유태인의 격언)

- 행복에서 불행으로 바꾸는 것은 순간적인 일이나, 반대로 불행을 행복으로 가꾸는 데는 오랜 시간이 필요하다. (탈무드)

- 귀가 둘인 것은 듣는 법을 배우서 한 입으로 잘 다스려 말하라는 뜻이다. (탈무드)

- 옳은 것을 배워 나가는 것보다 옳은 일을 몸소 행하는 것이 낫다. (탈무드)

• 웃음소리가 나는 집엔 행복이 찾아와 들여다보고, 고함소리가 나는 집엔 불행이 와서 들여다본다. (탈무드)

• 우리가 가장 헛되이 보낸 나날들은 웃지 않았던 무미건조한 나날들이다. (샹포르)

• 연금은 항상 부족하지만, 거지는 부족을 모른다. (저자)

지혜의 길잡이

- 남자는 여자의 생일을 기억하되 나이는 기억하지 말고, 여자는 남자의 용기는 기억하되 실수는 기억하지 말아야 한다. (미상)

- 남자가 가지고 있는 최고의 재산 또는 최악의 재산은 바로 그 아내다. (토마스 플러)

- 높은 사람한테서 칭찬 받을 때는 조심하라. (미암마)

- 벼락은 상처입지 않는다. (폴트칼)

- 하늘에서 내리는 비와 재혼하려는 여자는 누구도 말리지 못한다. (중국속담)

- 옥돌은 다듬지 않으면 그릇이 될 수 없고, 사람은 배우지 않으면 도리를 모른다. (중국속담)

- 많은 벗을 가진 사람은 한 사람의 진실한 벗을 가질 수 없다. (미상)

- 가장 좋은 향수는 가장 작은 병에 담겨 있다. (아리스토텔레스)

- 두 도둑이 죽어 저승에 갔다. 한 도둑은 남의 재산을 훔쳐 지옥에 갔고, 한 도둑은 슬픔을 훔쳐 천당에 갔다. (미상)

- 내가 남에게 주는 것은 내게 언제나 다시 돌아온다. (미상)

- 실패하는 사람들의 특징은 불이 꺼졌을 때 폭풍이 시작된다는 뜻이고, 성공하는 사람의 특징은 폭풍을 일으켜 불을 켰다 점이다. (미상)

- 내가 낭비한 오늘은 그토록 살고 싶어 했던 사람의 내일이다. (미상)

- 불은 황금을 시험하고, 역경은 강한 사람을 시험한다. (세네카)

- 모자는 재빨리 벗되 지갑은 천천히 열어라. (덴마크 속담)

- 소리 나지 않는 냇물은 깊다. (영국)

- 인생은 3가지 불행이 있다. 어려서 부모를 잃은 일, 중년에 상처하는 일, 늙어서 자식 잃는 일 (중국)

- 인간은 강철보다 강하지만, 때로는 파리보다 약하다. (미상)

- 거지는 민주주의를 알려고 하지 않는다.
  당장 빵 하나면 족하다.

- 민주주의란 다수의 마음대로 하는 것이 아니다. 많은 사람들의 지지를 받아서 뽑힌 권력도 견제 받고 균형을 유지할 수 있도록 스스로 시스템을 만들어 나가는 것이 본질이다. (프랜시스 후쿠야마)

- 사람과 동물의 다른 점은 동물은 주어진 그 순간만을 생각하고 반응하지만, 사람은 그 전에 일어났던 일과의 맥락 속에서 판단하고 생각한다는 점이다. 인간은 같은 상황에서도 다른 판단과 행동을 할 수 있다. (Z. H. Carr. 영국사학가)

- 하인은 사람에 대해서 말하고, 신사는 세상에 대해서 토론한다. (영국 빅토리아 시대 격언)

- 위대한 작가는 인간의 깨달음을 촉진시킨다. (영국 평론가 리비스)

주자(朱子) 10훈과 톨스토이 10훈 그리고 공자의 안목

• 주자 10훈

1. 不孝父母, 死後悔
   불효부모 사후회

   부모에게 효도하지 않으면, 돌아가신 후에 뉘우친다.

2. 不親家族, 疎後悔
   불친가족 소후회

   가족에게 친절히 하지 않으면, 멀어진 후에 뉘우친다.

3. 少不勤學, 老後悔
   소불근학 노후회

   젊었을 때 부지런히 배우지 않으면, 늙어서 뉘우친다.

4. 安不思難, 敗後悔
   안불사난 패후회

   편안할 때 어려움을 생각하지 않으면, 실패 후 후회한다.

5. 富不儉用, 貧後悔
   부불검용 빈후회

   부유할 때 아껴 쓰지 않으면, 가난 후 후회한다.

6. 春不耕種, 秋後悔
   춘불경종 추후회

   봄에 밭갈이 하고 파종 안하면, 가을 후에 후회한다.

7. 不治垣墻, 盜後悔
   불치원장 도후회

   담장을 미리 고치지 않으면, 도둑맞은 뒤에 후회한다.

8. 色不勤愼, 炳後悔
   색불근신 병후회

   색을 삼가지 않으면, 병든 후에 후회한다.

9. 醉中妄言, 醒後悔
   취중망언 성후회

   술 취해 망언은, 술 깨고 난 후에 후회한다.

10. 不接賓客, 去後悔
    불접빈객 거후회

    손님 잘 대접하지 않으면, 손님 떠난 후에 후회한다.

• **톨스토이 10훈**

1. 일하기 위해 시간을 내십시오. 그것은 성공의 대가입니다.
2. 생각하기 위해 시간을 내십시오. 그것은 능력의 근원입니다.
3. 운동하기 위해 시간을 내십시오, 그것은 끊임없이 젊음을 유지하는 비결입니다.
4. 독서하기 위해서 시간을 내십시오. 그것은 지혜의 원천입니다.
5. 친절하기 위해서 시간을 내십시오. 그것은 행복으로 가는 길입니다.
6. 꿈을 꾸기 위해서 시간을 내십시오. 그것은 대망을 품는 것입니다.
7. 사랑하고 사랑 받는 시간을 내십시오. 그것은 구원 받는 자의 특권입니다.
8. 주위를 살펴주는 데 시간을 내십시오. 이기적으로 살기에는 너무 짧은 하루입니다.
9. 웃기 위해 시간을 보내십시오. 그것은 영혼의 음악입니다.
10. 기도하기 위해 시간을 보내십시오. 그것은 인생의 영원한 투자입니다.

• 주자는 우리에게 삶을 살아가는 데 사전에 주의를 요하고 후회 없는 삶을 당부하고, 톨스토이는 더 활기찬 미래를 위해 시간을 내서 행동해보라는 실천 철학이라 할 수 있다.

• 주자(朱子)의 독서 삼도(三到)란?
심도(心到), 안도(眼到), 구도(口到)이다.
심도는 마음으로 책을 읽고, 안도는 눈으로 책을 읽고, 구도는 소리 내어 책을 읽는 것인데 그 중에서 심도가 제일 중요하다고 했다.

• 공자와 루소의 10년 단위의 인생살이 안목

1. 루소의 생각
10대는 과자를 찾고. 20대는 연애에 열중한다. 30대는 쾌락을 위해 노력한다. 40대는 야심을 갖고 모든 일에 열중한다. 50대는 식욕이 왕성하다. 60~70대는 얼마만큼 수확했나에 따라 말년을 결정한다.

2. 공자의 안목
吾十有五而志于學: 나는 15세에 학문에 뜻을 두었고,
三十而立: 30세에 모든 기초가 확립되었고,
四十而不惑: 40세에 사물의 이치에 대해 의문 나는 점이 없다.
五十而知天命: 50세에 천명을 알았고,
六十而耳順: 60세에 남의 말을 순순히 받아들일 수 있었고,
七十而從心所欲不踰矩: 70세는 마음이 하고자 하는 바대로 행하여도 도(道)에 어긋나지 않으리라.

20세기의 3대 정치적인 명언(1999년 News Week지에서)

(1) 1925년 히틀러가 『나의 투쟁』이란 책에서 "대중은 작은 거짓말보다는 큰 거짓
   말에 더 쉽게 속아 넘어 가더라"

(2) 1978년 중국의 등소평이 흑묘백묘(黑猫白猫)론으로 실용주의 노선을 선택하는
   정책을 채택했다. 이것은 모택동의 '잡초론사'에 반대하는 과감한 시도였다.
   1978년 TIMES지에 올해의 인물로 선정되었다.

(3) 1987년 미국 레이건 대통령이 러시아 고르바쵸프에게 한 말로 "고르바초프씨,
   우리 베를린 장벽을 허물어버립시다"

기타 영문 속담·격언·명언 100선

(1) A bad workman always blames his tools.
서투른 목수 연장 탓한다.

(2) A barking dog never bites.
짖는 개는 결코 물지 않는다.

(3) A best friend is someone who loves you when you forget to love yourself.
최고의 친구는 당신이 자신에 대한 사랑을 잊고 있을 때, 당신을 사랑해 주는
사람이다.

(4) Bird in the hand is worth two in the bush.
손안의 한 마리의 새는 숲 속의 두 마리 새보다 낫다.

(5) A broken hand works, but not a broken heart.
부러진 손은 고칠 수 있지만, 상처 받은 마음은 어찌할 도리가 없다.

(6) A burden of one's own choice is not felt.
스스로가 선택한 짐은 무겁게 느끼지 않는다.

(7) A clear stream is avoided by fish.
맑은 물에는 물고기가 모이지 않는다.

(8) A contented mam is always rich.
만족하는 사람은 언제나 부자다.

(9) A crust is better than no bread.

빵 부스러기라도 없는 것보다 낫다.

(10) A friend in need is a friend indeed.
어려울 때 도와주는 친구가 진정한 친구다.

(11) Absence makes the heart grow fonder.
떨어져 있으면 정이 더 깊어진다.

(12) After the death, to call the doctor.
사람 죽은 뒤에 의사 부른다.

(13) A gift in season is a double favor to the needy.
필요할 때 주는 것은 필요한 자에게 두 배의 은혜가 있다.

(14) A hungry man is not a free man.
배고픈 사람은 자유로운 사람이 아니다.

(15) All fortune is to be conquered by bearing it.
모든 운명은 그것을 극복함으로써 극복해야 한다.

(16) A minute's success pays the failure of years.
단 1분의 성공이 몇 년 동안의 실패를 보상한다.

(17) All that glitters is not gold.
번적인다고 모두가 금은 아니다.
현혹되지 마라.

(18) Ask, and it will be given you: seek, and you will find; knock, it will be opened to you. (성경)
구하라 그러면 얻을 것이다. 찾아라, 그러면 발견할 것이다. 두드려라 그러면 열릴 것이다.

(19) Ask not what your country can do for you; ask what you can do for your country. (John F. Kennedy)
국가가 당신을 위해서 무엇을 할 수 있는지 묻지 말고, 당신이 국가를 위해 무엇을 할 수 있는지 물어 보아라.

(20) Better is to bow than break.
부러지는 것보다 굽는 것이 낫다.

(21) Bad news travels fast.
나쁜 소식은 빨리 퍼진다.

(22) Better the last smile than the first laughter.
처음의 큰 웃음보다 마지막 미소가 더 좋다.

(23) By doubting we come at the truth.
의심함으로써 우리는 진리에 도달한다.

(24) Courage is very important. Like a muscle, it is strengthened by use.
용기는 대단히 중요하다. 근육과 같이 사용함으로써 강해진다.

(25) Do today what you could do tomorrow.
내일 할 수 있는 것을 오늘 하라.

(26) Easy come easy go.
쉽게 온 것은 쉽게 간다.

(27) Everything comes to those who wait.
모든 것은 기다린 자에게 온다.

(28) Envy and wrath shorten the life.
시기와 분노는 수명을 단축시킨다.

(29) Education is the best provision for old age.
교육은 노년기를 위한 가장 훌륭한 대책이다.

(30) Faith is higher faculty than reason.
믿음은 이성보다 더 고상한 능력이다.

(31) Faithfulness makes all thing possible.
성실함은 모든 것을 가능하게 한다.

(32) Faith without deeds is useless.
행함이 없는 믿음은 쓸모가 없다.

(33) Forgiveness is better than revenge.
용서는 복수보다 낫다.

(34) Give me liberty, or give me death.
자유가 아니면 죽음을 달라.

(35) Great art is an instant arrested in eternity.
위대한 예술은 영원 속에서 잡은 한 순간이다.

(36) Good fence makes good neighbors.
좋은 울타리는 선한 이웃을 만든다.

(37) Habit is second nature.
습관은 제2의 천성이다.

(38) Have fun this time, because it will never come again.
현재 이 순간을 즐겨라, 지나간 시간은 영원히 돌아오지 않는다.

(39) He that has no shame has no conscience.
수치심이 없는 사람은 양심이 없다.

(40) I'm a slow walker, but I never walk back.
나는 느리게 가는 사람이다. 하지만 뒤로 가지는 않는다.

(41) I am happy because together with you.
당신과 함께 있어 행복합니다.

(42) If sleep now I will have a dream, but I study now I will make my dream come true.

만일 내가 지금 잔다면 꿈을 꾸겠지만, 지금 공부를 한다면 꿈을 이룰 것이다.

(43) If you don't walk today, you will have to run tomorrow.
오늘 걷지 않으면 내일은 뛰어야 한다.

(44) If I know what I love is, it is because of you.
만일 내가 사랑을 알게 되었다면, 그 것은 바로 당신 때문이야.

(45) If I rest, I rust.
내가 쉬면 늙는다.

(45) If someone betrays you once, it is his fault. If he betrays you twice, it is your fault.
만약에 어떤 사람이 너를 한 번 배신한다면, 그것은 그 사람의 잘못이지만, 만약에 그가 너를 두 번 배신한다면, 그것은 너의 잘못이다.

(46) Impossible, it is a excuse, who does not endeavor.
불가능이란 노력하지 않는 자의 변명이다.

(47) Innovation distinguishes between a leader and a follower. (스티브 잡스)
혁신이야말로 리더와 추종자를 구분하는 잣대다.

(48) It is only with the heart that one can see rightly; what is essential is invisible to the eye. (안느드 생 텍쥐패리)
사람은 오로지 가슴으로만 올바로 볼 수 있다. 본질은 눈에 보이지 않는다.

(50) Nothing is more despicable than respect based on fear.
공포로 인해 존경하는 것보다 더 비굴한 것은 없다.

(51) Knowledge in youth is wisdom in age.
젊어서 지식은 늙어서 지혜다.

(52) Kindness is a language, that the deft can hear and blind can see.
친절은 귀머거리가 들을 수 있고, 장님이 볼 수 있는 언어다.

(53) Liberty without learning is always in peril and learning without liberty is always in vain. (John F. Kennedy 미국 대통령)
배움이 없는 자유는 언제나 위험하며, 자유가 없는 배움은 언제나 헛된 일이다.

(54) Learn from yesterday, live for today, hope for tomorrow. The important thing is not to stop questioning. (앨버트 아인슈타인)
과거에서 배우고 현재를 위하여 살고, 미래를 위한 희망, 중요한 것은 질문을 멈추지 않는 것이다.

(55) Love your neighbor as yourself.
이웃을 네 몸같이 사랑하여라.

(56) Music is a beautiful opiate, if you don't take it too seriously.
음악은 너무 심하게 취하지만 않는다면 일종의 아름다운 마취제이다.

(57) Men are known by the company they keep.
사귀는 친구를 보면 그의 됨됨이를 안다.

(58) Nature never deceives us; it is always we who deceive ourselves.
자연은 인간을 결코 속이지 않는다. 우리를 속이는 것은 항상 우리 자신이다.

(59) Necessity is the mother of invention.
필요는 발명의 어머니이다.

(60) Not that I love Caesar less, but I love Rome more.
내가 시저를 덜 사랑하는 것이 아니라 로마를 더 사랑하는 것이다.

(61) Nothing seek, nothing find.
구하지 않으면 얻는 곳이 없다.

(62) One is never too old to learn.
배움에는 나이가 없다.

(63) Opportunity seldom knocks twice.

기회는 좀처럼 두 번 오지 않는다.

(64) Pain is temporary. Quitting lats forever. (렌즈 암스트롱)
고통은 잠깐이다. 포기는 영원히 남는다.

(65) Plants too often removed will not thrive.
식물은 자주 옮기면 죽는다.

(66) Practice makes perfect.
연습이 최고를 만든다.

(67) Since a politician never believes what he says, he is surprised when others
believe him. (프랑스 정치가 샤를르 드골)
정치가들은 자기가 한 말을 믿지 않는데, 다른 사람들이 믿을 때는 놀란다.

(68) Small minds discuss people.
Average minds discuss events.
Great minds discuss ideas. (Eleanor Roosevelt)
작은 사람은 사람을 이야기한다.
보통 사람들은 사건들을 이야기한다.
위대한 사람들은 사상을 논한다.

(69) The best things in life are free.
삶에 가장 중요한 것은 자유다.

(70) The future depends on what we do in the present.
미래는 지금 현재 우리가 무엇을 하고 있는가에 달려 있다.

(71) The difficulty in life is the choice.
인생에 있어서 어려운 것은 선택이다.

(72) The effort of the today is the success of the tomorrow.
오늘의 노력이 내일의 성공이다.

(73) The real effort never betrays me.

진정한 노력은 결코 나를 배신하지 않는다.

(74) The winds and waves are always on the side of the ablest navigators.
바람과 파도는 항상 가장 유능한 자의 편에 선다.

(75) There is the only one happiness in life to love and to be loved.
인생에 있어서 최고의 행복은 사랑하고 사랑 받는 것이다.

(76) There is no best choice, but only a choice not to regret.
최고의 선택은 없다. 후회 하지 않는 선택이 있을 뿐이다.

(77) Today, which was proved to be fruitless, is the day that the dead in the past was longing for.
내가 헛되이 보낸 오늘은, 어제 죽은 이가 그 토록 갈망하던 내일이다.

(78) The secret of business is to know something that nobody else knows.
사업의 비결은 아무도 모르고 있는 무엇인가를 아는 것이다.

(79) To be prepared is to have no anxiety.
미리 준비하면 걱정은 없다.

(80) To handle yourself, use your hand. To handle others, use your heart.
너 자신을 다스릴 때는 머리를 쓰고 다른 사람을 다스릴 때는 가슴을 써라.

(81) To know is nothing at all; to imagine is everything.
안다는 것은 전혀 중요하지 않다; 상상하는 것이 중요하다.

(82) To many cooks spoil the broth.
요리사가 많으면 국을 망친다.

(83) Two cheers for democracy; one because it admits variety and two because it permits criticism. (E.M. foster)
민주주의를 찬양하는 두 가지 이유; 첫째는 다양성을 인정하고 둘째는 비판을 이용하기 때문이다.

(84) Try your best rather than be best.
최고가 되기보다는 최선을 다하라.

(85) Where there is no desire, there will be no industry.
욕망이 없는 곳에는 근면도 없다.

(86) Without a goal, you can't survive.
목표 없이 살아남을 수 없다.

(87) Whenever you faced a big trouble, think about someone's sight always.
큰 문제에 봉착했을 때마다 항상 다른 사람의 입장에서 생각해 보아라.

(88) We are still masters of our fate. We are still captains of our souls.
(영국 처칠 총리)
우리는 여전히 우리운명의 선장이요, 영혼의 선장이다.

(89) Yesterday is history. 어제는 역사이고
Tomorrow is mystery. 내일은 신비다.
Today is a gift. 오늘은 선물이다. (루즈벨트 대통령 부인 '에레나' 여사의 말)

(90) You can learn a little from victory; you can learn everything from defeat.
(미국의 야구스타 Christy Mathewson)
승리하면 조금 배울 수 있고 패배하면 모든 것을 배울 수 있다.

(91) Love is working it out not giving up.
사랑이란 포기하는 것이 아니라 해결하는 것이다.

(92) Love is when time stands still.
사랑이란 시간이 정지 하는 때를 말한다.

(93) Love is knocking him out.
사랑이란 그의 넋을 빼앗아 가는 것이다.

(94) Love is wondering why he chose you.
사랑이란 왜 그가 당신을 선택했는지 생각해보라.

(95) Love is something like the weather changeable.
사랑이란 때때로 변덕스런 날씨 같은 것이다.

(96) Love is counting the minutes till you're together again.
사랑이란 당신과 함께 있게 될 때를 손꼽아 기다리는 것이다.

(97) Love is knowing you're my valentine.
사랑이란 당신이 바로 내 연인임을 알게 하는 것이다.

(98) Those who deeply never grow old; they may die old age, but they did young. (벤자민 프랭클린)
깊이 사랑하는 사람은 결코 늙지 않는다. 노령으로 죽을지 몰라도 노쇠하여 죽는 것은 아니다.

(99) Love is blind.
사랑은 장님이다.

(100) 맹자(孟子)의 진심장구(盡心章句)에서 삼락(三樂)을 영문으로
孟子曰: 君子有三樂: 父母俱存 兄弟無故 一樂也
仰不愧於天 俯不怍於人 二樂也
得天下 英才而敎育之 三樂也

Mencius said, 'The superior man has three things in which he delights. That his father and mother are both alive, and that the condition of his brothers affords no cause for anxiety; – this is one delight'
'That, when looking up, he has no occasion for shame before Heaven, and, below, he has no to blush before men;–this is the second delight'
'That he can get from the whole world the most talented individuals, and teach and nourish them; – this is the third delight'

• 맹자께서 말씀 하시기를, 군자는 세 가지 즐거움이 있는데 "부모가 다 생존하시고, 형제들이 무고 한 것" 이것이 첫째의 즐거움이요, 우러러 보아서 하늘에 부끄럽지 않고, 굽어보아서 사람에게 부끄럽지 않은 것이 둘째의 즐거움이요, 천하에 뛰어난 영재를 얻어서 교육하는 것이 셋째의 즐거움이다.
• '삼락회'라는 모임의 이름을 이런 의미로 쓰기도 한다.

상식을 가지고 생각하자.

두 남자 아이가 여름방학 때 집에 있는 굴뚝 청소를 하게 되었다. 청소를 한 뒤 두 아이의 얼굴은 전혀 다른 모습이었다. 한 아이의 얼굴은 새까맣게 되어서 내려 왔고 다른 아이는 깨끗한 얼굴로 내려왔다. 그렇다면 당신은 어느 아이가 세수를 할 것이라고 생각합니까?

그거야 물론 얼굴이 더렵혀진 아이가 세수를 할 것이라고 말할 수 있겠지만, 여기 서 랍비는 대답하기를 얼굴이 더러운 아이는 얼굴이 깨끗한 아이를 보고 자기얼 굴도 깨끗하다고 생각할 것이고, 얼굴이 깨끗한 아이는 얼굴이 더러운 아이를 보 고 자기얼굴도 더럽다고 여기고 세수를 할 것이다.

이 이야기는 상대방의 얼굴만 보고 행동을 한 것이다. 우리는 여기서 상식을 가지 고 생각해야 한다. 왜냐하면 두 아이가 함께 굴뚝청소를 했으면 두 아이 중 한 아이만 깨끗한 얼굴로 내려올 수 없기 때문이다.

기타 우리 사회의 명언

- 모든 사회의 바탕은 경쟁이 아니라 협력이다. (TV 토론 중에서)

- 우리사회는 집단은 있어도 사회성은 없다. (어느 대학 교수의 말 중에서)

- 내 자신에 대한 자신감을 잃으면 온 세상이 나의 적이다. (에머슨)

- 세상살이가 어려운 것은 한쪽 눈으로만 보기 때문이다. 동전에 양면이 있는 것처럼, 모든 사물이 그림자를 갖는 것처럼 세상은 보이는 것과 숨어 있는 두 개의 얼굴을 가지고 있다. (노암 촘스키)

- 인간의 실존은 어쩌면 쳇바퀴속의 다람쥐와 같다. 인간은 행동의 멍에를 진 존재다. 어떤 경우는 자유를 위해, 어떤 경우는 생존을 위해, 어떤 경우는 존재의 확인을 위해 살아있는 한 행동할 수밖에 없다. (노암 촘스키)

- 현대는 포장의 시대라 한다. 그래서 이미지 메이킹은 정치에서, 마케팅에서 새로운 총아로 각광 받고 있다. 그러나 조작된 이미지에 함몰되어 가는 진실을 걱정하는 사람은 드문 것 같다. (하워드 진)

- 많은 거짓 종교는 허위와 기만을 팔아 이익을 챙긴다. 어리석은 대중은 돈을 바쳐 기만을 사먹고 잠시 거짓 위로를 받는다. (하워드 진)

- 공정한 교환은 어떻게 가능할까? 한때 서양인들은 선비의 나라 조선에 와서 유리를 가지고 와서 금, 은, 보석과 바꿔 갔다. 지금도 국가 간에 무역 게임은 이와 무엇이 다르겠는가! 불평등 거래는 국가경제를 무너뜨리고 있음을 알아야 한다. (K. 신문기사)

• 역사까지 왜곡해서 자기의 잇속을 챙기려고 하는 자들은 국사 공부를 무시하고 세계사만 학습하라고 한다. 우리 역사는 전혀 배울 만한 가치가 없다면서 유럽은 이런 훌륭한 역사인데 우리는 너무 보잘것없고 후진국을 벗어나지 못해서 배울 값어치가 없다는 것이다. 학생들에게 이런 역사관을 가지고 지도하는 교육자가 우리 주위에 있다면 우리는 그래도 따라야 할 것인가? 또한 우리 애국자들을 테러리스라고 말하는 학자가 있으면 우리는 이들을 그래도 받아 들여야 할까요? (저자)

• 역사의 기록을 어떻게 신뢰할 수 있을까?
세상 사람들은 문서나 기록을 지나칠 만큼 믿는다. 그래서 역사에 죄 많은 사람일수록 좋은 기록을 남기려고 애를 쓴다. 그리고 후세의 사람들은 이 사료들을 가지고 왜곡된 역사를 쓴다. 그래서 역사는 기록을 남긴 자들의 것이란 말이 있지 않은가! 그러나 진정한 역사적 사실은 신만이 안다. 또한 후세 통치자가 이 왜곡된 역사를 바로 세워 지는 예를 우리는 자주 볼 수 있다. (저자)

• 영웅문화란?
게르만족, 바이킹족, 앵글로색슨족은 건강하고 탐험과 전쟁을 즐기는 인종이다. 이들은 선생을 일으키며 세계질서를 파괴시키고 건설하며, 발전시키는 등 항상 지배하는 영웅적 기질을 가지고 있다. 그리스도교의 원죄설, 성악설을 보여준다. 존 로크(John Locke)와 루소(Jean-Jacques Rousseau)는 동양의 맹자(孟子)처럼 성선설을 주장하며, 홈즈는 동양의 순자(荀子)처럼 성악설을 주장한다. 한반도는 성선설을, 일본은 성악설을 따른다. 그렇다고 일본이 영웅문화라고는 할수 없다. 원래 일본은 노예 형 인간이었는데 19세기 구미선진국을 모방하여 칼의 문화, 영웅문화 인양 흉내를 냈을 뿐이다. (신문기사 중)

• 지푸라기가 만든 새끼줄은?
바른 손과 왼손의 조화가 이루어져 볏짚으로 새끼를 꼬는데 그 밑에서 나오는 것이 새끼라고 한다는데요. (이런 말은 출처가 모호해서 신빙성은 없으나 재미있는 말로 소개했습니다) (미상)

• 종교는 아편이다. (칼 막스)

• 보람 있게 보낸 하루가 편안한 잠을 가져다주듯이 보람 있게 보낸 인생은 편안한 죽음을 가져다준다. (레오나르도 다빈치)

- 쇳덩이는 사용하지 않으면 녹이 쓸고, 흐르지 않는 물은 썩고 추위가 오면 어는 것처럼 인간의 재능도 사용하지 않으면 시들어 버린다. (레오나르도 다빈치)

- 나는 무생물이 아니기 때문에 생각하면서 한 곳에 머무는 것을 좋아하지 않는다. (미상)

- 반정부 시위는 변화의 목마른 국민들의 절규이다. (이란 반 정부의 기사에서)

- 침략자들은 항상 원주민을 무시하고 그 땅위에 가장 포악하게 침략했던 두목의 동상을 세워 기리 보존한다. 후세에 그 땅을 되찾을 때까지는. (노암 촘스키)

- 변화는 속도가 있어야 한다. 그러나 더욱 중요한 것은 방향이다. 한 국가의 지도자가 바람직한 방향으로 이끌고 가는데 속도가 늦더라도 국민들은 희망을 건다. (신문기사 중)

쉬어 갑시다.

連理木(연리목)=서로 오랫동안 줄기가 붙어사는 나무
連理根(연리근)=나무뿌리가 서로 오랫동안 한 나무처럼 엉키어 사는 것
連理枝(연리지)=서로 오랫동안 가지가 붙어사는 것
사랑하는 사람끼리 연리나무 앞에서 지극한 마음으로 기도를 하면 사랑이 이루어지고 소망이 이루어진다고 하는 말이 있다.

*인류역사상 가장 장수한 사람은 영국인 토마스(1483~1635)로 그는 152세까지 장수했다고 알려진다. 신장 155cm의 작은 키에 몸무게 53kg의 아담한 체구였다. 그런데 영국의 찰스 1세가 그를 초청하여 생일 축하를 해주던 날 너무 과식해서 다음날 죽었다고 한다. 이를 기념하기위해서 'old parr'라는 기념주가 나왔다고 한다.

제9장

역대 미국 대통령
취임사와 연설문

에이브러햄 링컨

(Abraham Lincoln, 1809~1865, 제16대 대통령)

토마스 링컨과 낸시 링컨의 둘째로 켄터키 주 하딘 컨트리에 있는 방 하나뿐인 통나무집에 살았다. 학교 교육은 거의 받지 못하였으나 근면, 성실하였다. 1847년 하원의원으로 정치 활동을 시작하기까지는 혼자 힘으로 공부하면서 뱃사공, 점원, 창고지기, 변호사 등을 거쳤다. 1860년 노예제도를 하던 그가 대통령에 당선되자 노예제도를 없애는 것에 반대가 거세게 일어니 남부의 7개 주가 연방을 이탈하여 북부에 도전하기에 이르러 결국 남북전쟁이 발생했다. 연방을 지키기 위해 대통령으로서 권한을 최대한 이용하여 맞서 싸워 4년 동안의 전쟁 끝에 북군이 승리하여 노예 해방의 좋은 열매를 맺게 되있다.

1864년 다시 재선된 지 한 달 만에 워싱턴 시의 포드 극장에서 남부 충신인 부스의 총에 맞아 세상을 떠났지만 오늘날의 민주주의 이념을 정의하는 대표적인 인물이 되었다.

- You can fool all the people some of the time, and some of the people all the time, but you cannot fool all the people all the time.
여러 사람을 일시에 속일 수 있고 또 한 사람을 오랫동안 속일 수 있다. 그러나 여러 사람들을 오랫동안 속일 수는 없다.

- The best thing about the future is that it comes one day at a time.
좋은 미래는 한 순간에 오지 않는다.

Abraham Lincoln 의 제2기 취임사 중에서

• "At this second appearing to take the oath of the presidential office, there is less occasion for an extended address than there was at the first."

대통령 직 취임 선서를 두 번째 하게 된 이점에, 첫 번째 취임 선서를 할 때만큼 다양한 주제의 연설을 할 까닭은 없는 것 같습니다.

• "The mystic chords of memory, stretching, from every battlefield and patriot grave to every living heart and hearthstone all over this broad land, will yet swell the chorus of the union, when again touched, as surely they will be, by the better angeles of our nature."

모든 전쟁터와 애국자의 무덤에서 이 광활한 땅 구석구석에 살고 있는 모든 사람들과 가정들을 이어 주고 있는 신비스러운 추억의 심금을 우리 본성에 깃들어 있는 것 보다 선량한 천사의 손길이 다시 건드리게 되면 이 연방국가가 합창이 점점 커지게 될 것입니다.

테오도어 루즈벨트
(Theodore Roosevelt, 1858~1919, 제26대 대통령)

　　미국 뉴욕 주 부유한 가정에서 태어나 하버드 대학을 졸업하고 23세 때는 뉴욕 주의회 의원으로 정치에 입문하여 뉴욕시 경찰총장으로 임명되어 승승장구했다. 1901년 9월에 대통령이 되고, 1904년 재선되어 외교에 큰 공을 세워 1906년 노벨 평화상을 받았다.

26대 미국 대통령 Theodore Roosevelt 취임사의 연실문.

　• "We wish peace, but we wish the pease of justice, peace of righteousness.
　　We wish it because we think it is right and not because we are afraid."
　우리는 평화를 원한다. 그러나 우리가 원하는 것은 정의로운 평화요, 공정한 평화입니다. 우리가 이런 평화를 바라는 이유는 우리가 이러한 평화가 옳다고 생각하기 때문이지 우리가 두려워하기 때문이 아닙니다.

존 F. 케네디

(John F. Kennedy, 1917~1963, 제35대 대통령)

1917년 5월 29일 매사추세츠 주 브룩클린의 부유한 가정에서 출생했다. 그는 2년 동안에 피그스만 침공, 쿠바 미사일 위기 극복, 베를린 장벽, 우주 경쟁, 베트남 전쟁 간접 개입, 흑인 인권 운동의 많은 일을 수행했다. 1963년 11월 22일 케네디는 재클린과 존슨 부통령 부부와 함께 리무진에 타고 있던 중 리하비 오슬로에게 암상 당했다. 다음은 John F. Kennedy가 New Frontier를 슬로건으로 내걸고 1961년 1월에 취임 했던 연설문이다.

• And so, my fellow Americans: ask not what your country can do for you- ask what you can do for your country. My fellow citizen of the world: ask not what America will do for you. But what together we can do for the freedom of man.
그러므로 친애하는 국민 여러분! 조국이 여러분을 위해 무엇을 할 수 있는가를 묻지 말고, 여러분이 조국을 위해 무엇을 할 수 있는지 물어봅시다. 세계시민 여러분, 미국이 여러분에게 무엇을 할 것인가 묻지 말고, 우리가 함께 인간의 자유를 위해 무엇을 할 수 있을지 물어 봅시다.

• 2,000년 전, 가장 자랑스러운 말은 '나는 로마 시민이다'였습니다. 오늘 날, 자유 세계에서 가장 자랑스러운 말은 '나는 베를린 시민이다'입니다..... 어디에 살든 모든 자유민은 베를린 시민입니다. 따라서 자유민으로서, 나 역시 '나는 베를린 시민이다'라는 말에 자부심을 느낍니다.
(1963년 6월 베를린시를 방문한 미국 케네디 대통령이한 말이다.)

프랭클린 D. 루즈벨트

(Franklin D. Roosevel, 1882~1945, 제32대 대통령)

미국 뉴욕주 북부 하이드 파크에서 태어났다. 그는 1904년 하버드 대학교와 콜럼비아 대학 법학 대학원에 입학하고 변호사가 되었다. 1928년 뉴욕지사에 당선되어 주의 수력 회사를 설립했으며, 양로 연금제도와 농민, 실업 구제 등 혁신적인 일을 해온 최고의 지사로 칭송 받았다. 1932년 민주당 대통령 후보로 지명되고 당선된 후, 뉴딜 정책을 선언해 압도적 득표로 당선되었다.

Franklin D. Roosevelt는 1933년 3월 4일 대통령 취임식에서 경제 재건을 하겠다는 뉴딜 정책을 제시했다.

- So, first of all, let me assert my firm belief that the only thing we have to fear itself —nameless.
  unreasoning, unjustified terror which paralyzes needed efforts to convert retreat into advance.

우선 우리가 두려워해야 하는 유일한 것은 두려움뿐이라는 저의 확고한 믿음을 밝히는 바입니다. 그 두려움, 즉 이름도 없고, 불합리하고, 이치적으로 설명할 수도 없는 공포는 후퇴를 전진으로 전환시키는 데 필요한 노력을 마비시키는 것입니다.

제럴드 포드
(Gerald R. Ford, 1913~2006, 제38대 대통령)

네브레스카 주 오마하에서 태어났다. 아버지와 이혼한 어머니가 재가해서 새 아버지와 살았다. 재학시절에는 미국 축구선수로 활약했다. 예일대 법대를 졸업하여 변호사 생활을 하다가 1948년 하원에 당선되어 정치에 입문했다. 그는 하원에 여러 차례 재선되면서 1965년에 하원의 공화당 대표로 선출되었다. 1973년 부통령이 뇌물사건으로 사임되자 닉슨 대통령이 그를 부통령으로 임명하였는데, 1974년 닉슨 대통령이 워터게이트 사건으로 탄핵 당하기 전에 사임하여 미국의 대통령으로 취임하여 승계하였다. 그는 선거 없이 대통령 직을 수행한 유일한 대통령이었으며, 임기 동안 흑백차별 문제의 해결의 실마리도 풀었다.

다음은 닉슨 대통령이 워터게이트 사건으로 물어나자 제럴드 포드가 대통령직에 올라 1974년 8월 9일에 한 연설문이다. 정직과 진실을 강조하는 내용이 있다.

• Therefore, I feel it is my first duty to make an unprecedented compact with my countrymen. Not an inaugural address, not a fireside chat, not a campaign speech-just a little straight talk among friends. And I intended it to be the first of many.

그러기에 저는 미국국민 여러분과 전례 없는 맹약을 맺는 것을 저의 첫 번째 임무로 생각하고 있습니다. 저의 이야기는 취임사도 아니요, 그렇다고 노변정담도 아니요, 선거 유세연설도 아닙니다. 그저 친구와의 허심탄회한 대화일 뿐입니다. 그리고 저는 이번을 필두로 그런 대화를 많이 나누고자 합니다.

로널드 레이건

(Ronald Reagan, 1911~2004, 제40대 대통령)

레이건은 일리노이 주 화이트사이드 컨트리에 있는 탬피코에서 구두 판매원의 둘째 아들로 태어났다. 유레카 대학에서 경제학과 사회학으로 문학사를 취득하고, 아이오와로 가서 방송국 일을 하다가 1937년 할리우드에 들어가 약 50편의 영화에 진출했다. 1962년 공화당에 가입해 캘리포니아주지사로 당선되어 조세감면, 복지제도와 고등교육 정책에 힘을 썼고, 캘리포니아주 재정을 흑자로 바꾸었다. 1980년 공화당 후보로 지명되어 40대 대통령으로 당선되었다.

로널드 레이건 대통령은 1981년 1월에 취임사 연설인데 경제 불황을 극복하는 신 보수주의 이념을 바탕으로 한 연설문이다.

- In this present crisis, government is not the solution to our problem; government is problems.

  From time to time we've been tempted to believe that society has become too complex to be managed by self-rule, that government by an elite group is superior to government for, by and of the people.

  But if no one among us is capable of governing himself, then who among us has the capacity to govern someone else?

현재의 위기에서, 정부는 우리가 안고 있는 문제의 해결책이 아닙니다. 정부가 바로 문제입니다. 때때로 우리는 사회가 너무 복잡해져서 자율적으로 규제되기 어렵고, 따라서 엘리트 집단으로 이루어진 정부가 국민을 위한, 국민에 의한, 국민 정부보다 우수하다고 믿고 싶은 유혹에 사로잡기도 했습니다. 하지만 우리 중에서 자기 자신을 통치할 수 있는 능력을 갖춘 이가 한 사람도 없다면 우리 중 누구에게 다른 모든 사람들을 통치할 능력이 있겠습니까?

빌 클린턴
(Bill Clinton, 1946~ , 제42대 대통령)

아칸소 주의 호프에서 태어나 핫 스프링스에서 자랐다. 어려서부터 정치문제에 관심이 있었다. 고교시절에는 아칸소 주 학생 대표로 뽑혀 존 F. 케네디 대통령을 만난 이후부터 정치에 눈을 뜨게 되었다.

조지타운대학교에서 국제 정치학을 전공하였고, 옥스퍼드 대학교에서 장학금을 받고 공부한 후에 미국 예일대학 법학대학원을 졸업하고, 1973년 박사학위를 받았다. 1978년에 불과 32세의 나이로 아칸소 주 주지사로 선출되었다. 그는 1993년 가족의료법안 대선 공약을 했다. 재임기간 동안 계속 정치호황을 이끌었다. 2009년 8월 4일 미국여자기자 억류사태 해결 협상을 위해 북한을 방문해서 해결했던 대통령이다.

Bill Clinton은 1993년 1월 20일 미국의 제42대 대통령으로 취임 했다. 경제 강국과 변화를 강조했다.

• Our democracy must be not only the envy of the world but the engine of our renewal. There is nothing wrong with America that cannot be cured by what is right with America. And so today we pledge and end to the era of deadlock and drift, and a new season of American renewal has begun.
우리의 민주주의는 세계의 부러움뿐만 아니라 우리 자신의 쇄신을 위한 엔진이 되어야 합니다. 미국의 선의에 의해 치유될 수 없는 약은 없습니다. 또한 우리는 교착과 표류의 시대가 끝나고 새로운 미국의 쇄신이 시작되는 계절이 도래되었음을 선언합니다.

- To renew America. We must be bold. We must do what no generation has had to do before.

  We must invest more in our own people. in their jobs and in their future, and at the same time cut our massive debt. And we must do so in a world in which we must compete for every opportunity. It will not be easy: It will require sacrifice. But it can be done, and done fairly. Not choosing sacrifice for its own sake. but for our own sake.

미국을 쇄신하기 위해서는 대담해질 필요가 있습니다. 우리는 지금까지 어떤 세대도 하지 못했던 일을 해야만 합니다. 국민들과 국민들의 일 그리고 국민들의 미래에 더욱 많이 투자해야 하고 엄청난 제정적자를 줄이지 않으면 안 됩니다. 그리고 우리는 모든 기회를 얻기 위해서 경쟁을 해야 하는 세계 속에서도 마찬 가지로 그렇게 해야 합니다. 이것은 결코 쉬운 일이 아닙니다. 희생을 필요로 하는 일입니다. 그러나 우리는 성취할 수 있습니다. 무엇보다도 공정한 방법으로 성취할 수 있습니다. 희생을 위한 희생이 아니라, 우리자신을 위한 희생을 선택함으로써 말입니다.

조지 워커 부시

(George W. Bush, 1246~ , 제43대 대통령)

조지 부시는 코네티컷 주 뉴헤이번에서 태어났다. 조부때부터 유명한 기업가 출신이며 41대 대통령인 조지 H. 부시의 장남이기도 하다. 대통령인 부자간은 가문의 영광이 되었다. 1968년 예일대학을 졸업하고 1973년 하버드대학교 경영대학원에서 석사학위를 받았다. 2001년에 당선되어 2004년 재선되었다. 그의 집권기간 중 이라크에 전쟁선포, 미국 세계 금융 위기를 가져왔고, 취임한 8개월 后에 뉴욕의 세계 무역 센터와 워싱턴 D.C 페타곤에 부딪히는 사건이 일어나 약 3천 명의 사상자를 냈다.

조지 부시는 2005년 2월 20일은 제임되는 중에서 제2기 취임식은 9.11테러 사건을 경험했음으로 철통같은 보안 속에서 국제안보에 중점을 두고 자유를 강조하는 연설이 많았다.

- So it is the policy United States to seek and support the growth of democratic movements and institutions in every nation and culture, with ultimate goal of ending tranny in our world.
  This is not primarily the task of arms, though we will defend ourselves and our friends by force of arms when necessary.

미국의 정책은 모든 나라와 문화 속에서의 민주화 운동과 제도의 발전을 모색하고 지원하는 것이다. 그 궁극적인 목적은 전 세계의 폭정에 종지부를 찍는 것입니다. 이것은 본래 무력에 의해 이루어져야 하는 것은 아니지만, 필요시는 무력으로 우리 자신과 우방을 지킬 것입니다.

2009년 1월 15일 고별인사의 연설문에서 재임기간 중 자신이 행한 경험과 업적에 대한 것도 드러냈다.

- This evening, my thoughts return to the first night I addressed you from this house-September the 11th, 2001.

  As the years passed, most Americans were able to return to life much as it had been before 9/11. But I never did. Every morning, I received a briefing on the threats to our nation. I vowed to do everything in my power to keep us safe.

오늘 저녁 이 자리에 서 있으니 제가 여기서 여러분을 향해 연설을 한 그 첫 날 밤에 대한 많은 생각들이 떠오릅니다.

시간이 지나면서 국민들은 거의 다 9.11사태 이전과 같은 생활로 돌아갈 수 있었습니다만, 저는 그럴 수가 없었습니다. 매일 아침 저는 우리나라를 위협하는 문제에 대한 브리핑을 들으며 제 힘이 닿는 한 모든 방법으로 안보를 유지하기로 맹세하였습니다.

버락 오바마
(Barack Obama, 1961~ , 제44대 대통령)

미국 하와이주 호놀룰루 출신이다. 케냐 출신의 흑인 아버지와 백인 어머니 사이에 태어난 흑백 혼혈인이다. 그는 콜롬비아 대학교와 하버드 대학교 법학 대학원을 졸업하고, 인권 변호사로 일했다. 시카고 대학교 법학대학원에서 1992~2004년까지 헌법학을 가르쳤다. 1997~2004년 사이에 일리노이 상원에서 3선하였다. 민주당 대선후보로 2009년 1월에 대통령으로 취임했고, 2009년 노벨평화상을 수상했나.

오바마는 미국 제44대 미국 대통령으로 최초에 흑인 대통령이 되었다. 최악의 경제 위기를 맞는 연설을 통해서 '통합, 책임, 개조'를 키워드로 제시했다.

• Forty-four Americans have now taken the presidential oath. The words have been spoken during rising tides of prosperity and the still waters of pease. Yet, every so often the oath is taken amidst gathering clouds and raging storms. At these moments, America has carried on not simply because of the skill or vision of those in high office, but because we the people have remained faithful to the ideals of our forbearers, and true to our founding documents.

오늘까지 44명의 미국인이 대통령 취임 선서를 하였습니다. 더러는 나라가 번영하는 가운데, 더러는 평화의 물결이 잔잔한 시기에 선서가 이루어졌습니다. 하지만 때로는 먹구름이 모여들고 거센 폭풍이 몰아치는 가운데 나아가는 것은 고관들의 능력이나 통찰력 때문이라기보다는 우리 국민들이 조상들의 이상과 건국이념에 충실했기 때문입니다.

- We will build the roads and bridges, the electric grids and digital lines that feed our commerce and bind us together. We will restore science to its rightful place, and wield technology's wonders to raise health care's quality and lower its cost. We will harness the sun and the winds and the soil to fuel our cars and run our factories. And we will transform our schools and colleges and universities to meet the demands of a new age.

  All this we can do.

  All this we will do.

도로와 교각을 건설하고, 통상에 활력을 불어 넣고 우리를 함께 묶어 줄 전력망과 디지털 회로를 구축할 것입니다. 과학을 제자리에 돌려놓고 과학 기술의 놀라운 힘을 이용하여 의료, 보건의 질을 높이면서 비용을 낮출 것입니다. 태양열과 풍력과 지력을 이용하여 자동차에 연료를 공급하고 공장을 가동할 것입니다. 또한 초등학교에서 대학까지 모든 교육시설을 개혁하여 새 시대의 요구에 부흥하도록 할 것입니다.

다 할 수 있는 일들입니다. 다 해낼 것입니다.

- The nation cannot proper long when it favors only the prosperous.

  The success of our economy has always depended not just the size of our Gross Domestic Product; but on the reach of our prosperity; on the ability to extend opportunity to every willing heart —not out of charity, but because it is the surest route to our common good.

부유층에만 혜택을 주는 나라는 오래 번영할 수 없습니다.

우리 경제의 성공 여부는 언제나 GDP의 규모만으로 좌우되는 것이 아니고 우리가 거둔 번영이 미치는 범위와 의지가 있는 모든 이들에게 기회를 줄 수 있는 능력에 달려 있는 것입니다. 동정심에서가 아니라 그것이 공익에 도달하는 가장 확실한 것이기 때문입니다.

> 수천 년
> 지혜의 선물

저 서

• 중국어

『상용중국어회화』, 세화, 1998.

『상용중국어교본』(초급), 세화, 1989.

『상용중국어교본』(중급), 세화, 1989.

『고급 중국어』, 세화, 1997.

『중국어작문』(初·中·高級), 외대문화사, 1999.

『중국어와 영어를 동시통역』, 세화, 1998.

『확 차이나 중국어』, 책마루, 2000.

백림, 『중국어자습독본』 I 감수, 세하, 1994.

백림, 『중국어자습독본』 II 감수, 세화, 1994.

• 영어

『하이퍼 영어구문론』, 지원사, 1991.

『영어 뿌리 2000』(새싹편 1), 세화, 1991.

『영어 뿌리 2000』(새싹편 2), 세화, 1991.

『영어 뿌리 2000』(줄기편), 세화, 1992.

『영어 뿌리 2000』(열매편), 세화, 1993.

『영어 숙어 2200』, 세화, 1993.

『매부리코 영어단어와 어법』 I, 세화, 1998.

『매부리코 영어단어와 어법』 II, 세화, 1998.

• 기타

『세상을 바꾸는 위인 그리고 명언』